“应急管理理论与实务”丛书编委会

应急管理理论与实务

应急管理案例选编

Selections of Emergency Management Case Study

沈远平　周云帆　主编

暨南大學出版社
JINAN UNIVERSITY PRESS

中国·广州

图书在版编目（CIP）数据

应急管理案例选编/沈远平，周云帆主编．—广州：暨南大学出版社，2011.8
（应急管理理论与实务丛书）
ISBN 978-7-81135-917-6

Ⅰ.①应…　Ⅱ.①沈…②周…　Ⅲ.①突发事件—公共管理—案例—汇编
Ⅳ.①D035

中国版本图书馆 CIP 数据核字（2011）第 143730 号

出版发行：暨南大学出版社

地　址：中国广州暨南大学
电　话：总编室（8620）85221601
营销部（8620）85225284　85228291　85228292（邮购）
传　真：（8620）85221583（办公室）　85223774（营销部）
邮　编：510630
网　址：http：//www.jnupress.com　http：//press.jnu.edu.cn

排　版：广州市天河星辰文化发展部照排中心
印　刷：广州市怡升印刷有限公司

开　本：787mm×960mm　1/16
印　张：19
字　数：331 千
版　次：2011 年 8 月第 1 版
印　次：2011 年 8 月第 1 次
印　数：1—2000 册

定　价：38.00 元

总　序

中国正处在社会转型与体制转轨、机遇与风险并存的高风险期，社会的急速变化加上各种自然灾害与人为事故纠结在一起，公共危机问题被迅速地集中和放大，蕴涵着各类不可忽视的风险。金融、环境、信息、流行疾病、民族分裂主义、自然灾害等诸多非传统安全危机已成为威胁国家安全的组成部分，这些非传统安全危机深刻地考验着中国政府的执政能力。面对非传统安全危机，加强执政能力建设，趋利避害、化解风险已成为中国政府长期面临的重要课题。从 2006 年 1 月国务院颁布《国家突发公共事件总体应急预案》起，就意味着战略性地应对公共危机已提升至国家高度。

"突发公共事件"是指突然发生的，造成或者可能造成重大人员伤亡、财产损失、生态环境破坏或严重社会危害，危及公共安全的紧急事件。随着各国社会经济的快速发展，各类突发公共事件的危害日益凸显。突发公共事件主要分为自然灾害、事故灾难、公共卫生事件、社会安全事件四类；按照其性质、严重程度、可控性和影响范围等因素分成四级，特别重大的是Ⅰ级，重大的是Ⅱ级，较大的是Ⅲ级，一般的是Ⅳ级。一国政府应对突发公共事件的能力已经成为评价其执政、施政能力的一个重要绩效标准。

北京大学丁元竹教授曾把中国社会的风险归结为十个方面：就业问题、三农问题、金融问题、贫富差距、生态与资源问题、台湾问题、全球化问题、国内治理危机、信心和诚信问题、艾滋病和公共卫生问题。这些风险是当代发展中国家走现代化、城市化荆棘之路的共性，也是正在进行追赶型、跨越式发展的中国社会不得不面对与思考的问题。能源安全、环境安全、生态安全、金融安全、网络安全、信息安全、卫生安全、文化安全等涉及社会生活的多个领域，具有隐蔽性、危险性、突发性和非确定性的特点。21 世纪以来，各种自然灾害、事故灾难、公共卫生事件、社会安全事件等频频发生，往往使国家遭受重大损失。研究社会转型期各类重大的突发公共事件和社会经济风险，以及自然条件状态下的各种自然灾害和次生灾害所带来的应急管理问题，提高突发公共事件应急管理能力成为政府不可回避且亟待解决的现实课题。

中央综治办主任陈冀平曾指出，从目前的社会形势看，新的社会矛盾将不断产生，原有的一些社会矛盾可能随之凸显，并呈现出经济领域的新矛盾与其他领域的矛盾相互影响、相互作用的局面。这主要表现为涉及农村土地征用、城镇房屋拆迁、国有企业改革、部分军队退役人员安置等方面的信访问题已十分突出，非法集资、股市房市受损、高校毕业生就业、医疗、养老、环境污染、城市公共服务与管理等诱发群体性事件的因素也正在增多。由经济纠纷引发的暴力讨债、绑架、哄抢等“民转刑”案件可能更加频繁，流动人口犯罪、多发性侵权犯罪和非法集资等涉众型经济犯罪可能更加明显，城市社会治安问题向农村蔓延扩散的趋势可能更加突出，尤其是个人极端事件有可能进一步增多，治安问题的敏感性将会进一步增强，一起普通的刑事案件或治安案件有可能转变为社会热点问题，甚至诱发其他矛盾和问题。

近50年来，世界经济发展步伐加快，在石化能源体系支撑下形成了如火电、石化、钢铁、建材、有色金属等高碳工业群，并由此衍生出汽车、船舶、航空、机械、电子、化工、建筑等行业。气候变化主要是由人为活动排放的二氧化碳、甲烷、氧化亚氮等温室气体造成的。全球变暖的后果是冰川融化、海平面上升、生态系统退化和自然灾害频发。从企业应急管理和经营发展的长远视角来看，企业外部市场变幻莫测，内部管理与控制日趋复杂。外部风险包括市场风险、竞争风险；内部风险则包括品牌风险、战略风险、文化风险、团队风险、领导人风险、财税风险、舆论风险、法律风险和技术风险等。

马凯在《求是》杂志中撰文指出，我国正处于工业化、城镇化快速发展时期，各种传统的和非传统的、自然的和社会的风险、矛盾交织并存，公共安全和应急管理工作面临的形势更加严峻。归纳起来，应急管理面临的态势包括四个方面：一是自然灾害处于频发期。我国是世界上自然灾害最为严重的国家之一，灾害往往具有种类多、分布地域广、发生频率高、造成损失重等特点。特别是近年来，极端气候事件频发，中、强地震呈活跃态势，自然灾害及其衍生、次生灾害的突发性和危害性进一步加剧。二是安全生产形势严峻。我国经济发展较快，能源、资源、运输供给长期偏紧，再加上安全生产基础薄弱，一些地方和企业责任不落实、监管不到位，生产安全事故发生率居高不下，重、特大事故时有发生。三是公共卫生事件防控难度增大。公共卫生事件的诱因和影响都呈较强的国际性特点，全球新发的三十多种传染病已有半数在我国出现，重、特大疫情和群体性不明原因疾病时有发生。随着人口流动量的加大和流动速度的加快，疾病的防控难度加大，造成的损失更加严重；而在食品、药品生产经营中，市场秩序混乱、源头污染严重、监管力量薄弱等问题尚未得到根本解决。四是社会安全面临新的挑战。我国改革发展进入关键阶段，各种利益关系错综复杂，国家安全面临的形势更加严峻，维护社会稳定的任务更加艰巨。对当前国际金融危机造成的重大影响和可能引发的各类突发公共事件，我们要有充分的准备。

2008 年 3 月 14 日，少数不法分子在西藏拉萨制造了打砸抢烧暴力事件，烧死或杀死藏汉群众 18 人，给当地人民群众生命和财产安全造成重大损失。2009 年乌鲁木齐“7 · 5”打砸抢烧严重暴力犯罪事件又造成 197 人死亡，其中绝大多数是无辜群众。后面这场打砸抢烧暴力事件的发生，是由以热比娅为首的境外敌对势力和境内极少数不法之徒极力炒作的广东韶关旭日玩具厂群殴事件，把一个一般的治安案件说成是民族事件，从而极力煽动民族仇恨所致的。虎年春节期间，山西省的晋中、太原、吕梁、长治、晋城、阳泉等地区到处都是地震将发的言论，一场大规模的群众恐慌在山西蔓延。2010 年 2 月 20 日晚至 21 日凌晨，许多山西人离家，躲避在广场、公园等地，夜不归宿，甚至开车逃往外乡。许多山西人在户外度过了一个不眠之夜。造谣人利用网络传播大地震谣言，而政府机构最初也处于一片迷乱中，直到 21 日早晨，山西省政府及各地区地震部门通过媒体及移动通信转达了政府公告，称群众这次避震行动为谣言所惑，要广大群众安心。此类民生事件实则是 2007 年哈尔滨水污染事件中短信传播哈尔滨要发生大地震的翻版。非常事件与突发事件应该由民调机构和覆盖面广的大众媒体联合发布，以正视听。

应急管理是指政府及其他公共机构在对突发公共事件的事前预防、事发应对、事中处置和善后管理过程中，通过建立必要的应急机制，采取一系列必要措施，以保障公众生命和财产安全，促进社会和谐、健康发展的有关活动。美国佐治亚州州立大学著名应急管理学家威廉 · L. 沃认为：“应急管理就是对风险进行管理，以使社会能够与环境或技术危险要素共存，并应对环境、技术危险要素所导致的灾害。”应急管理是对突发公共事件的全过程管理，根据突发公共事件的预警、发生、缓解和善后四个发展阶段，可分为预测预警、识别控制、紧急处置和善后管理四个过程。应急管理又是一个动态管理，包括预防、准备、响应和恢复四个部分，均体现在管理突发公共事件的各个阶段。

应急管理是一个完整的系统工程，可以概括为“一案三制”，即突发公共事件应急预案，应急机制、体制和法制。以政府应急管理为主线，围绕政府应急管理决策、技术管理、社会动员与响应机制等层次展开研究，达到在紧急状态下各行为主体凝聚人心、从容应对、缓解危机、减少缺失的效果。政府危机管理即政府在公共危机事件发生之前、发展过程之中和后危机时期，为减少和消除危机造成的危害和损失，根据危机管理计划和程序而对危机直接采取的对策及管理措施。它是在政府常态型危机管理基础上紧急状态的管理。各种信息资源、物质资源、人力资源如何高效配置与有效运作，如何防止灾害的蔓延与次生灾害的扩大等均是政府应急管理在紧急状态下需要解决的关键问题。我国正处于经济体制和经济增长方式双重转轨的特殊时期，存在着诱发公共危机的潜在制度及非制度因素。高度重视公共危机管理、建立公共危机的预警机制和政府干预公共危机体系尤为必要。应急管理的基础是常规性政府危机管理，只有基础工作常抓不懈，才能在紧急状态下临危不乱。

发达国家十分重视突发公共事件应急管理的研究，其研究范围覆盖了灾害或危机产生、发展、消亡的整个过程。日本是较早开展城市应急管理研究的国家，研究的领域和能力不断拓展，研究的水平处于世界前列。美国也在“9·11”事件发生后，组建了部级的美国国土安全部（DHS），此部门的设立标志着美国国家级突发公共事件应急管理体系从“综合应急管理”提升到“国家安全应急管理”的高度。相关国际组织也非常重视突发公共事件应急管理。联合国第二届世界减灾大会发表的《兵库宣言》要求各国将防灾减灾、保障国民生命和财产安全“作为国家的第一责任”，并将“确保减灾成为各国政府部门的工作重心之一”列为《兵库行动框架》（2005—2015年）提出的五个行动重点之一。世界各国的政府部门、学术团体和专门机构已经开始从事各种针对突发事件的预防、监测、预报、识别、测定、控制、应急预案制定、事发时的快速反应及救灾、灾后的快速评估与重建的研究。

美国的乔治华盛顿大学、马里兰大学、北达科塔州立大学和加拿大的尼加拉瓜学院等高校，在一些领域均有较为系统的研究，包括危机与应急管理，流行病及预防医学，危机和应急管理中的信息技术、自然、技术危害以及恐怖袭击之风险管理，大规模恐怖行动的预防和反应之危机管理，灾后重建以及组织持续之减灾管理，健康与医疗应急管理等各个方面。上述研究系统地为政府层面与技术层面的公共危机与应急管理技术提供了强有力的理论指导。

公共危机与突发事件已成为构建和谐社会和可持续发展的重要隐患，如何有效应对突发事件、妥善预防和处理危机越来越引起社会各界的高度重视。2006 年 1 月国务院颁布《国家突发公共事件总体应急预案》，标志着从战略上应对公共危机已被提升至国家高度。中央进一步明确提出，要建立健全社会预警体系，提高保障公共安全和处置突发事件的能力。2007 年 8 月，全国人大常委会通过了《中华人民共和国突发事件应对法》。汪永清、莫于川、韩大元等学者对该法进行了阐释。另一些学者，如徐高、莫纪宏等，则比较系统地研究了国外针对处理紧急状态下的法律制度。目前，我国的应急管理研究基本上处于以介绍国外经验，对其存在的问题及对策等事实进行描述和提出对策措施为主的阶段，而对法理以及制度比较的研究尚欠深入，难以为应急管理的依法施行提供充分的理论支持。另外，对危机处理研究较多，对事后重建和救济研究较少，不利于达到依法规范政府行政行为、缓解公众利益和私人利益的矛盾、维护社会稳定的目的。

关于灾害及突发公共事件应急工程的研究，国内外已经积累了大量的研究成果。从第一个应急管理国际组织——国际应急管理工程协会诞生之日起，各类研究成果层出不穷。这些成果几乎囊括了火灾、地震、矿井塌陷、核泄漏事故等各个领域的灾害。我国从 20 世纪 80 年代末开始新增了许多研究学报和学术期刊，如《自然灾害学报》、《环境污染与防治》、《环境卫生工程》、《中国环境管理》、《中国减灾》等，针对我国自然灾害以及事故灾难的防灾减灾研究已经较为深入。目前国内较为集中的研究主要体现在城市灾害应急与管理，区域应急管理实务预案、演练及绩效，突发事件应急管理，现代城市公共安全应急管理，领导干部预防和处置突发公共事件实用指南与案例分析，公共危机与管理，国家与政府的危机管理，灾难性事故与事件应急处置，城市安全学，政府应急管理实务，中央和大城市政府应急机制建设，灾害应急处置与综合减灾，地震应急等研究领域。

政府应急管理和企业应急管理均需要建立应急管理综合平台和预案，运筹帷幄才能在非常态情境下保持临危不乱。但是无论国内还是国外，对于突发公共事件的研究普遍侧重于对技术和具体方法应用的应急工程研究，并形成了一类特殊管理理论与方法——应急管理，而蕴涵其中的基础科学问题研究还没有得到广泛关注。这样就构成了面向突发公共事件的应急管理和应急工程两个模块紧密结合、相辅相成的研究层面。其中，应急管理中的科学问题研究是应急工程问题研究的基础，而后者又是在前者指导下的实践。

从2008年暨南大学获教育部批准，在全国率先招收应急管理专业本科生并成立全国首家应急管理学院，到2009年广东省“211工程”三期重点学科建设项目“应急管理理论与实务”正式立项，再到暨南大学应急管理研究中心成立并成为广东省高校重点人文社科研究基地，暨南大学得到了广东省政府、省政府应急办的大力支持和社会各界的广泛关注，我们深感责任的重大与使命的神圣。应急管理属于新型交叉管理学科，“211工程”三期重点学科建设项目共设置了二十余个选题，从政治、经济、管理、公共卫生、新闻处置、社区与区域合作、应急管理史、应急管理平台等多个领域进行研究，试图对完善中国应急管理理论作出富有成效的尝试，也期盼对中国应急管理工作有所指导与借鉴。丛书的出版难免存在这样或那样的疏漏，期待读者给予批评指正。

广东省政府应急办　暨南大学应急管理研究中心
广东省“211工程”三期重点学科建设项目
“应急管理理论与实务”丛书编辑委员会
2011年6月

前　言

案例分析教学在我国目前的管理学科教育中已经成为一种普遍的教学方式，并且发展迅速。作为一门新兴的专业——应急管理，更是需要通过案例分析教学，使学习者能够掌握应急管理的基本理论和实践原理，提高自身的分析判断能力，能够在事件紧急、情景复杂、信息不完整的状态下作出正确的指挥和决策。暨南大学自2008年成为我国第一所被批准建立应急管理专业本科教育的高校以来，除了积极兴办该项新的专业之外，还承担了大量政府部门及企业的应急管理培训任务。通过短短几年的教学与培训，我们编写了这本《应急管理案例选编》。

本书按照《中华人民共和国突发事件应对法》中对突发事件的分类分级规定，采编了自然灾害、事故灾难、公共卫生、社会安全和应急综合管理五个方面的应急管理案例，并在每个案例之后都编写了评析评述和思考题。采编的案例大部分是发生在我国和国外的真实事件，内容包括对各类危机事件的应对处理全过程描述和评析。从这些案例中我们不仅可以看到我国应急管理方面的不断进步和取得的成就，同时也可以学习应急管理方面的理论与实务操作原理。更重要的是我们还可以发现许多不足和需要改进的地方。希望通过《应急管理案例选编》的学习和讨论，不仅让广大读者可以了解过去应急管理的经验教训，而且对我国应急管理的水平和管理者的应急管理能力提高也能够有所帮助。

本书由沈远平、周云帆、江晓黎、杨思思编写。沈远平负责全书的整体框架和写作提纲，并编写第1、2章和对全书的审稿定稿；周云帆负责编写第4章；江晓黎负责编写第3章及第1章的第四节；杨思思负责编写第5章。

本书的编写和出版得到了暨南大学“应急管理理论与实务”研究项目的资助，得到了暨南大学管理学院（应急管理学院）公共管理系的指导和支持。在此表示感谢。

编　者

2011 年 6 月于暨南园

目　录

第一章　自然灾害

本章概述

本章收集了“圣帕”台风抗险、汶川抗震、冰雪抗灾及日本“3·11”地震四个自然灾害的应急管理案例。通过学习本章，可以了解到不同类型的自然灾害在引发危机方面的基本特征和危害程度，认识自然灾害应急管理的基本原理，掌握应急管理基本原理在抗击自然灾害方面的运用策略和基本方法。

第一节　“圣帕”台风抗险记

一、“圣帕”台风侵袭及受灾基本情况

（一）“圣帕”台风形成及行径路线

2007 年第 9 号热带风暴“圣帕”① 于 8 月 13 日在菲律宾以东的洋面生成。8 月 16 日 20 时，“圣帕”的中心位置在台湾省台东东南方约 630 公里的洋面上，近中心最大风力 17 级以上，风速 65 米/秒，台风 7 级风圈半径 400 公里，台风 10 级风圈半径 180 公里。超强台风中心以每小时 15 公里左右的速度向西北方向移动，逐渐向台湾东部沿海靠近。8 月 18 日凌晨，“圣帕”减

① 名字来源于马来西亚，是对一种淡水鱼的称呼。

弱为强台风，凌晨5时40分前后在我国台湾省花莲县秀姑峦溪口附近沿海登陆。登陆时中心附近最大风力有15级（风速50米/秒），登陆后强度逐渐减弱。上午10时强台风中心仍位于台湾省南投县境内，即北纬23.8度、东经120.8度的地区，中心附近最大风力有14级（风速45米/秒）。“圣帕”行径路线如图1－1所示：

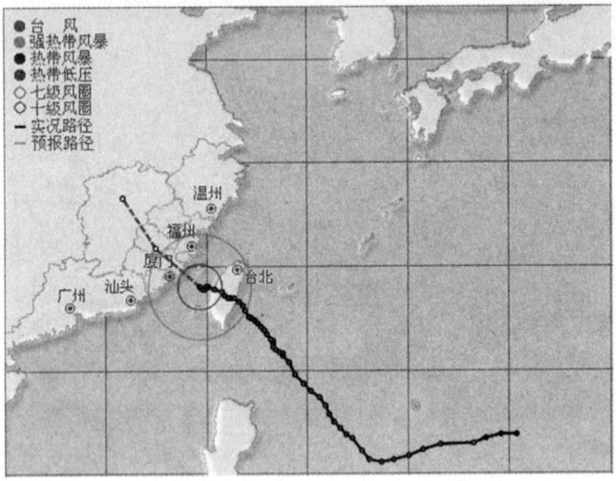

图1－1 “圣帕”台风实况数据图（来源：中广网）

“圣帕”穿过台湾之后，于8月19日2时在福建惠安崇武镇登陆，登陆时近中心最大风速33米/秒，风力12级。崇武镇以北沿海有偏东风转偏南风，风力8—9级，阵风10—11级；崇武镇以南沿海有偏南风，风力7—8级，阵风9级。沿海各市有大到暴雨，莆田、福州、宁德三市的局部有大暴雨。受“圣帕”影响，从18日开始到19日，巴士海峡、巴林塘海峡、南海东北部海面、台湾以东洋面、台湾省、台湾海峡、东海南部海面、福建沿海、浙江南部沿海、广东东部沿海有8—11级大风，部分海域或地区的风力有12—13级、阵风可达14—15级；台湾大部、福建大部、浙江南部、广东东部、江西东南部等地的部分地区降大到暴雨。自8月19日至8月27日，“圣帕”台风对福建、广东、浙江、江西、湖南乃至四川、湖北、广西、海南等地造成了极大影响。“圣帕”是2007年以来发生在我国境内的最强台风。“圣帕”台风对我国部分省份和地区的影响范围如图1－2所示。超强台风“圣帕”呈现出"强、大、稳"三大特点：第一，台风强度大，为少见的超强台风；第二，云系较大，影响范围大；第三，这一超强台风的移动路径相对稳定，总体一直沿西北方向前进，后期则向偏北方向移动，正面袭击我国东南沿海各省份。

图1－2　2007年第9号热带风暴"圣帕"台风走势及影响范围状况图（国家气象局发布）

（二）"圣帕"台风所造成灾害的基本情况

1. 受灾整体情况

截至2007年8月22日17时，9号台风"圣帕"已造成福建、浙江、江西、湖南、广东5省811.7万人受灾，因灾死亡39人，失踪8人，紧急转移安置176.4万人；农作物受灾面积507.9万亩，其中绝收54.6万亩；倒塌房屋2.3万间；因灾造成直接经济损失67.1亿元[①]。

2. 受影响主要省份和地区的受灾情况

（1）福建省：福建省防汛抗旱指挥部21日16时发布灾情通报，通报称台风"圣帕"已造成该省18人死亡、5人失踪，222.72万人受灾，直接经济损失22.03亿元[②]。

---

① 中新网．台风"圣帕"已致5省811.7万人受灾　39人死亡，http：//news.sina.com.cn/c/2007－08－23/022012432658s.shtml，2009－02－19

② 见邵芳卿．福建因台风"圣帕"死亡人数升至18人，http：//news.sina.com.cn/c/2007－08－22/022113714143.shtml，2009－02－22

截至8月20日18时的初步统计，福建省8个设区市、62个县（市、区）、644个乡镇204.66万人受灾，房屋倒塌0.55万间；紧急转移76.4万人；农作物受灾11.169万公顷，成灾4.854万公顷；水产养殖损失面积0.768万公顷，损失产量12.51万吨；停产工矿企业1 570个；直接经济损失19.8亿元，其中水利设施直接经济损失3.93亿元[①]。

（2）湖南省：受台风“圣帕”影响，湖南株洲、郴州、衡阳普降大到暴雨，出现山体滑坡，造成多处交通中断，桥梁、房屋被毁，城区多处被淹，灾情严重。

截至8月22日8时，株洲、郴州、衡阳3市20个县共357个乡镇的240多万人受灾，因灾死亡2人，其中株洲1人，郴州1人，洪灾共造成直接经济损失32.14亿元。

全省农作物受灾10多万公顷，成灾近6.5万公顷，绝收逾1.8万公顷，造成粮食减产25万吨，死亡大牲畜1.12万头。该省因灾停产工矿企业1 200多个，公路中断631条次，损坏输电线路599千米，损坏通讯线路2 588千米。

洪灾共造成1 440处堤防损毁，415处堤防决口，损坏塘坝、水闸近6 000座，损坏水文测站7座，一大批护岸机电泵站遭受不同程度损毁[②]。

（3）浙江省：浙江省水产养殖受灾面积0.498万公顷，防波堤受损887米，码头损坏41座，直接经济损失0.69亿元。

（4）广东省：广东省受灾人口4.38万，损坏堤防38处，堤防决口2.86公里，直接经济损失1.16亿元。

受“圣帕”风暴潮与台风浪的共同影响，浙江和广东两省海洋灾害直接经济损失1.96亿元。

（5）江西省：截至2007年8月21日，台风“圣帕”入境造成江西出现大范围降雨，部分地区发生了严重洪涝灾害和地质灾害，江西吉安、抚州、赣州3市15个县（市、区）164个乡镇受灾，受灾人口突破50万[③]。

---

① 东南快报．福建因台风直接经济损失19.8亿 9人死亡，http：//news.fjii.com/2007/08/21/638920.htm，2009-02-22

② 刘双双．“圣帕”来袭 湖南大范围强降雨240多万人受灾，http：//news.sohu.com/20070822/n251727918.shtml，2009-02-22

③ 郭远明．台风“圣帕”造成江西逾50万人受灾，http：//news.sina.com.cn/c/2007-08-21/223413713061.shtml，2009-02-22

3. 其他省份与地区受灾情况

受超强台风“圣帕”的影响，我国湖北、云南、四川宜宾等地区也遭受到不同程度的灾害损失。

（1）四川宜宾：受台风“圣帕”的影响，2007 年 8 月 22 日以后，四川宜宾市普降大到暴雨，造成多处泥石流灾害。截至 27 日，已造成 17 人死亡，6 人受伤，21.3 万人受灾。

宜宾的这次大到暴雨从 22 日持续到 27 日凌晨，灾害涉及 6 个县 71 个乡镇，共计 21.3 万人受灾，因灾死亡 17 人、受伤 6 人、失踪 3 人。其中筠连县山体滑坡死亡 2 人，宜宾县山体滑坡死亡 2 人，珙县山体滑坡死亡 1 人，高县雷击死亡 1 人、洪水冲走死亡 1 人，屏山县死亡 10 人①。

（2）湖北省：8 月 19 日至 23 日，第 9 号台风“圣帕”外围云系自东向西影响湖北省，使宜昌、荆门、随州、十堰、襄樊、黄冈、咸宁、黄石出现大雨，局部暴雨，有 30 个县市区雨量超过 50 毫米，最大降雨量为荆门栗溪镇的 200 毫米。

灾害涉及湖北省襄樊、荆门两市的南漳、保康、宜城、东宝等 4 县区、7 个乡镇，3.46 万人受灾，倒塌房屋 231 间，农作物受灾 3.82 万亩，其中绝收 0.18 万亩，损坏乡村公路 71 公里、渠道 12.1 公里、水闸 5 座、塘堰 121 座、灌溉设施 120 处，各类直接经济损失 4 050 万元人民币，其中水利部门损失 850 万元②。

（3）云南省：受台风“圣帕”的影响，2007 年 8 月 23 日至 27 日，云南省全境范围内再一次遭遇强降雨天气，连续五天的降雨使云南多个地区发生因洪涝引发的滑坡、泥石流等灾害。云南昭通、曲靖、楚雄、临沧、红河等地受灾严重。其中昭通市受灾尤为严重，据不完全统计，截至 8 月 27 日，当地因灾死亡 16 人、失踪 9 人，直接经济损失超过 2 亿元人民币。8 月 26 日，云南祥临公路云县境内因强降雨发生路基坍塌，造成 2 人死亡，5 人受伤③。

---

① 见肖林. 四川宜宾连日遭暴雨泥石流袭击造成 17 人死亡，http：//news. sohu. com/20070827/n251810185. shtml，2009 - 02 - 22

② 艾启平. 台风“圣帕”影响湖北 30 县市 3 万余人受灾，http：//news. sohu. com/20070824/n251766395. shtml，2009 - 02 - 22

③ 保旭. “圣帕”波及云南 5 天因灾死亡 16 人 失踪 9 人，http：//news. sohu. com/20070828/n251823334. shtml，2009 - 02 - 22

二、"圣帕"台风的应对与救灾措施

（一）密切注意和通报台风动向，做好台风来临前的防御工作

1. 及时发布预警警报，早准备、早检查、早安排、早落实

8月16日，当台风"圣帕"刚逼近台湾海峡时，交通部突发公共事件应急领导小组办公室便发出"极端天气预警警报"，首先通报台风"圣帕"行径动向，指出"圣帕"正以每小时10公里至15公里的速度向偏西北方向移动，其强度持续增大，未来将对福建、广东、浙江乃至广西、海南等地的沿海地区水路和公路运输、生产、作业造成影响。同时要求福建、浙江、广东各省的交通、海事、救捞单位全力以赴，提早做好各项防抗准备，尽全力把台风造成的损失降到最低。交通部有关负责人要求受"圣帕"影响的有关地区交通部门、海上搜救中心、海事、救捞系统密切关注其发展动向，按照"早准备，早检查，早安排，早落实"的防抗原则，提早做好防抗准备，做到"宁可防而不来，不可来而不防"。明确提出了四点要求：①要通过海岸电台把有关"圣帕"台风的信息不断地播发出去，让所有在"圣帕"影响海域航行的船舶尽早回港避风；②要让受"圣帕"影响的港口做好防抗准备；③要让在海上作业的工程船舶、无动力船舶等尽早抛锚避风；④要对受"圣帕"影响海域中的客轮、渡船、危险品船及油轮重点防范，应停航的尽早停航。

8月16日下午，福建、浙江、广东省海事局负责人通过视频向交通部应急办汇报了防抗"圣帕"的具体措施。随后，福建、浙江、广东等省的海事部门启动防台应急预案，防抗工作已经全面部署到位；交通部救捞系统也已投入精兵强将，加强值班强度，确保"一旦发生险情，冲得上去，救得下来"①。

2. 密切观察台风动向，建立台风实时发布系统

8月16日上午，中国气象局发布2007年第一号台风应急响应命令，并宣布该年首次进入台风Ⅱ级气象应急响应状态，中央气象台从16日11时起每小时更新发布一次"圣帕"的定位及相关预报信息。中国气象局局长郑国光表示，福建、广东、浙江省气象局和国家气象中心、国家卫星气象中心、中

① 见中国新华网．台风"圣帕"逼近交通部部署防抗台风降低损失，http：//www.ccaj.net/html1/2007/8/17/f404736.shtml，2009－02－22

国气象局大气探测中心等部门对“圣帕”进行加密观测、全程跟踪。最先受到影响的福建、广东和浙江等省的气象部门每日5次向中国气象局报告天气及灾情实况、预警预报信息、服务情况、应急响应组织工作情况，具体报告时间为每日的7时、11时、15时、19时和23时。广东、福建、浙江、江西、湖南、江苏、安徽、河南、湖北等省气象局启动高空加密观测。中国气象局派出工作组前往有关省份指导工作。

同时，中央气象台、各地地方气象台以及各网站及时向公众公布“圣帕”台风的动向，发布消息，提醒社会与公众做好台风防范准备工作①。图1-3是中央气象台发布的热带风暴“圣帕”路径预报图②。

3. 利用现代高科技信息技术实时信息通报与预警通告

在整个预防和抗击台风“圣帕”的过程中，各级政府和有关部门充分利用现代高科技信息技术及时与公众进行沟通和发布信息，提醒注意事项，要求做好防范工作。

浙江海事局8月16日正式启动强台风应急预案，部署海上防御工作。台风警报启动后的数小时内，海事部门向各类船舶发布台风安全信息超过10 000条。

截至8月18日下午5时，福建省已经累计向沿海包括移动、联通、小灵通等通信手机用户发布防台风公益短信1 651.15万条。

截至2007年8月21日中午，江西省气象台共通过短信对外发布台风蓝色预警信号1次，暴雨橙色预警信号2次、红色预警信号1次，省、市、县三级气象部门发布台风、暴雨预警信号或信息100余次。江西吉安、宜春、萍乡、新余、赣州市所有手机用户，陆续免费收到关于“圣帕”影响的最新预警信息。江西已为“圣帕”影响严重地区的600多万通信用户免费发送了预警公益信息。

台风“圣帕”进入湖南时，湖南省气象局向湘东南地区各防汛责任人连续发布了4个暴雨红色预警信号，并通过中国联通湖南分公司和中国移动湖

---

① 新快报．九省气象局启动高空加密观察，http：//news.sina.com.cn/c/2007-08-18/012812404102s.shtml，2009-02-21

② 新华网．热带风暴“圣帕”路径预报图，http：//news.xinhuanet.com/photo/2007-08/20/content_6567547.htm，2009-02-17

图1-3 热带风暴“圣帕”路径预报图

南分公司向225万手机用户免费发送了预警短信①。

（二）中央领导、国家各部委指挥部署防抗台风工作

1. 中央领导关注和指挥防抗台风工作

8月17日，中共中央、国务院高度重视9号超强台风“圣帕”的防御工

---

① 新华网，东南新闻网．手机短信正成为灾害天气预警信息救援重要角色、浙江应对台风圣帕发出短信1万多条、福建共发布防台风公益短信1 651.15万条、江西免费为600多万用户发送圣帕预警短信，http：//news. sina. com. cn/c/2007－08－25/182713743280. shtml，http：//news. sina. com. cn/c/2007－08－17/001413679959. shtml，http：//news. sina. com. cn/c/2007－08－18/193913692884. shtml，http：//news. sohu. com/20070821/n251707232. shtm，2009－02－21

作，温家宝总理、回良玉副总理分别作出重要批示①。

8月19日下午4时50分，刚刚出访回国的胡锦涛总书记致电福建省委书记卢展工，关切询问第9号台风“圣帕”登陆后给福建造成的灾情。胡锦涛说，他出访在外，十分关注9号台风的动向，十分惦记受台风影响的福建广大民众。

在听取了卢展工简要的工作汇报后，胡锦涛充分肯定了这一段时间福建省委、省政府所做的防灾抗灾工作，并请卢展工转达他对全省干部民众、驻闽部队和武警官兵的亲切慰问。

胡锦涛指出，未来几天福建一带可能还会有强降雨，要继续保持高度警惕，做好各项应对工作，对发生灾情的地方，要迅速组织力量抢险救灾，千方百计确保民众的生命安全，对受灾民众要做好安置工作，切实帮助他们解决遇到的困难。

卢展工代表福建省委、省政府和全省人民感谢总书记的亲切关怀，表示一定要按照总书记的重要指示精神，在前一段工作的基础上，毫不松懈地抓好抗灾救灾工作，把灾害造成的损失减少到最低程度，夺取抗灾救灾工作的全面胜利②。

8月20日上午9时45分，中共中央政治局常委、全国政协主席贾庆林打电话给福建省委书记卢展工，了解第9号台风登陆福建后带来的灾情。卢展工向贾主席简要汇报了这次台风造成的损失和贯彻胡锦涛总书记重要指示精神、防御台风、开展防灾救灾工作的情况。贾主席说，他一直关注9号台风的动向，关心台风给福建带来的灾情，了解到福建省委、省政府和广大军民奋力防灾救灾，有效防抗台风，他感到十分欣慰。他请卢展工书记传达他对福建人民和受灾群众、驻闽部队和武警官兵的亲切慰问。贾主席强调，现在台风虽然已经过去，但降雨还可能持续，一定要按照党中央、国务院和胡锦涛总书记的要求，继续做好相关工作，确保人民群众生命安全，确保灾民得到妥善安置。

卢展工在电话中代表省委、省政府和福建全省军民、受灾群众感谢贾主

---

①　中国新闻网．温家宝就台风“圣帕”防御作批示，http：//www. chinanews. com. cn/gn/news/2007/08－17/1004922. shtml，2009－02－23

②　黄翔．胡锦涛致电福建省委书记询问灾情，http：//www. china. com. cn/news/txt/2007－08/20/content_ 8710160. htm，2009－02－22

席的亲切关怀，表示一定要按照党中央、国务院和胡锦涛总书记、贾庆林主席等中央领导同志的要求，再接再厉、连续作战、安全第一、有效有序，夺取防灾救灾的全面胜利，不辜负中央的关怀、不辜负贾主席的期望①。

8月19日，中共中央政治局委员、国务院副总理回良玉来电表示对受台风“圣帕”影响较大的浙江省十分关心，专门打电话询问情况，充分肯定浙江防御第9号台风所做的工作，对下一步的防台救灾工作作出重要指示。回良玉要求：一是要高度重视次生灾害的发生，特别是注意水库的保安问题，因为浙江是一个山区比较多的地方，所以要防止发生泥石流、滑坡灾害；二是要切实做好被转移群众的安置工作，做好有关社会稳定工作；三是转达中共中央、国务院对在此次台风中遇难人员的家属和受伤人员的亲切慰问，并要切实做好救灾工作②。

8月21日，国务院副总理、国家防汛抗旱总指挥部总指挥回良玉对湖南省炎陵县400多人被洪水围困、洮水水库施工围堰出现险情作了重要批示：“务必迅速采取得力措施解救炎陵县被洪水围困的群众。在抗洪抢险过程中，特别要高度重视水库保安和地质灾害的防御工作。”

同时，国家防汛抗旱总指挥部副总指挥、水利部部长陈雷要求：认真落实回良玉副总理的重要批示，指导、帮助、解救和转移被水围困群众，做好围堰溃决等突发情况的防范工作，对受9号台风“圣帕”影响出现的持续强降雨可能造成的山洪灾害、水库安全度汛、中小河流的防洪工作作出安排部署③。

2. 国家各部委迅即启动应急预案，部署防抗台风工作

2007年8月17日上午10时，国家防总紧急启动了防汛三级应急响应，并派出工作组赶赴福建省指导防御超强台风工作。

国家防汛抗旱总指挥部密切监视台风动向，已连续向福建、广东、浙江等省下发了三个紧急通知，分阶段提前安排部署各项防台减灾工作。通知要求把防御超强台风、防御沿海暴潮、防御持续强降雨可能引发的次生灾害作

---

① 参见兰锋．贾庆林致电关心福建灾情慰问军民，http：//cpc. people. com. cn/GB/64093/64094/6143959. html，2009-02-23

② 李飞云．回良玉要求浙江严防次生灾害　妥善安排受灾群众，http：//news. sina. com. cn/c/2007-08-19/220212411701s. shtml，2009-02-22

③ 王宏婷，姜雄．回良玉对湖南防汛工作作重要批示，http：//news. sina. com. cn/c/2007-08-22/210813721441. shtml，2009-02-22

为此次防御工作的重点，把人员安全转移工作作为防御工作的重中之重①。

8 月 18 日 19 时，国家减灾委、民政部启动国家四级救灾应急响应，民政部工作组已到达福州开展工作。

8 月 22 日 16 时 30 分，国家减灾委、民政部将湖南省的国家四级救灾应急响应提升到三级，由民政部党组成员李本公率领民政部、水利部、农业部、卫生部等部门有关人员组成的国务院工作组赶赴灾区，查看灾情，慰问灾民，指导地方开展抗灾救灾工作；针对江西灾情，国家减灾委、民政部紧急启动国家四级救灾应急响应，并派出工作组赶赴灾区②。

（三）福建、浙江、湖南等地预防抗击台风的措施和做法

1. 福建省

超强台风“圣帕”形成后穿过台湾及台湾海峡正面袭击福建省，于 2007 年 8 月 19 日凌晨在福建惠安崇武镇登陆，对福建大部分地区造成严重影响。福建对此次防抗超强台风“圣帕”的任务非常重视，全省上上下下全力以赴防抗超强台风“圣帕”。

（1）省委省政府领导指挥部署“圣帕”台风防抗工作，福建省委、省政府高度重视防御第 9 号超强台风工作：8 月 16 日晚和 17 日晚，福建省防汛抗旱指挥部连续两晚召开紧急电视电话会议，分析通报“圣帕”的发展趋势及可能对福建省造成的严重危害，全面部署防御工作。省委书记卢展工、省长黄小晶要求各地各部门要防止麻痹思想，克服侥幸心理，扎实做好防抗超强台风的各项应急应对工作，密切关注动向，高度重视，按预案要求做好准备。

会议分析通报了第 9 号超强台风的发展趋势以及可能对福建省造成的严重危害。省防汛抗旱指挥部指挥长、常务副省长张昌平主持召开全省紧急电视电话会议，全面部署台风防御工作。他强调，第 9 号超强台风“圣帕”史上罕见，来势比“桑美”更为凶猛，全省上下务必按照卢书记、黄省长的要求，紧急行动，实施超常规部署。

张昌平指出，防御超强台风、防御沿海暴潮、防御持续强降雨是这次防御

---

① 中国网．台风“圣帕”即将登陆国家防总启动Ⅲ级应急响应，http：//www.china.com.cn/news/txt/2007－08/17/content_ 8704441.htm，2009－02－21

② 潘跃．减灾委民政部针对湘赣灾情启动三级和四级响应，http：//news.sina.com.cn/c/2007－08－23/023313722868.shtml，2009－02－17

工作的重点，抓好人员转移工作则是防御工作的重中之重。在超强台风袭击之前，把所有应该转移的人员全部转移到安全地方。转移工作必须做细致、做扎实，确保市、县、乡、村各级干部24小时在岗，坚守在防灾抗灾第一线。

张昌平要求，各地各部门要按照省委、省政府和国家防汛抗旱指挥部的统一部署，严格按照超强台风正面登陆的预案，强化措施，严密防范各类灾害。全省广大干部，特别是省直机关以及防台风相关人员取消周末放假，坚守岗位，严阵以待，并强调连夜部署，赶在一天内完成。

张昌平还要求，各地要扎实做好以下五个方面的工作，以确保安全，必要的时候要实行交通管制，关闭高速公路及危险路段。

一要省、市、县三级联动，加大台风预报密度，及时预报灾害性天气、沿海潮位、江河水位等，适时调度水库。市、县气象部门要分别提前4小时、2小时预报本区域内的灾害性天气。

二要确保海上防强台风安全。渔排上的所有人员要在17日晚6时前全部撤离上岸，确保不漏一人，同时严防人员私自回流。

三要确保陆上防强台风安全。建设、电力、通信等部门要提前做好高空作业设施的防风安全工作，对高层建筑上的广告牌，在建工地的塔吊、支架等悬挂物要采取措施，及时加固或拆除。对城区的电力、通信、供水、供气、排涝设施要加强检查，保障正常运转，必要时采取限电应对；台风过境期间要停止举办各种学习班，停止暑假学生外出集体活动；交通部门要加强交通管理，必要的时候实行交通管制，关闭高速公路及危险路段。国土资源部门要加强地质灾害的预测预报，及时发布信息，做好防御工作；旅游部门要加强旅游区的防风防灾工作，在台风来临之前适时关闭旅游景点，及时疏散旅游人员，保证旅客安全；农业、渔业部门要及时组织群众抢收成熟的农产品，抢护可能受损的农作物；城市社区要提醒社区居民加强自我防护，减少外出，及时转移阳台上的花盆、杂物等，避免坠落伤人。

他特别强调的是，一旦台风逼近福建省，台风登陆地区要适时宣布进入紧急防汛期，关闭商店、超市、娱乐场所等公共设施，减少人员外出，关键时候，将实行街上行人管制，停止除了抢险救灾之外的一切公共活动。鉴于有可能造成的停电停水现象，人们必须先做好饮用水储备。

四要确保工程安全。认真做好海岸工程的防风工作，经贸、交通、建设等部门对滨海一线所有在建的港口、码头、围垦工程要全部停止施工，组织人员进行必要的加固和抢护；加强江海堤防、水闸和水库的巡查、抢护和加固工作。

五要做好抢险救灾的充分准备。各地要加强抢险救灾队伍的组织和物质、器材的准备。各级有关部门，特别是电力、通信、供水、供气、排涝设施要及时集结队伍，一旦出现险情，迅速组织抢修。各地驻军、武警、边防、消防部队要随时与防汛部门沟通联系，集结队伍，一旦出现险情，迅速展开抢险救灾。民政、卫生部门要做好转移人员的生活保障工作，确保转移人员有住所、有饭吃、有干净水喝、有病能得到及时救治①。

8月17日晚9点，省委书记卢展工、省长黄小晶、省政协主席梁绮萍等省领导前往省防汛抗旱指挥部，了解超强台风动向，通过防汛视频系统检查部署全省防御工作。

在听取了省气象局、省海洋与渔业局、省水利厅、省建设厅、省国土资源厅以及福州市、厦门市、漳州市、泉州市、莆田市、宁德市有关工作汇报后，卢书记指示，防抗第9号超强台风"圣帕"，各级各部门务必保持清醒。目前台风所显示出的超强能量、密集云团、稳定的移动方向都表明，此次超强台风正面袭击福建省基本已成定局。防御超强台风需要超强的认识，需要超强的耐力。这就要求领导干部要在原定预案的基础上加大工作力度，超越预案，超常运作，千万要提高警惕、千万要保持清醒、千万不要心存侥幸。各级各部门要务保安全，确保人民群众生命安全，确保各项损失能够减少到最低程度，确保灾时救援能够及时地到达、灾民能够得到有效有序的安置。要始终把人民群众的生命安全放在第一位，不能因为工作的不到位给人民群众的生命造成损失；要务尽责任，确保责任到岗、责任到位、责任到人，进一步明晰责任体系和责任追究体系；要统一指挥、统筹协调、全民动员、有效组织。所有的行政村和社区都必须要有上级的干部到位值守；各级党委政府和各单位领导干部一律取消休假，到岗到位；各级防汛指挥部成员单位的所有干部职工一律取消休假，其他单位领导取消休假，增加值班人员。各级各部门要务求实效，以超越预案的力度全力以赴抵御超强台风。"转"的力度要加大，转移特别是人员转移是应对台风、洪涝、地质灾害的有效办法，做到科学地"转"、有效地"转"、加大力度地"转"；"停"的力度要加大，企业生产、工地施工、学校活动、景区旅游等该停就停；"封"的力度要加大，

---

① 陈洪亮．超强台风"圣帕"来势超过"桑美"今明两天将横穿台湾，http：//news. sina. com. cn /c /2007 -08 -17/ 004012397589s. shtml，2009 -02 -17

铁路、高速公路、城市交通、危险地区的输电线路，遇到紧急情况该封就封；“预”的力度要加大，要加强预报，提前布置，组织机动抢险力量尽早到位；“管”的力度要加大，所有的关键部位都要严防死守，必要时候要采取断然措施；信息发布的力度加大，要增加透明度，及时通报台风动态和灾害造成的损失情况，要做好宣传，营造军民合力有效抵御自然灾害的有利氛围。

卢书记强调，防抗第9号超强台风“圣帕”是对福建省抵御自然灾害能力的又一次严峻考验，相信只要全省干部群众沉着应对、工作到位、发挥优势、形成合力，就一定能够确保福建人民群众的生命财产安全，一定能够保护好海峡西岸经济区建设成果，一定能够用有效的抵御自然灾害的成绩来迎接党的十七大的胜利召开。

黄省长指出，防御这次超强台风，各级各部门已经按照预案和省防汛指挥部的部署，做了充分的准备。面对即将到来的超强台风，各级各部门要注意任何可能出现的苗头性问题，科学调度水库库容，高度重视可能出现的地质灾害，做好台风期间通讯、交通顺畅，油料、电力的保障，同时民政部门要做好充足的物资储备，一有险情，马上到位。

专程率领工作组来闽指导防抗台风工作的国家防办副主任田以堂、国家气象局副局长王守荣、国家民政部救灾专员柳永法出席会议并就有关工作提出了指导性意见。

省委常委、常务副省长、省防汛抗旱指挥部总指挥张昌平就做好下一步防御工作作了具体部署①。

（2）省有关部门对“圣帕”防抗工作的具体部署和措施：

1）省海洋与渔业局部署防抗台风工作：2007年8月16日，福建省海洋预报台发布风暴潮三级警报（黄色）及海浪一级警报（红色），省气象局发布了最新超强台风警报，分别对未来两天的海洋气象和沿海风暴潮进行预报。8月16日上午8时，福建省海洋与渔业局再次发出紧急通知，对全省渔业防台风工作进行部署。具体部署如下：

一是各级海洋与渔业主管部门要严格执行渔业防台风应急预案，领导坐镇指挥，确保24小时值班，工作人员到岗到位，密切关注第9号超强台风的发展动态，及时做好上传下达工作。

---

① 福建省防汛办．卢展工书记黄小晶省长检查部署防御第9号超强台风工作，http：//www. smsl. gov. cn/ndisplay. asp? nid=2564，2009-02-19

二是全省沿海海上渔排上的所有人员（包括老弱妇幼人员）务必于17日18时之前全部撤离上岸，做到不留一人。渔排人员撤离情况必须从17日12时开始，每隔1小时向省渔业指挥部办公室报告一次。

三是全省沿海生产作业渔船务必于17日24时之前全部就近进港避风，做到不漏一艘。渔船返航途中要特别注意防风、防浪，保持通信畅通，确保返航安全。出海渔船就近进港避风情况必须于17日12时开始，每隔2小时向省渔业指挥部办公室报告一次。

四是渔船进港后，人员撤离上岸的组织工作要根据台风进入台湾海峡的发展动态，按照当地政府根据渔业防台风预案的要求进行人员撤离部署。该撤离的要坚决撤离，做到船上不留一人。

五是各级海洋与渔业主管部门要组织力量，抓紧做好养殖渔排加固、加盖和深水网箱沉降等工作，及时转移或收成养殖产品；做好防范暴雨灾害，及时加固和维护水产种苗场、养殖场、养殖池塘等渔业生产设施，做好排涝除险工作。

六是各级海洋与渔业执法机构要严阵以待，做好渔船进港停泊疏导、渔船人员撤离动员等抢险救灾工作，执法船艇应保持24小时待命状态，随时听从当地政府的统一指挥，积极参加应急救援等工作，确保渔民群众的生命财产安全①。

2）省卫生厅部署防抗台风工作：2007年8月17日上午，根据省政府防汛抗旱指挥部8月16日晚召开的紧急会议精神，福建省卫生厅党组书记、厅长杨平同志组织召开厅机关防抗第9号超强台风专题会议，研究、部署台风防范工作。会议要求厅机关主要处室周末坚持上班，紧急行动起来，不仅做好全省卫生系统防台风的各项准备工作，而且还要做好机关及省属医疗单位的自身防范工作。省卫生厅发出“关于做好今年第9号超强台风防御工作的紧急通知”（闽卫应急发明电〔2007〕101号）。

根据《福建省防洪防台风卫生应急预案》，省卫生厅启动了卫生系统防台风二级应急响应，要求各级卫生部门落实相关防范措施，做好卫生应急各项准备工作：一是要高度重视，切实加强领导。二是要强化值班力度。台风影响期间，保证领导24小时带班，值班人员要到岗到位。三是要突出重点，及

① 福建省海洋与渔业局．福建省海洋与渔业局积极部署防御第9号超强台风工作，http：//www.cnfm.gov.cn/info/display.asp?id=24560，2009-02-22

时启动预案，把防御工作做细、做实。各地市、各医疗卫生单位要密切注意最新台风信息，掌握台风动态，做到早部署、早安排、早落实，确保预案各项措施得以高效实施。特别针对本次超强台风风力强、范围大、将带来较强降雨的特点，各部门要重点防范强风、强降雨可能造成的山洪暴发、地质灾害以及城市内涝等危害，对单位内部、建筑工地低洼地带以及容易发生地质灾害的地方特别加强防范，必要时及时有序地组织职工和病人安全撤离。四是要做好救灾防病各项准备工作，落实医疗卫生应急队伍，准备好必要的应急处理药品、器械，做到物资到位，队伍到位，随时准备开展医疗救治和救灾防病工作。各级医疗单位做好突发事件医疗救治准备工作，加强门诊、急诊工作力度。

省卫生厅组建的省立、协和、附一3支省级医疗救护小分队和省疾控中心、卫生监督所卫生防疫小分队已做好准备，随时可奔赴灾区开展救灾防病工作。省卫生厅还储备了17吨漂白粉、6 000瓶漂白粉精片、5 500瓶敌敌畏、46 334支（9万人次应急接种）钩端疫苗等救灾防病物资。

8月19日上午，汪毅夫副省长在省政府副秘书长方彦富的陪同下，到省卫生厅视察卫生部门防抗第9号超强台风的情况。汪副省长听取了省卫生厅杨平厅长关于卫生部门防抗第9号强台风的工作部署，察看了值班情况。汪副省长充分肯定了卫生部门的救灾防病工作，认为卫生部门思想重视，部署周密，工作扎实，重点突出，科学有序，各项工作落实有效。对于下一阶段的救灾防病工作，汪副省长指出，当前福建省防汛防灾形势依然严峻，近几日全省大范围降雨仍将持续，省委、省政府高度重视，对防汛和救灾工作作了紧急部署。各级卫生部门要清醒地认识当前救灾防病形势，克服麻痹思想和侥幸心理，将救灾防病工作作为当前的重要任务，按照预案要求，组织力量全力做好当前救灾防病工作，确保大灾之后无大疫，有效保障灾区人民群众的生命安全和身体健康。具体要求如下：一要继续加强值班力度，保证通讯畅通。二要加强监测，密切关注各地的灾情，及时掌握和报告灾区的疫情动态。三要成立医疗应急小分队，做好灾害紧急医疗救援准备工作。四要加强对灾区饮水卫生和环境卫生的管理，强化灾区食品卫生监督管理，大力开展群众性的爱国卫生运动，加强灾民临时安置点的医疗卫生工作力度，确保灾民有干净的水喝，有病能够得到医疗服务。五要加强督查，确保各项措施落实到位。组织人员逐级开展救灾防病工作的督促和指导，保证各项救灾防病工作及时、有序、科学、规范地开展①。

3）省旅游系统部署防抗台风工作：2007 年 8 月 18 日下午，福建省旅游局召开全省旅游系统防御第 9 号强台风网络视频会议。王美香副省长出席会议并通过网络视频会议系统，对全省旅游系统防御第 9 号强台风作重要指示，黄晓炎局长就贯彻落实王副省长的指示提出了具体要求。李毅强副局长主持会议，驻局纪检组长陈袭贤以及局机关副处级以上干部和宣传中心、信息中心负责人参加了会议。

在听取了各设区市旅游局领导和鼓浪屿、武夷山、泰宁、太姥山等重点旅游景区负责人关于防御第 9 号强台风落实情况的汇报后，王美香副省长说，17 日以来，福建省旅游局在省委省政府的领导下，认真贯彻落实卢展工书记和黄小晶省长的重要批示和讲话精神，按照省防汛抗旱指挥部的统一部署，提前启动了旅游安全预案，采取有力措施，及时关闭景区景点，取消组团、接团，有效限制自驾车游客出行，下发了一系列有关部署防御台风工作的通知，把各项防御措施落实在超强台风到来之前。截至当日，沿海地区取消旅游团队 298 个，疏导游客 7 470 人，关闭 59 家 A 级风景名胜区以及 172 个景区景点。王美香副省长肯定了全省旅游系统的防御台风工作取得实效，同时代表省政府向全省旅游系统干部职工表示慰问，并感谢大家的辛勤工作。

王美香副省长指出，9 号强台风已经提前登陆，正面袭击福建省沿海，必将带来强降雨，形势相当严峻。旅游系统的工作主要是确保游客安全、景区景点设施安全以及奋斗在防抗前线的这支队伍的安全。因此，她再次强调，一要落实“四个务必”。从思想上高度重视，要有超越预案、超常运作、超强防范的意识，对沿海地区还未关闭的景区景点要马上关闭，强降雨可能给山区的景区景点带来灾害，龙岩、三明、南平三个设区市主要景区也要百分之百关闭，停止所有旅游团组活动，工作一定要检查到位，对旅行社、景区和酒店再排查一次，工作要做得再细一点，对不听指挥、违反规定的旅游企业要严肃查处。防抗的工作是否到位，措施是否落实，要以省委卢书记提出的“四个务必”要求为标准去进行检验，因此要高度重视、认真完成。二要坚持 24 小时值班制度。坚持领导带班，以对人民高度负责的精神，务必尽责任，确保责任到岗、责任到位、责任到人，要确保信息畅通，确保灾时救援能够

① 福建机关党建．福建省卫生厅紧急部署今年第 9 号超强台风“圣帕”防御工作，http：//www. fjjgdj. gov. cn/news/shengzhi/2007/8/2007082108051083304. htm，2009 - 02 - 22

及时到达，确保将各项损失减少到最低程度，确保受灾群众能够得到有效有序的安置。三要及时应对突发事件。各单位要继续认真检查景区景点主要旅游设施设备，消除安全隐患。抢险分队要随时待命，一有险情马上到位。各项工作必须要有预案，确保防御台风万无一失。

王美香副省长最后强调，希望工作人员再接再厉，坚守岗位，把工作做得更细、更扎实，严格按照省防汛抗旱指挥部和当地防汛抗旱指挥部的统一部署和要求，确保游客、景区安全，确定旅游系统方方面面的安全，夺取这次抗击第9号台风的全面胜利①。

4）福建电力公司防抗台风工作：2007年8月14日至17日，福建省电力公司在调度早会上紧密关注、跟踪分析第9号台风“圣帕”的动向，全公司上下动员，全面部署防御台风任务，全力做好防御台风的准备工作。

为全力做好抗击台风的准备工作，保障电网安全稳定运行，最大限度地减少灾害损失，福建电力公司党组高度重视，积极应对，以迎接大战的思想，精心制定抗击台风预案，要求相关部门认真做好电力调度工作，密切关注强台风动向。机关各有关部室、系统各单位主要领导坚守岗位，精心制定预案，并主动向当地党委、政府汇报情况。福建公司提前组织各单位对输变电设施进行特巡，针对台风特点查找隐患，及时消缺，提高电网的防御能力；预先与中信海直接联系，提前向空管等部门申请报备，必要时启动“直升机紧急救灾”。同时，福建公司还全面安排好台风期间的生产值班和抢修救灾工作，细致落实应急物资的准备事项，派出公司本部专工前往沿海一线督促检查各基层单位的准备情况，确保准备工作细致入微，启动防抗台风的应急机制。省电力公司派出工作组赶赴厦门、漳州等地进行检查指导，并积极做好抢修物资的准备工作。全省沿海各大火力发电厂启动防台防汛预案，进行专门部署，对厂房设备进行全面的检查，落实值班抢修人员，备好防台防汛物资，取消双休日，全厂值班。

福建公司各有关部门精心细致作好抗御台风的部署，各个部门根据本部门职责任务的要求，结合第9号超强台风预报情况，对自身提出了具体的要求。

生产部要求各单位重视变电站和线路的防台风排查工作，台风登陆前须

---

① 福建旅游信息中心．王美香副省长检查福建省旅游系统防御第9号超强台风工作，http：//www. cnta. gov. cn/html/2008 -6/2008 -6 -26 -16 -54 -53 -3193. html，2009 -02 -22

安排一次特巡；台风即将登陆前要启动变电站有人值班预案，所有无人值班变电站要派人值班，密切关注站内设备运行情况；台风登陆前需结束现场所有的检修工作；组织好抢修队伍进入应急值班状态；做好抢修物资和抢修机械设备的准备工作。

福建省调度通信中心成立了电网抗台保电工作小组，要求台风来临前，各水电厂要特别加强泄洪设施和应急电源的检查，加强边坡巡检；台风到来时密切注意天气及降雨趋势，科学进行水库调度；各电业局必须努力保证对站用电及重要用户的可靠供电，做好应急抢修队伍、车辆调动和发电车等防台措施准备；省调当班调度员结合电网实际运行情况做好事故预想，确保台风登陆期间电力调度及防汛通信联系畅通，确保各有关通信运行维护管理单位能够随时到达现场进行抢修操作。

安监部要求各单位在思想上切实克服麻痹思想，引起高度重视，同时做到宣传到位；检查防台、防汛、防地质灾害等各项预案是否可行，有关人员必须熟悉预案；认真检查各项预防措施是否到位，在台风来临之前消除一切隐患。

基建部要求各建设单位和施工单位应建立抗台值班和信息通报制度，及时掌握台风动向和灾情，及时组织指挥抗台工作；各施工单位立即组织各项目部，针对台风和现场实际，重新制定防御和抗击的专项预案，做好组织调度、物资转移和储备等准备工作；各工程项目部主要领导要 24 小时在工地，强化值班力度；各工程项目部要加强对台风危险源的分析，及时消除安全隐患；变电站项目部应在确保人员安全的前提下，安排现场巡视，及时消除安全隐患；台风过后应立即动员全体项目部管理人员和各施工班组投入灾后恢复生产工作。

营销部要求各单位有针对性地再落实细化应急抢修预案，充分做好抗击台风的各项准备工作；要进一步检查落实配网大面积停电的各项应对措施；要加强与重要客户的沟通、协调，保障 95598 客服系统的正常运行，确保 95598 在台风期间的话务畅通。

公司系统各基层单位也要行动起来，全力做好抗御台风的准备工作，特别是预计台风可能登陆的沿海城市。

厦门市电业局要求各有关部门结合本部门、本专业特点做好一切防御准备工作，做到“五到位”，即思想到位、人员到位、责任到位、措施到位、宣传到位。该局各部门、各抢修分队加强变电站、开关站、线路等配电设施的特殊巡视，做好防淹、防水、防冲刷等工作，设备主人加强对所辖设备的巡视维护，及时消除隐患；加强设备安全巡视和客户管理，对客户地下配电设施进行检查，向有地下配电设备的物业小区发出通知，要求其采取防范措施；调度所密切关注台风动向和用电负荷变化，精心调整运行电网方式，做好事故预案和应急预案；对220千伏无人值班站派人加强值班，同时认真做好事故预案和应急方案演练。

泉州市电业局各部门紧急部署防抗超强台风工作，要求全面动员、启动应急预案，尽一切力量、采用非常规手段和措施确保人身安全、主网安全；所有人员周末要放弃休息，全力投入防御台风工作，一些重要部位领导要亲自带班，并加强抢修维护工作安全检控，实行双工作负责人制；关注细节，精心准备，准备工作要安全、有效、高效；保重点、保居民。

福州市电业局要求把各项防范工作做细、做实，对照预案进行演练，调度部门要做好台风期间运行方式的安排，确保主网在台风期间实行全接线、全保护、全容量方式运行；全面开展设备的特巡和消缺工作，做好灾后抢修的各项准备工作；做好各项安全防范措施，确保人身、设备和电网的安全；做好台风期间地质灾害的防范工作，各基建工地要做好安全防范工作，做好脚手架和塔吊的加固和建筑材料的防风防雨工作[①]。

5）省交通厅、省建设厅、假日办、教育系统、省保监局、省安办、省重点办等部门分别发出紧急通知部署防抗台风工作：省交通厅启动防台风预案，超常规部署，全面、紧张地投入到防大风、防暴雨各项工作中。全面启动值班制度，实现通信网络畅通、信息网络畅通、指挥网络畅通。港口、码头、公路做好防台各项准备。确保防台救灾设备、器材、物资准备充分，人员调集完毕，抢险救灾物资的运输保障工作准备完毕。

省建设厅在原定预案的基础上加大工作力度，超常规运作，确保人民群众生命安全。一是对已排查出来的危房采取措施，特别是动员组织沿海地区人群聚集的校舍、集体宿舍和低洼地段的危房居住人员疏散撤离；二是加强防涝排涝关键部位巡查，对排水泵站、排水井和排水管道等设施要明确责任，落实到人；三是在下沉式立交、人行过街地道等处做好安全警示、封闭工作，特别是对低洼地带的地下室、地下商场要及时封闭，撤离群众，避免造成人

---

① 王增云，李清良．福建公司：未雨绸缪 全力奋战超强台风“圣帕”，http：//www.sgcc.com.cn/xwzx/gsxw/70773.shtml，2009－02－22

员伤亡。

省假日办要求各成员单位在所管辖的景区、景点、酒店等旅游和住宿场所的危险地段设立警示牌；对各景区、景点、酒店的游客进行疏导和妥善安置，特别是对散客、自驾车游客要做好防抗台风的宣传工作，及时疏散；同时，及时组织存在危险隐患的景区、景点、酒店的工作人员进行疏散撤离工作，确保自身安全①。

8 月 18 日凌晨，省委教育工委、省教育厅下发《关于进一步做好防抗“圣帕”超强台风的紧急再通知》，要求全省教育系统全面动员，全力以赴抓好防抗超强台风的各项工作。省委常委、教育工委书记陈桦亲自检查教育系统防抗台风领导到位、人员到岗、措施落实情况，深入教育部门和学校慰问一线值班人员。汪毅夫副省长特别要求各单位要做好在校学生防护工作，确保安全。省委教育工委、省教育厅防抗台风总指挥部逐市、逐高校地督促检查防抗台风工作落实情况。

教育系统防抗超强台风的具体措施主要有：一是停止学校集体活动。通知发出后，全省学校有师生参与的所有集体活动，包括补课、兴趣小组、夏令营、外出实习、军训、社会实践等，都已按要求全部停止。二是迅速组织人员转移。各设区市全面组织对所辖省级自然灾害防控点安全隐患的排查监控，共疏散撤离了在安全隐患地带的 3 046 名师生。三是加大防抗台风宣传。从 18 日凌晨开始，省电视台、省教育电视台、省教育厅门户网站等媒体按照省委教育工委、省教育厅紧急通知的要求，进行不间断滚动播报；省教育厅还通过短信平台，对教育系统中 626 个省级自然灾害重点防范部位责任人发布了台风预警和安全防范信息。

8 月 17 日，福建保监局下发《关于认真做好第 9 号超强台风防御工作的紧急通知》，要求各保险公司动员所属分支机构全力以赴投入防风抗灾斗争，各公司在榕分支机构的核保、核赔以及现场勘查人员 24 小时待命。截至 8 月 17 日 5 时，各保险公司在榕分支机构，特别是财险公司都启动了紧急预案。平安财险福建分公司已要求核保、核赔的工作人员周末取消其他一切活动，

---

① 温云荣，胡婷婷．福建交通厅和电力部门部署防御台风工作，福建建设厅加大工作力度 确保人民群众生命安全，福建假日办做好第 9 号强台风防御工作，http：//news. sina. com. cn/c/2007 - 08 - 18/204113692991. shtml，http：//news. sina. com. cn/c/2007 - 08 - 18/215313693091. shtml，http：//news. sina. com. cn/c/2007 - 08 - 18/215213693090. shtml，2009 - 02 - 21

随时在岗待命；现场勘查人员必须保持24小时电话畅通，并确保勘查车辆运行正常。

同样，中国人寿、中英人寿等公司也都提前向客户发送了台风警报，公司的核保、核赔，以及现场勘查人员随时待命。

省政府安全生产办公室就防御超强台风“圣帕”期间做好全省矿山安全生产工作发出紧急通知。通知要求：一要高度重视，紧急行动。台风期间全省煤矿、非煤矿山一律停止生产，并把全部人员撤离到安全地带，对危房、低洼地和外来务工人员集中居住的简易工棚，及时转移其中居住的全部人员，确保安全。二要加强领导，强化值班力度。认真落实应急预案，落实领导带班制度，实行24小时值班，做好值班调度工作，并及时做好信息报送工作。三要落实恢复生产的各项安全生产措施。台风过后，全省煤矿、非煤矿山恢复生产前，必须逐矿进行安全检查，严格履行恢复生产的检查验收和审批程序。

福建省重点办就做好超强台风“圣帕”防范工作发出紧急通知。通知要求：一是提高防范意识，落实责任制；二是制定和完善防范预案，尽可能减少损失；三是做好人员、设备的撤离工作；四是加强项目单位、施工、监理人员的值班力度；五是对危险部位加强检查和防范；六是调整施工组织方案，台风、暴雨期间停止一切室外和野外作业；七是对重点项目周边的群众予以密切关注，做好支援抢险工作准备①。

（3）警方、军队官兵、民兵全力投入防抗超强台风“圣帕”的工作：8月16日、17日，“圣帕”登陆前，福建省公安厅连续召开紧急会议，研究部署防御台风工作。省委常委、政法委书记、公安厅长鲍绍坤对全省公安机关抗击台风工作作出部署。全省公安机关取消双休日，全体民警坚守岗位，各级公安机动队伍随时待命，做好投入抢险救灾的准备。

8月19日凌晨2时许，第9号超强台风“圣帕”在福建省泉州市惠安县崇武镇登陆。福建省各级公安机关在省公安厅和各级党委、政府的领导下，紧急行动起来，加强组织领导，周密部署安排，强化防范措施，全力做好防

① 福建东南新闻网．全省教育系统全力做好第9号超强台风防御工作，省保监局紧急通知 两核人员24小时待命，省安办、省重点办分别发出紧急通知 要求全力防御超强台风“圣帕”，http：//www.fjsen.com/misc/2007－08/19/content_ 305332.htm，http：//www.fjsen.com/misc/2007－08/18/content_ 305304.htm，http：//www.fjsen.com/misc/2007－08/19/content_ 305331.htm，2009－02－22

抗第9号超强台风“圣帕”工作，全力维护人民群众的生命财产安全。

8月17日至19日，全省各级公安边防部门共出动警力7 000余人次、车辆1 160辆次、船艇184艘次，发放防台风宣传单6.8万份，组织转移渔民、海上养殖人员及低洼地带、危房、易滑坡地区群众65 852名，加固渔排、养殖网箱20 101个，加固危房、工棚1 347处，排除各类险情464处，协助组织2.5万余艘船只返港避风，抢救遇险群众502名，挽回经济损失9 700万元①。

接到台风预警后，福建省军区迅速启动防抗台风抢险救灾应急预案，督促所属海防部队、预备役部队和各军分区、警备区迅速准备防抗台风的抢险救灾物资，成立抢险救灾应急分队。截至18日17时，福建省军区组织发动5万多名官兵和民兵预备役人员，转移群众，抢修海堤。官兵和民兵预备役人员已加固抢修海堤6处，转移群众2万多名。

福州、莆田、泉州、漳州、宁德等地组织了30余支民兵应急分队，帮助抢修排除台风正面登陆前的各项险情，提前做好海上防风防浪工作，对各种水利工程、容易发生泥石流和塌方等存在重大隐患地段做到24小时不间断巡查和监守，及时转移低洼地段和危险地带的群众。

8月18日上午10时30分，福建省防汛抗旱指挥部发出第1号指令。第1号指令要求：港内船只要进一步采取加固措施；天然避风港内的船只应立即向港内汊港等安全处转移；闽江口至崇武一带沿海，18日18时之前，150马力以下船只上的所有人员应全部撤离上岸②。

8月18日下午，福建省防汛抗旱指挥部连续发出第2和第3号防御第9号超强台风“圣帕”指令，要求各地、各部门加快人员转移速度，原定18时前应全部转移的长乐外文武围垦保护区内的所有人员、莆田南日岛海堤、福州琅岐岛海堤、连江百胜海堤、莆田秀屿赤岐海堤保护区内低洼地带的人员，以及全省临海的危房（含简易工棚、建筑工地）内人员、沿海造船厂等企业及各类建设工地人员均要比原定时间提前转移。

截至8月17日23时30分，福建全省50 402艘出海渔船已全部进港避风，其中60马力以上的渔船10 133艘。全省安全转移海上作业人员29.82万

① 中国警察网．福建警方全力战“圣帕”，http://www.yzjs.com.cn/Html/gaxw/165400193.html，2009-02-22

② 涂洪长，来建强．福建发出防御强台风“圣帕”第1号指令，http://news.sina.com.cn/c/2007-08-18/130613692070.shtml，2009-02-17

人，其中包括海上养殖渔排人员3.61万人、出海船只进港避风转移上岸人员26.21万人。各地抢险救灾队伍和物资均已进入临战状态，集结待命[①]。

8月19日9时40分，福建省防汛指挥部发出第4号防台指令，要求全省上下不可掉以轻心，不可思想麻痹，不可松懈，进一步做好防御暴雨洪水工作。指令提出四项要求：一是各地驻乡进村干部不能撤，工作在地质灾害点和易滑坡地带等危险点的监测人员不能撤，堤坝水库巡查人员不能撤。二是各地在加强对地质灾害点、低洼地带、河边、山边危房等危险区域的监测巡查过程中，对有危险的人员要继续组织转移。三是加强水库的优化调度和巡查，对有险情的水库和堤防工程要组织力量抓紧排除。四是对已转移的群众，各地要做好安置工作，没有经过鉴定的房屋不准回住，以确保群众人身安全[②]。

（4）做好100万转移群众的安置工作：8月21日上午，在福建省民政部门人民政府新闻办公室举行的新闻发布会上，福建省民政厅新闻发言人、救灾救济处处长温崇海介绍，在防御“圣帕”过程中，福建省民政部门充分准备，做好了100万人次左右转移群众的安置工作。在救灾资金预备上，福建全省各级政府用于民政应急的资金达到1.2亿元，其中省级预备金和可用于救灾的资金达5 000万元。在居住方面，福建省各地发放救灾帐篷3.5万顶，可以临时安置转移群众50万人；各地中小学校舍、公共用房等避难场所也可以临时安置群众50万人。在饮食方面，福建省民政系统与厂家、商家协议保障大米2 500吨，联系快速面5万箱、饼干3万箱，可保证由政府保障的50万受灾群众维持三天的量；与厂家协议供货矿泉水10万箱。在被服方面，全省民政系统准备了各类衣物10万件，救灾棉被12万床。这些准备，为福建省在“圣帕”登陆前后安全有序转移76.3万人提供了有力保障[③]。

（5）帮助灾后重建，做好善后工作：受台风“圣帕”的影响，中国福建、浙江等地发生强降雨，导致大面积农村房屋倒塌，广大农民无家可归。灾情发生后，保险监管系统立即部署抢险救灾工作，要求保险公司主要领导

① 江宝章，赵永平．“圣帕”逼近福建军民严阵以待，http：//news. sina. com. cn/c/2007－08－19/043313694082. shtml，2009－02－21

② 涂洪长．福建四项措施严防“圣帕”带来暴雨洪水泥石流，http：//news. sina. com. cn/c/2007－08－19/162613697036. shtml，2009－02－21

③ 余荣华．福建具备百万人次转移安置能力，http：//news. qq. com/a/20070822/000105. htm，2009－02－22

科学调度，有效开展防灾减损和及时赔付受灾农户工作。

截至8月29日，受灾较重的福建、浙江两地的保险公司共接到农房保险报案6 219件，估损金额4 585.2万元；已赔付1 366件，赔付金额373.2万元，改变了以往受灾农户被动等待政府救济的局面，有力地支持了农村家园的恢复重建。

为提高农民群众的灾后重建能力，完善政府救灾救济体系，中国保监会在福建、浙江两地试点启动政策性农村住房保险制度。在各级政府的组织引导下，广大农户积极参保，此时，两地参保农户已达1 648.1万户，农房保险覆盖面达到98%，保险金额2 357.6亿元。其中，福建省农房保险保费每户5元，由省、市（县）两级财政分担；浙江省农房保险保费每户10～15元，由省、市（县）财政和农民个人共同负担①。

"圣帕"台风离开后，福建省各地正加紧灾后重建，向灾民理赔及发放政府补助工作也同时启动。台风受灾农村倒房户，每户最多可获得5 000元理赔金。

福建省是全国首个为农村农房投保的省份，所有的参保费用均由政府出资，不让农民投入一分钱。去年省政府出资3 500万元，为全省663万户农村住户办理了住房保险，保险额度达到335亿元。

"圣帕"台风共造成福建省67个县（市、区）222.72万人受灾，死亡18人，失踪5人，房屋倒塌7 300间。根据自然灾害造成的损失情况，福建省对每间民房倒塌的赔偿额度为600元，每户最高赔偿额度为5 000元。

与此同时，福建省还对受灾群众给予政府政策性补助，补助标准在前一年的基础上提高150%，按此标准，每户房屋受损的农民将根据受灾程度的不同，获得1万元左右的补助金。

另外，福建省全省农业、林业等部门还对受灾农民的农作物、树木和渔业养殖的损失进行了补助②。

2. 浙江省

受"圣帕"外围影响，2007年8月18日浙中南沿海海面有8级至10级

① 中国新闻网．台风"圣帕"受灾省份农房保险预计赔4 500万，http://news.sina.com.cn/c/2007-08-31/221513789923.shtml，2009-02-22

② 杨文．福建因台风受灾倒房户最多可获5 000元，http://news.sina.com.cn/c/2007-08-23/072812434348s.shtml，2009-02-22

大风，并逐渐增强到10级至12级；浙北沿海海面和东南沿海地区18日夜里到19日有8级至10级大风；18日夜里到20日，浙南和浙东地区有暴雨，其中温州、台州、丽水有暴雨到大暴雨，局部有特大暴雨。面对超强台风“圣帕”的袭击，浙江省沉着应战，积极防抗强台风。

（1）省有关部门发布预警预报，启动应急预案，部署落实防抗强台风工作：8月17日下午，浙江省防汛防旱指挥部决定启动防台风二级应急响应，并要求可能受台风影响的地区要按预案启动相应的应急响应，切实做好各项防御准备。

浙江省防汛防旱指挥部指挥、副省长茅临生在17日下午召开的视频会议上表示，对于此次超强台风“圣帕”，浙江省防台工作将改变以往由省防指统一发布人员转移命令的做法，转为由各市根据当地实际，自行下达人员转移命令，增加应变的机动性和及时性。

随着“圣帕”的逐渐逼近，浙江省气象台在8月17日一天连续发布四次中南部沿海海面超强台风警报。

浙江省防汛防旱指挥部要求各级气象、水文、海洋部门加强监测，开展滚动预报，沿海各地和受台风影响的地区要及时启动各类防台预案，对需要转移的各类人员进行全面排查。同时，各部门要做好危房、临时工棚、危险水库下游等易出险地段以及沿海水产养殖群众、低标准海塘、施工作业人员、受台风影响处于危险区域的游客及留校师生的安全转移工作，高度重视台风强降雨引发的山洪和山体滑坡、泥石流等地质灾害的防范。

截至8月17日22时，浙江沿海的施工作业和海上客货运输全部暂停，沿海一带已全面停止涉海旅游、休闲渔业活动。“圣帕”可能影响的地区正在按照应急预案，全力组织危险地带的人员转移。

8月17日16时，浙江海洋监测预报中心发布了蓝色风暴潮预报和橙色大浪警报。预警说，17日夜间到18日白天，浙江省中部和南部沿海岸段将出现70～100厘米的风暴增水，浙中海域有2.2米到4.0米的中到巨浪，浙南海域有3.0米到5.0米的大到巨浪。提醒沿海有关单位提前做好防潮避浪措施，并加强戒备①。

8月17日14时，浙江海事局启动这一年第一个二级防台预警，浙江南部

① 岳德亮. 浙江启动Ⅱ级应急响应 全力迎战超强台风“圣帕”，http：//news.sina.com.cn/c/2007－08－17/232913687932.shtml，2009－02－22

台州、温州沿海一切海上生产作业和海上客货运输全部暂停。根据部署，浙江南部沿海台州、温州所有连接大陆和岛屿的客运航班即刻起停运；从浙江海域往南方向行驶的船舶签证14时开始停止签发，“圣帕”影响消除之前不再放行前往危险海域的船只；码头内的大型船舶必须在第二天上午之前到指定锚地定锚停泊；包括海上垂钓、渔家乐等在内的海上旅游休闲项目一律停止营业；近海养殖和造船业也必须停止作业，将人员和设备撤回到安全地带。尚未受到影响的浙江北部宁波舟山沿海，也要密切跟踪台风动向，做好适时进入更高等级防台阶段的准备①。

8月16日，浙江海事局正式启动强台风应急预案，部署海上防御工作。截至当日，浙江海事部门已经出动巡逻艇28艘次，执法车辆23车次，对港内1 587艘大型船舶进行了防台安全排查。台风警报启动后的数小时内，海事部门利用现代化通信工具向各类船舶发布台风安全信息超过10 000条。有关部门严密跟踪9号超强台风发展动态，按照防台预案组织船舶回港避风，组织具有抢险救灾能力的队伍应急待命，做好港口、航道、锚地及水工施工水域船舶、设施的跟踪监管，尽最大努力避免或减少台风引起的险情事故发生，确保人民群众的生命财产安全。对于仍在营运的沿海345艘客运船舶、内河318艘客渡船舶，海事部门实时跟踪监管，根据台风动态适时提前要求其停航避风。此外，搜救部门已投入近300人的精干力量组织了25支海事抢险队伍，调遣海巡艇52艘、社会船艇83艘负责防台抢险应急待命②。

浙江边防部门也全力投入防台工作，17日派出30艘船艇、1 000多名官兵动员台州、温州沿海3 500多艘渔船回港，9 000多人上岸，并帮助沿海企业和居民转移物资。

8月18日6时35分，浙江省气象台发布台风橙色预警信号和中部、南部沿海强台风紧急警报，警报公示：受强台风“圣帕”影响，预计未来24小时内，浙中南沿海海面有8级至10级大风，并将逐渐增强到10级至12级；浙北沿海海面和东南沿海地区有8级至10级大风；浙南和浙东地区有暴雨，其

---

① 章苒．浙江启动今年首次二级防台预警，http：//news. sina. com. cn/c/2007 - 08 - 17/185913687418. shtml，2009 - 02 - 22

② 章苒．浙江应对台风“圣帕”发出预警信息1万多条，http：//news. sina. com. cn/c/2007 - 08 - 17/001413679959. shtml，2009 - 02 - 21

中温州、台州、丽水部分地区有大暴雨①。

（2）温州市防抗超强台风“圣帕”：8 月 16 日中午，浙江省温州市防汛防旱指挥部发出通知，要求做好今年第 9 号超强台风“圣帕”的防御工作；下午，温州市防汛办召开工作会议，宣布启动防台预案，要求可能受台风影响的地区的出海船只回港避风，沿海水产养殖、危房和非标准海塘内等危险区域内的人员做好转移准备；小流域山洪和泥石流、山体滑坡等地质灾害的预警按预案落实，保障人员安全，组织对海塘、水库、水闸等水利工程进行检查，并要求次日下午五点前，温州各驻点反馈检查情况。

当天，温州海事局按照防台预案发出通知，要求各海事处做好防台准备：通知相关航运企业、水上水下施工单位、涉海旅游船舶和出海船舶尽早落实防台安全措施；加强对港口、航道和锚地船舶的监管，提前做好辖区船舶、设施防台的各项准备工作；按时上报各自辖区在港船舶的统计数量及有关动态信息；提早组织好船舶的择地锚泊，尽力减少因锚地条件限制造成的船舶走锚搁浅、碰撞沉没的险情与事故②。

8 月 18 日 16 时，根据《东海区处置海洋灾害应急预案》，温州市海洋预报台发布海浪二级橙色警报、风暴潮三级黄色警报。警报指出，第 9 号强台风“圣帕”，8 月 18 日 14 时中心位置处于北纬 23.9 度，东经 119.9 度，中心最低气压 945 百帕，近中心最大风速 45 米/秒。强台风中心正以 20 公里/小时的速度向西北偏西方向移动。受其影响，18 日夜间到 19 日白天，温州沿海海域将出现 4.0 米到 6.0 米的巨浪，18 日夜间沿海各测站观测最大增水 100 ~ 160 厘米，各测站最高潮位接近当地警戒水位③。

8 月 18 日，为防御台风“圣帕”，浙江省温州市各部门进入紧急实战状态，5 589 条渔船全部回港避风，另有各类在港船只共 1 454 艘。截至 8 月 18 日，温州市已排查地质灾害隐患点 921 处，海事人员出动 210 人对辖区进行全面动员检查，安排 22 艘应急舰艇随时待命。温州市政部门共拆除、加固广告牌 400 多个，加固行道树 3 000 多棵，排查高空设施安全隐患 61 处。为预

① 岳德亮．浙江发布台风橙色预警信号和紧急警报，http：//news. sina. com. cn/c/2007 - 08 - 18/154413692410. shtml，2009 - 02 - 21

② 李飞云．温州启动预案应对超强台风“圣帕”，http：//news. sina. com. cn/c/2007 - 08 - 16/223913679838. shtml，2009 - 02 - 22

③ 沈锡权，傅丕毅．浙江温州发布海浪 II 级警报风暴潮 III 级警报，http：//www. wzsl. gov. cn/wzsl/html/shengpadongtai/2007 - 8/18/16_ 07_ 52_ 148. html，2009 - 02 - 21

防“圣帕”带来的强降雨，苍南、文成等地区水库已经开始泄排，尽量腾出水库容量。

温州市各个地区相关部门同时开始紧急动员，部署和采取得力措施防抗超强台风“圣帕”。平阳县各涉海乡（镇）和水上防台分指挥部在第一时间通知尚未归港的船只及时回港避风，并加强锚地和避风港的安全管理工作。同时，各有关乡（镇）、县海事、海洋与渔业、旅游等有关部门提前做好沿海养殖人员、涉海作业人员的安全转移工作，停止涉海旅游和休闲渔业，以确保人员安全。截至8月17日21时，平阳县744艘船只全部归港；2 405名涉海人员全部撤离；同时，通往南麂的客船已经全线停航，各风景旅游区均已关闭。

苍南县出租车防汛应急服务队已于8月17日下午进行抗击9号超强台风“圣帕”实战演练。58辆出租车在苍南县交警大队前集中待命，随着指挥调度令下，车队分别奔赴全县29个乡镇抗台抢险救灾现场。作为抗台抢险第一线的快速反应部队，出租车防汛应急服务队在转移群众、运送物资、抢救伤员、沟通信息等方面发挥自身优势，这是苍南县民间力量抗击台风的创举①。

截至8月18日下午17时，温州市共转移人员134 631人，其中海塘外转移人员17 397人，非标准海塘内转移人员1 435人，可能出险标准海塘内转移人员1 996人，危房转移人员35 990人，船只回港人员21 315人，山地灾害易发区转移人员18 497人，可能出险水库和易遭洪涝威胁地区转移人员18 923人，其他转移人员19 078人，回港避风船只7 268艘②。

8月17日晚，浙江省卫生厅应急办有关负责人坐镇温州，指挥卫生应急工作，台风登陆后，立即抽调温州医学院附属第一医院14人，组建一支医疗救治专家队，赶往受灾第一线。同时，由浙江省卫生系统派遣的医疗救援、卫生防疫两大类专家组，正在遭遇台风“圣帕”重创的温州苍南地区，竭力开展救援工作。医疗救治专家队已于18日抵达苍南县第二人民医院，龙城县中医院、平阳县中医院等多家基层医院配合救援，受救助的60余名伤者多数出现四肢骨折、皮肤划伤、肌腱损伤等外伤症状。

“圣帕”袭击苍南后，温州市第二人民医院应急医疗小分队急赴现场救

① 陈瑜艳等．浙江温州地区各部门紧急进入实战状态，http：//tieba. baidu. com/f? kz = 250230993，2009 - 02 - 22

② 徐海文．浙江温州市转移13万余人7 268艘船只回港避风，http：//news. sina. com. cn/c/2007 - 08 - 18/193512407997s. shtml，2009 - 02 - 22

援，温州市疾病预防卫生监督应急机动队也在现场积极开展灾后防疫工作①。

（3）帮助灾后重建，及时给予财政补助：浙江与福建两省是中国保监会启动政策性农村住房保险制度的试点省份，也是这次超强台风“圣帕”袭击我国遭受灾害最严重的省份。截至8月29日，受灾较重的福建、浙江两地保险公司共接到农房保险报案6 219件，估计损失金额4 585.2万元；已办理赔付1 366件，赔付金额373.2万元，改变了以往农户受灾被动等待政府救济的局面，有力地支持了农村家园的恢复重建。

为提高农民群众的灾后重建能力，完善政府救灾救济体系，在各级政府的组织引导下，广大农户积极参保，8月底，两地参保农户已达1 648.1万户，农房保险覆盖面达到98%，保险金额2 357.6亿元。其中，浙江省农房保险保费每户10～15元，由省、市（县）财政和农民个人共同负担。这一措施大大减轻了受灾农民的负担，大力支持和切实帮助了农民灾后重建工作。

8月18日，浙江省民政厅启动四级紧急响应预案，省民政厅小分队赶到温州指导当地救灾工作，帮助安排被围困灾民的基本生活，灾情核查小组以最快的速度帮助核查当地灾情和经济损失情况。浙江省民政厅在灾后财政补助方面，给予死难家属2万元人民币的生活救助，对在台风中房屋倒塌的家庭给予每户5 000元人民币的救助，对生活无着的困难人员，则根据当地情况也给予一定救助，这还不包括当地政府给予受灾群众的财政补助。

浙江从2006年开始于全国率先试点建立的避灾安置场所已逐步健全，成为浙江人民抗台避灾的“诺亚方舟”。到2008年8月，该省已累计投入避灾工程建设资金6 000多万元人民币，建成避灾场所584个，可容纳、安置灾民近50万人。在“圣帕”台风中，房屋倒塌、无家可归的灾民被安全转移到避灾安置场所②。

3. 湖南省

（1）省领导高度重视，周密布置落实防抗强台风工作：2007年8月21日下午，湖南省省委书记、省人大常委会主任张春贤将湖南的防汛抗灾情况向国务委员、国务院秘书长华建敏作了汇报；华建敏代表党中央、国务院向湖

① 杨蓥晖．浙江省卫生系统派遣专家开展灾后防疫，http：//news.sina.com.cn/c/2007－08－21/003713704900.shtml，2009－02－21

② 童燕．浙江将对台风中受灾家庭给予财政补助，http：//www.chinanews.com.cn/sh/news/2007/08－21/1006344.shtml，2009－02－21

南省奋战在抗灾一线的广大干部群众表示亲切的慰问，希望湖南加强领导，全力以赴，战胜洪涝灾害。省委书记、省人大常委会主任张春贤，省委副书记、省长周强就做好当前的防汛工作提了五点具体要求。

第一，要切实做好山洪地质灾害防御和各类水库的保安工作。要尽快解救被洪水围困的群众，宁可转移的范围更大一些，也要绝对确保人民群众的生命安全；同时，要切实做好被转移群众的安置和生活保障工作。

第二，驻湘部队要迅速投入抗洪抢险救灾战斗中，全力组织开展解救被洪水围困群众的紧急转移工作。

第三，米水和耒水流域要按照超过2006年“7·15”的标准设防，绝对确保堤防安全，湘江沿岸各市要迅速行动，全力做好抗洪准备。

第四，各级领导要深入一线、靠前指挥。要严肃防汛纪律，对擅自离岗、工作不到位或因责任事故造成重大损失的，要追究责任，严肃处理。

第五，对后段可能发生暴雨山洪的市县，要切实加强领导，按照各类应急预案，落实措施，确保人员安全①。

（2）各级各部门协同作战，形成合力，迎战第9号超强台风：8月21日晚10点半的防汛会商会议上，张春贤书记和周强省长针对严峻的防汛形势再次强调五点具体要求。省委常委、省委秘书长于来山时刻关注汛情、灾情变化，及时就抗洪抢险作出部署安排。省防指挥部在省人大副主任谢康生、副省长杨泰波的主持下多次组织会商，发布紧急通知，部署防抗台风工作，并于8月18日启动了三级防汛应急响应，相继派出了水利、安监、国土、民政等各类督查组10个，深入一线指挥督导。面对严峻的汛情，从21日20时起，全省启动二级防汛应急响应。省委常委、省纪委书记许云昭，省委常委、省委宣传部部长蒋建国，分别于8月21日紧急赶赴郴州和衡阳指挥抗灾救灾工作。

省水利厅派出4个督导组，分赴郴州、株洲、永州、衡阳督查迎战第9号超强台风的准备情况，并深入一线指导救灾工作。省气象局派出两个专家组于8月21日晚，赶赴郴州、株洲指导抗洪救灾以及气象服务工作。8月21日民政部对湖南省启动了四级救灾应急响应，省民政厅已派出两个工作组奔赴受灾地区，进行核灾救灾。在灾情比较严重的郴州，该市国土资源局、市安监局、市煤炭局等部门采取有力措施，对全市315座煤矿、216座非煤矿山

① 湖南省防汛办．张春贤书记、周强省长对当前防汛救灾工作作重要指示，http：//www.hnsw.com.cn/view_ hnswnews_ 2004_ dl.asp? recno =7775，2009 -02 -22

全部实行停工停产，撤离所有人员。

（3）相关市（州）紧急行动，超常规、全方位地进行部署和指挥：8月20日，长沙市防汛防旱指挥部召开专题会议，认真传达省委、省政府、市委、市政府有关指示精神，紧急部署各项应对措施。省委常委、长沙市委书记陈润儿亲自部署，要求切实加强领导，落实措施，全面做好防御第9号台风的各项准备工作。郴州市委书记葛洪元、市长戴道晋明确要求把抗洪救灾作为当前压倒一切的头等大事来抓，把人员安全转移作为各项防御工作的重中之重来抓，全力确保不溃坝、不死人。郴州市防汛防旱指挥部及时启动二级防汛应急响应。永州市委书记曾庆炎、市长龚武生主持召开紧急会商会议，并以市委办、市政府办名义下发了《关于紧急动员 精心组织 以强有力的措施迎战第9号超强台风 确保人民生命安全的通知》，各县市纷纷启动了应急预案，紧急动员干部群众迅速行动，迎战台风。株洲市委书记肖雅瑜，市委常委、副市长毛爱良先后给各县（市、区）长打电话，要求全力做好抗大灾、打恶战的准备，市防汛防旱指挥部及时下发了《关于做好9号台风防御工作的紧急通知》，并派出了4个督查组分赴炎陵、茶陵、攸县、醴陵督查指导工作。衡阳市副市长蒋勋功主持召开防御第9号台风会商会议，强调要千方百计确保生命安全，确保水利工程安全；全市紧急派出7个督查组奔赴各县（市、区）督导检查①。

截至8月21日22时，湖南全省共出动官兵7 300余人，冲锋舟133艘，汽艇5艘，橡皮艇49艘，各型车辆232台投放于抗洪抢险。全省共紧急转移群众55.4万人，其中郴州24.57万人，株洲7.72万人，衡阳23万余人。省财政厅已紧急拨付600万救灾资金下发株洲、郴州、衡阳三地，全力做好救灾工作②。

（4）衡阳市防抗超强台风“圣帕”：“圣帕”来临前，衡阳市召开了全市防汛救灾紧急工作会议，落实防汛责任制，要求各级领导紧守岗位，强化工程管理，科学调度，做好群众转移工作。该市矿山从20日起全部停止地下作业，待25日台风过后安检合格才予以开工；山洪易发地区，各部门采取发送

① 湖南水利网．湖南上下紧急行动奋力迎战台风“圣帕”，http：//www. mwr. gov. cn/xwpd/dfss/20070823171046478fee. aspx，2009－02－22

② 刘双双．强降雨造成湖南240万人受灾2人死亡，http：//news. sina. com. cn/c/2007－08－22/221813721549. shtml，2009－02－22

短信、鸣锣喊话等方式提前告知群众，组织转移。最高水位下的群众，由乡村干部挨家逐户动员，并确定了铜锣长、口哨长和转移路线。全市5 000多名干部赶赴抗洪救灾一线，与群众同吃、同住、同想抗灾办法。

在迎战“圣帕”的战斗中，衡阳市县级以上领导全部下到乡镇靠前指挥，县、乡、村三级干部坚持24小时值班，险工险段专人值守。衡阳市委书记徐明华、市长彭崇谷先后赶赴耒阳、常宁、衡东，深入受灾区一线，指导救灾和转移群众。

到8月22日下午5时止，衡阳市已有87个乡镇、58万人不同程度受灾，141万亩农田受淹，475间房屋倒塌，直接经济损失达6.7亿元。由于提前预防，20万灾区群众转移及时，未出现人员伤亡①。

8月20日上午，衡阳水文局召开部署防御第9号超强台风紧急会议。会议认真传达了水文局《关于做好防御台风水文测报工作的通知》精神，通报了衡阳市气象局发布的《气象专题汇报》，分析了雨水汛情局势。刘玉辉局长对防御工作作了具体要求：①领导身先士卒明确责任，由刘玉辉局长负责指导此次台风重点影响区郴州片各站测报工作，黄建明书记坐镇局机关水情科指导洪水预报，段安主副局长负责指导衡阳片各站测报工作；②各业务科室要密切关注台风动向，扎实做好防御准备工作，通过电话对各测站防汛值班、预测预报、信息报告、安全生产等工作作进一步强调和落实，并做好充分准备，随时派员参加抗台风增援工作；③行政办公科室要做好人员调配工作，多渠道、多形式做好洪水测报的内外宣传工作；④各测站人员要坚守岗位，及时监测雨水情况变化，24小时在岗在位，就地待命②。

（5）拨款帮助灾后重建，积极开展卫生防疫：灾情发生后，湖南省财政紧急拨付600万救灾资金下拨株洲、衡阳、郴州三地，全力做好救灾工作。由于全省紧急转移人数已经超过30万人，根据《湖南省自然灾害救助应急预案》，省民政厅已经将响应级别由三级提升至二级。省民政厅已经派出3个工作组分赴灾区查灾核灾，全力安置好灾民基本生活。省救灾办实行24小时值班的制度。

---

① 邓文辉．“圣帕”携暴雨袭击衡阳20万民众安全转移无人伤亡，http：//news. sina. com. cn/c/2007 -08 -23/160912437792s. shtml，2009 -02 -22

② 湖南水文局．湖南水文局紧急部署“圣帕”台风的防御工作，http：//www. mwr. gov. cn/shuiwen/20070821/86330. asp，2009 -02 -26

省卫生厅派出2个督查指导组分赴郴州、株洲市重灾区督查指导救灾防病工作，并为灾区送去价值30多万元的消毒、杀虫药品和肠道疾病治疗药品。省、市、县卫生部门已紧急启动救灾防病工作预案，全力开展救灾防病工作。

株洲市卫生局紧急派出2支防疫队分赴炎陵县、茶陵县，送去84消毒液60件、漂白精片40件及诺氟沙星等预防性药品。炎陵、茶陵两县共派出45支医疗队和防疫队到重灾乡镇，开展受伤人员救治，指导灾区群众搞好生活饮用水消毒，协助做好洪水消退后的清淤工作，落实灭蚊、灭鼠等消杀灭工作措施，并送去消杀灭药品。郴州市卫生局组织医疗队和防疫队80支700余人分赴灾区，已救治受伤群众600余人次，发放救灾药品价值50多万元。由于灾后防病工作有序开展，各灾区患病群众能得到及时有效救治[①]。

超强台风"圣帕"除了袭击福建、浙江和湖南三省外，还影响了广东、江西、四川和湖北等地，这些受灾省市也都采取了相应的应对措施。截至8月25日，"圣帕"的影响结束，各地相继解除各种警报和预警，进入灾后恢复，重建家园阶段。

三、"圣帕"防抗应急管理评析

1. 加强对台风的气象预报，提供快速、准确的气象信息，采用快捷广泛的传播技术

对于特大台风的防范，准确及时的气象预报工作十分关键。一位中国气象局的专家认为，防台风的第一项关键工作就是要有准确及时的监测预报和警报；第二项是有了预报和警报以后，要及时地把它传送出去；第三项就是政府得到预报之后，要采取什么样的措施，做什么样的响应[②]。从案例中我们看到，对于特大台风"圣帕"的预防预警工作做得比较周密和及时。首先，是对"圣帕"特大台风的气象预报和预警信息的传播做到了迅速、广泛、准确。事实上，当台风在西北太平洋生成之前，气象部门就已进行了监测，而进入48小时台风警戒区之后，也就是说，台风有可能在48小时之后影响或

① 李柯夫．湖南下拨600万元资助三地市救灾，http：//news. sina. com. cn/c/2007－08－23/141213728101. shtml，2009－02－22

② CCTV经济半小时．福建把防台风预案推行到最基层，http：//news. sina. com. cn/c/2007－09－06/230413833821. shtml，2009－02－21

者登陆中国，这个时候，监测密度就加强为每3小时一次，当台风进入24小时警戒区后，监测密度为每小时一次，而且能比较准确地判断台风的登陆位置以及风力强度和可能造成的影响。第9号台风“圣帕”在西太平洋生成时，就已经准确地监测到了它的位置和移动方向。其次，信息传播途径和手段方面采用现代化通信技术和大众普遍接受的手段，做到了信息传递的快捷、到位。以福建省为例，该省首先加大了力度，先后发送出2 000多万条防台风信息，提高公众的防范意识。其他省份也同样采取各种现代化通信技术，加强了信息传播力度。

2. 省、市、县三级联动，超前超常规部署，将防抗台风预案推行到最基层

案例中的一个非常显著的特点是，对台风的预防部署工作做到超前、超常规。提出了“宁可防而不来，决不允许来而不防”的预防原则。福建省在采取超前、超常规部署过程中，首先开始了对全省范围内海上人员的大转移。工作人员不断地在海上巡查，提醒渔民尽快上岸，有些渔民为了看护渔排，开始不愿意上岸，工作人员就逐家逐户地去劝导。台风的防范工作实施分级转移措施，先海上，后陆地。

在抗击台风“圣帕”中，为了确保每个村庄能够及时转移群众，福建省把防台风预案推行到了最基层单位的村庄一级。预案明确规定，谁来负责组织策划，谁来负责监测，谁来负责发布信号，谁来负责转移人员。预案还对村辖区内哪些地方是危险的，哪些地方可能出问题，哪些地方居住了哪些人员都作了说明，甚至可能在一个危险区域里边有“五保户”，或者行动不便的老人等都会有所体现。将预案落实到村一级的基层单位，不仅可以第一时间准确地判断最需要转移的人群，而且基层干部分工明确，可以最有效地进行群众的安全转移，在抗击台风“圣帕”中，福建省15 000多个行政村中，88%实现了预案到村，共转移陆上危险区域群众76万人。预案到村是福建省经过这两年大的洪水台风灾害之后总结摸索出来的，对于乡村来讲是一种比较有效的防御自然灾害的模式。

由于采取了超前、超常规的防范措施，实施安全大转移，在这次抗击台风“圣帕”过程中，海上没有一个人受伤，或者失踪，或者死亡，确保了海上无一伤亡，应该说这个成效是非常显著的。

3. 快速、果断、有效落实各项预案，沉着应对台风灾害

正是因为防范台风的气象预报工作做到了迅速准确，采取了超前、超常规的预防预警措施，在台风到来之时，各级政府及时启动各项预案，沉着应

对各种局面，才取得了前所未有的显著效果。

4. 专项财政保障，实施新型抗灾保险措施

在灾后重建和恢复建设中，各级政府都采取了特殊的专项财政补贴来帮助灾民重建家园，并及时将救灾款下发。福建省还进行了新型的抗灾保险措施试点，并取得了良好的效果。福建省是全国首个为农村农房投保的省份，所有的参保费用均由政府出资，不让农民投入一分钱。2006 年，省政府出资 3 500万元，为全省 663 万户农村住户购买住房保险，保险额度达到 335 亿元。“圣帕”台风共造成福建省 67 个县（市、区）222.72 万人受灾，18 人死亡，5 人失踪，7 300 间房屋倒塌。根据自然灾害造成的损失情况，福建省每间民房倒塌的赔偿额度为 600 元，每户最高赔偿额度为 5 000 元。另外，福建省还为 100 万左右的转移群众准备了充足的物资。

四、思考与讨论

1. 台风灾害的基本特点是什么？能否进行预防预警？如果能，应如何进行台风灾害的预防预警工作？

2. 根据应急管理的基本原理，请总结“圣帕”特大台风防抗过程中的应急管理经验。有哪些经验可以指导我们将来的台风防抗工作？

3. 分析案例，你认为在防抗“圣帕”特大台风过程中还有哪些问题？将如何克服和解决这些问题？

第二节　汶川“5·12”抗震纪实

一、汶川“5·12”地震及灾情基本情况

（一）地震爆发的时间、地点、强度以及危害程度

时间：北京时间 2008 年 5 月 12 日 14 时 28 分 04 秒。

纬度：31.0°N。

经度：103.4°E。

深度：33 公里。

震级：里氏 8.0 级。

最大烈度：11 度。

震中位置：四川汶川县映秀镇，位于都江堰市西 21 公里（267°）、崇州市西北 48 公里（327°）、大邑县西北 48 公里（346°）、成都西北 75 公里（302°）。

汶川地震是中国历史上较为罕见的特大地震，也是自新中国成立以来最为强烈的一次地震，直接造成的严重受灾地区达 10 万平方公里。国务院新闻办公室根据国务院抗震救灾总指挥部的授权，在 2008 年 9 月 22 日公布了此次地震灾情和部分受灾情况。

据民政部报告，截至 9 月 22 日 12 时，四川汶川地震已确认 69 227 人遇难，374 643 人受伤，17 923 人失踪。

据卫生部报告，截至 9 月 22 日 12 时，因地震受伤住院治疗累计 96 544 人（不包括灾区病员人数），已出院 93 518 人，仍有 352 人住院，其中四川转外省市伤员仍住院 153 人，共救治伤病员 4 273 551 人次。

据水利部报告，截至 9 月 22 日 12 时，受损供水管道累计 48 275.5 公里，已修复 45 237.2 公里。

据交通运输部报告，截至 9 月 22 日 12 时，公路受损里程累计 53 295 公里，已修通 53 018 公里。

据工业部和信息部报告，截至 9 月 22 日 12 时，已有 5 320 个规模以上企业恢复生产，仍有 325 个规模以上企业停工。

据商务部报告，截至 9 月 22 日 12 时，四川、甘肃、陕西因灾受损商业网点（含个体工商户）总计 138 960 家，已有 128 154 家恢复营业①。

（二）地震影响范围

汶川地震波及 417 个县市，总面积约 50 万平方公里，其中包括距震中 50 公里范围内的县城和 200 公里范围内的大中城市。除黑龙江、吉林、新疆外，我国的北京、上海、天津、宁夏、甘肃、青海、陕西、山西、山东、河北、河南、安徽、湖北、湖南、重庆、贵州、云南、内蒙古、广西、西藏、江苏、

① 新华网．四川汶川地震抗震救灾进展情况，http：//finance.baidu.com/guonei/2008－09－22/180830194772.html，2009－01－22

浙江、辽宁、福建、台湾等全国多个省市均有不同程度的震感。其中以陕甘川三省震情最为严重。甚至泰国首都曼谷，越南首都河内，菲律宾、日本等地也有震感。

（三）地震类型

汶川大地震为逆冲、右旋、挤压型断层地震。发震构造是龙门山构造带中央断裂带在挤压应力作用下，由西南向东北逆冲运动。这次地震属于单向破裂地震，由西南向东北迁移，致使余震向东北方向扩张。挤压型逆冲断层地震在主震之后，应力传播和释放过程比较缓慢，导致余震强度较大，持续时间较长。

（四）震源深度

汶川大地震是浅源地震。汶川地震不属于深板块边界的效应，发生在地壳脆韧性转换带，震源深度为10～20公里，因此破坏性巨大。

（五）地震成因

根据中科院地质与地球物理研究所研究员、青藏高原研究专家王二七对汶川地区地质构造的多年研究分析，他认为，汶川地震发生在青藏高原的东南边缘、川西龙门山的中心，位于汶川—茂汶大断裂带上。印度洋板块向北运动，挤压欧亚板块，造成青藏高原的隆升。高原在隆升的同时，也同时向东运动，挤压四川盆地。四川盆地是一个相对稳定的地块。虽然龙门山主体看上去构造活动性不强，但是可能是处在应力的蓄积过程中，蓄积到了一定程度，地壳就会破裂，从而发生地震。美国地质勘探局发布的消息也认为，这次地震的震中和震源机制与龙门山断裂带或者某个相关构造断层的运动相吻合，地震是一个逆冲断层向东北方向运动的结果。从大陆构造看，中亚和东亚的地震活动是由于印度洋板块冲撞欧亚板块造成的。美国南加州地震研究中心教授郦永刚认为，龙门山断裂带属地震多发区内的活动断层，来自青藏高原深部的物质向东流动到四川盆地受阻，向上运动，两者边界即为断层面。如果断裂每年运动数厘米，每隔50米至70米，积聚的应力和能量就能产生一次里氏7级以上的大地震。由于震源较浅，而且震源机制为向东的逆冲运动，加上震区土质松软，地震波向东能传播很长距离，使得远至上海和北京等城市的人都普遍有震感。英国地质勘测局地震监测和信息服务中心主任布赖恩·巴普蒂在接受新华社记者电话采访时说，从地质构造上看，这次地震与喜马拉雅碰撞带有关，“显然是东北—西南向的龙门山断裂带发生挤压作用的结果”。法国地球物理研究所的地质学家保罗·达波尼耶对媒体说，大约5 000万年前，印度洋板块向北漂移，与欧亚板块发生碰撞后俯冲到后者的下面，由此形成了青藏高原。青藏高原现在仍在受两个板块的挤压，使得青藏高原及周边地区成为地震密集带①。

二、汶川“5·12”地震抗震救灾基本情况

（一）地震后的第一反应②（地震后24小时应急行动）

2008年5月12日晚，中共中央政治局常务委员会立即召开会议全面部署抗震救灾工作，中共中央总书记胡锦涛主持会议。胡锦涛总书记在会上作出重要指示，要求尽快抢救伤员，确保灾区人民群众生命安全。国务院总理温家宝已赴四川地震灾区，现场指挥抗震救灾工作。

5月12日晚11时40分，中共中央政治局常委、国务院总理温家宝在地震灾区都江堰临时搭起的帐篷内召开国务院抗震救灾指挥部会议，分析当前抗震救灾形势，部署下一步抗震救灾工作。

四川汶川地震发生后，中国地震局已启动一级预案。由中国地震局12人、北京军区某部工兵团150人和武警总医院22人组成的国家地震灾害紧急救援队陆续奔赴汶川灾区，负责搜索、营救和医疗救护任务。另外，还有近40人的国家地震灾害现场工作队奔赴灾区进行灾害评估。

根据《国家自然灾害救助应急预案》，国家减灾委紧急启动国家一级救灾应急响应，并组成救灾工作组即赴四川汶川灾区，协助指导抗震救灾工作。民政部已紧急调拨25 000顶救灾帐篷支援四川灾区，其他救灾物资逐步调集运到灾区。

地震发生后，四川各方面紧急行动起来，展开救灾工作。其他相关省份

---

① 百度知道．汶川大地震资料，http：//zhidao. baidu. com/question/66880731. html? si = 1，2009 -02 -22

② 新华网．汶川地震后胡锦涛作出重要指示 温家宝抵达现场指挥救灾，http：//news. xinhuanet. com/newscenter/2008 -05/13/content_ 8155467. htm，2009 -02 -14

和中央有关部门也立即展开了相应工作。

灾情发生后总参谋部立即发出指示，要求成都军区、空军和武警部队坚决贯彻落实胡锦涛主席的重要批示，迅速组织灾区驻军全力投入抗震救灾，最大限度减少地震带来的损失，保障人民生命财产安全。总参谋部立即启动应急预案。成都军区紧急出动6 100余名官兵赶赴灾区参加抗震救灾。

当日，已有近2万名解放军和武警官兵到达灾区开展救援。另有24 000名官兵紧急空运到重灾区，还有1万名官兵通过铁路输送前往灾区，实施应急救助，3 000名公安消防和特警也随后被紧急调往灾区。中国国际救援队也已抵达灾区，开始救援。

地震发生后，公安部迅速发出紧急通知，要求各地公安机关把人民群众的生命安全放在第一位，全警动员、全力以赴投入抗震抢险救灾，最大限度地抢救伤员，最大限度地减少人民群众的生命损失。

当晚，空军两架伊尔76军用运输机在北京南苑机场起飞，紧急运送国家地震灾区紧急救援队175人飞往灾区。

针对四川汶川地震，中国地震局已启动一级预案，一支180人的救援队已经集结。

5月14日，中共中央政治局常务委员会再次召开会议，进一步研究部署抗震救灾工作。中共中央总书记胡锦涛主持会议。

会议听取了国务院抗震救灾总指挥部关于当前抗震救灾工作的汇报，分析了灾情和抗震救灾的艰难形势，部署了下一步的救灾工作，并提出五点要求：

（1）要把抢救被困群众放在第一位，只要有一线希望，就要尽一切努力施救。中央决定，增派人民解放军、武警部队、公安消防特警，并配备必要的器械和工具，迅速赶赴灾区一线，全力投入抢险救援。

（2）要继续从各地和部队调集医护人员，组成医疗队和专家组，到灾区对受伤群众实施救治，并加强卫生防疫工作，防止灾区疫病流行。

（3）要千方百计安排好灾区群众生活，继续筹措和调运灾区急需的食品、饮用水、衣被、帐篷等物资，切实解决好受灾群众的吃饭、饮水、穿衣、住宿等问题。同时，要深入细致地做好灾区群众思想工作，确保灾区社会稳定。

（4）要抓紧抢修道路、电力、通信等基础设施，首先，要想方设法尽快恢复通往灾区的公路交通，以保证整个抗震救灾工作顺利进行。其次，要切实防止次生灾害发生，避免造成新的损失。

（5）要进一步加强对抗震救灾工作的领导，统一指挥，科学调度，加强协调，分工负责，严明纪律，确保中央抗震救灾决策部署落到实处。

（二）温家宝总理抗震救灾一线 72 小时①

2008 年 5 月 15 日 14 点 28 分，距离四川汶川大地震发生整整 72 小时。

在这堪比黄金的 72 小时中，66 岁的中国国务院总理温家宝，辗转九次视察七地灾情，召开六次国务院抗震救灾指挥部会议，用高效、迅速、果断的 72 小时为中国赢得了强震下拯危救困的宝贵时间。

1. 5 月 12 日

下午，刚刚从河南考察农业和粮食生产储备情况抵京的温家宝总理，在赶往中南海的途中，得知四川强震的消息，第一时间折返机场奔赴灾区。飞机起飞前，温家宝要来四川省地图，和国务委员兼国务院秘书长马凯、国务委员孟建柱一起听取有关部门的汇报，了解情况。

下午 4 时 40 分许，飞机起飞后，温家宝总理立刻主持召开紧急会议部署工作。他说，四川发生了特别重大的地震灾害，据目前掌握的情况，灾情发生后，党中央、国务院高度重视，胡锦涛总书记作了重要指示，国务院成立了以他（温家宝总理）为总指挥的抗震救灾指挥部，并设立由有关部门、军队、武警部队和地方党委、政府主要负责人参加的救援组、预报监测组、医疗卫生组、生活安置组、基础设施组、生产恢复组、治安组、宣传组共 8 个抗震救灾工作组。

温家宝说，这次抗震救灾工作时间特别紧迫，责任特别重大，任务特别艰巨，各级党委、政府要把保护人民生命财产安全放在第一位，全力做好被困群众和受伤群众的救治工作，安排好受灾群众生活，全力组织恢复受损的基础设施，特别要抓紧通水、通电、通路，保证通信畅通，保证重要基础设施和水库大坝、铁路公路涵洞的安全，保证社会秩序的正常。

温家宝总理强调，党中央、国务院要求，各级领导干部要站在抗震救灾的第一线，身先士卒，带领广大群众做好抗震救灾工作。要发扬不怕牺牲、不怕疲劳、连续作战的作风，一切想着人民，一切为了人民，一切为人民的

① 中国新闻网．温家宝高效果断的 72 小时：为中国赢得拯危宝贵时间，http：//news. xinhuanet. com/politics/2008 - 05/15/content_ 8179273. htm，2009 - 01 - 22；长江日报．温总理抗震救灾一线 28 小时全记录，http：//news. xinhuanet. com/politics/2008 - 05/14/content_ 8168211. htm，2009 - 01 - 22

利益而工作。

温家宝总理说，在灾害面前，最重要的是镇定、信心、勇气和强有力的指挥。他相信，在党中央和国务院的坚强领导下，广大军民团结一致，众志成城，我们一定能够战胜这场特别重大的地震灾害。

19 时 10 分许，温家宝一行抵达成都后随即乘车前往震中地区。由于地震造成前往震中汶川的道路已经中断，温家宝率领指挥部在都江堰就地搭建的帐篷里部署救灾工作。初步了解情况后，温家宝当即提出五点要求：

一是部队要立即从南北两个方向向震中地区前进，要克服一切困难、就是步行也要尽快进入受灾最严重的地区，早一秒到达受灾地区，就可能早抢救更多的生命；

二是要争分夺秒抢修公路，哪怕修一条临时道路，也要把道路打通；

三是要进一步摸清受灾情况；

四是各部门要想尽一切办法将包括药品和食品在内的救灾物资运进灾区；

五是请地震部门抓紧会商，对地震趋势作出科学研判。

22 时许，微微细雨中，温家宝前往都江堰市灾情严重的中医院和聚源镇中学校查看灾情，慰问受灾群众。

23 时 45 分，温家宝总理回到指挥部，再次对救灾工作作出部署，提出了四项要求：

第一，现在第一位的工作是抓紧救人；

第二，不惜一切代价连夜打通道路；

第三，从各地抽调医疗人员赶赴灾区；

第四，要全力妥善安置好受灾群众。

此时，解放军和武警部队指战员 2 万余人已抵达抗震救灾现场，开始救援工作。

2. 5 月 13 日

上午 7 时温家宝再次召开抗震救灾指挥部会议，强调务必在当天晚上 12 时以前打通通往震中灾区的道路。

在主持召开国务院抗震救灾指挥部会议后，温家宝立即乘车来到都江堰市区街道，看望正在雨中避震的群众。当得知有的婴儿缺少奶粉，很多群众缺水缺帐篷时，他马上表示，今天就要力争解决这些问题。温家宝还专程前往新建小学，实地考察抢救因地震被掩埋在废墟里的小学生们的情况。

中午，温家宝在德阳召开国务院抗震救灾指挥部临时会议。他要求迅速调集食品，尤其是饼干、奶粉、面包、牛奶和矿泉水，供应给受灾的群众和孩子们。

会后，温家宝即驱车赶往重灾区绵竹查看灾情，慰问群众，指挥抗震救灾工作。

晚上8时30分，温家宝在列车上召开国务院抗震救灾指挥部会议，强调当前抗震救灾的核心任务仍然是救人。

3. 5月14日

上午，温家宝总理一行前往北川县察看受灾情况。北川县是本次受灾最严重的地区之一，县城人员死伤和建筑毁损尤为严重。

下午，当第一批空降勇士成功着陆汶川的消息传来，温家宝又在第一时间搭乘直升机直飞地震受灾最严重的地区——汶川县映秀镇察看灾情，看望受灾群众。在汶川映秀镇察看灾情后他飞回成都。

晚上，温家宝总理连夜从成都赶往广元，广元是在成都以北和陕西省交界处，是这次四川省受灾最重的六个市之一。随后，温总理赶往青川。

4. 5月15日

中午，温家宝总理辗转赶到位于四川北部的青川县木鱼镇看望受灾群众和参与救援的解放军指战员、消防部队官兵、医护人员，鼓励大家继续努力抢救废墟下被掩埋的群众，在党和政府的帮助下团结一致重建家园。

5. 5月16日

中共中央总书记、国家主席、中央军委主席胡锦涛乘飞机赶往四川省地震灾区，慰问灾区干部群众，看望奋战在抗震救灾第一线的部队官兵、公安民警和医护人员，指导抗震救灾工作。

（三）广东省抗震救灾行动纪实

汶川“5.12”地震抗震救灾工作在党中央、国务院和中央军委的坚强领导和指挥下，全党全军全国各族人民众志成城，灾区广大干部群众奋起自救，国内各界和国际社会积极施援，经过顽强努力，抗震救灾斗争在抢救人员、安置受灾群众等方面取得了重大阶段性胜利。现以广东省抗震救灾工作为例①，总结抗震救灾应急管理经验。

① 广东省应急办网．广东省支持地震灾区抗震救灾工作大事记（2008－05－07），http：//www.gdemo.gov.cn/，2009－01－22

1. 抗震救灾应急管理的组织、协调、部署

5月12日14时28分，获悉四川省汶川县发生里氏7.8级特大地震（中国地震台网中心5月18日将汶川地震震级从里氏7.8级修订为里氏8.0级），在京出差的中共中央政治局委员、省委书记汪洋，省委副书记、省长黄华华立即要求全省迅速行动，全力支援地震灾区抗震救灾。当天晚上，省红十字会向社会各界发出向四川灾区捐款捐物的紧急呼吁。

5月13日，广东省委办公厅、省府办公厅《转发中共中央办公厅国务院办公厅〈关于四川省汶川县发生强烈地震情况和全力做好抗震救灾工作的通报〉的通知》。

省劳动保障厅印发《关于做好四川汶川地震受灾地区在粤务工人员慰问和稳定工作的紧急通知》。

省慈善总会向社会各界发出向四川灾区捐款捐物的公告。

省政府应急办网站开设《广东人民全力以赴支援四川灾区抗震救灾》专题。

5月14日凌晨，根据公安部要求，省公安厅迅速从广州、深圳市调集公安特警；省政府应急办紧急协调省机场集团公司，南方航空集团公司、民航中南管理局、深圳航空公司，做好运送公安特警赶赴四川灾区一线救援的准备工作。

5月14日上午，中共中央政治局委员、省委书记汪洋主持召开广东省援助四川抗震救灾工作协调会。

下午，省政府召开广东支援四川灾区抗震救灾工作会议，省委副书记、省长黄华华出席会议并作重要讲话，副省长李容根主持会议。省政协副主席、省卫生厅厅长姚志彬参加会议。

上午，省委常委、省公安厅厅长梁伟发主持召开省公安厅党委扩大会议，部署做好支援四川灾区抗震救灾工作。

晚上，受省委常委、省委宣传部部长林雄委托，省委宣传部副部长杨健主持召开新闻单位负责人会议，部署四川汶川地震宣传报道工作。

省委组织部印发《关于迅速动员组织广大基层党组织和党员干部投入抗震救灾工作的通知》。

5月15日下午，中共中央政治局委员、省委书记汪洋主持召开省委常委会议，研究部署进一步做好支援四川灾区抗震救灾工作。副省长李容根代表省政府在会上汇报我省支援四川灾区抗震救灾工作情况。

上午，省委副书记、省委政法委书记、深圳市委书记刘玉浦主持召开市委常委会议，研究部署支援四川灾区抗震救灾工作，决定再向四川灾区捐款2 000万元。

5 月 16 日，省委、省政府向党中央、国务院上报《我省落实党中央国务院部署立即行动全面展开支援四川地震灾区抗震救灾工作的情况报告》。

省委、省政府向四川省委、省政府发出《广东人民全力以赴支援四川抗震救灾》的信函，表达我省将根据灾区需要，要人派人，要物送物，要钱出钱，要血献血的心声。

省委办公厅、省府办公厅印发《关于进一步做好支援四川抗震救灾工作的通知》。

省府办公厅印发《关于及时上报支援四川灾区抗震救灾工作情况有关问题的紧急通知》。

中共中央政治局委员、省委书记汪洋，省委副书记、省长黄华华，省委常委、省委宣传部部长林雄，副省长雷于蓝先后在省卫生厅《广东赴四川抗震救灾医疗防疫工作快报》上作了批示，高度赞扬广东省赴川抗震救灾的医疗队员和公安、武警官兵出色的表现。

上午，省政协召开主席会议，号召全体省政协委员向四川地震灾区捐款捐物；省委常委、广州市委书记朱小丹主持召开市委常委会议，研究部署支援四川灾区抗震救灾工作。

下午，副省长李容根主持召开支援四川灾区抗震救灾工作第一次协调会，贯彻落实5 月 15 日省委常委会议精神，具体部署支援四川灾区抗震救灾工作。

团省委、省青联发出《致全省青少年书》，号召广大青少年以交纳特殊团费的形式为抗震救灾捐款。

5 月 17 日，中共中央政治局委员、省委书记汪洋，省委副书记、省长黄华华，省委常委、省公安厅厅长梁伟发先后在《广东公安抗震救灾专刊》上作了批示，高度赞扬广东省战斗在救灾第一线的公安特警和武警官兵，并对他们表示亲切慰问。

副省长李容根主持召开专题会议，研究部署做好一线救援人员后勤保障工作。

5 月 18 日上午，根据中共中央政治局委员、省委书记汪洋，省委副书记、省长黄华华指示精神，副省长李容根紧急召集有关单位研究部署自愿接受四川灾区伤员到广东省治疗有关事宜。

省政协副主席、省卫生厅厅长姚志彬主持召开会议，研究部署做好接收四川灾区重伤员来粤治疗的各项准备工作。

省委组织部印发《关于做好今年“七一”表彰工作激励基层党组织和广大党员积极参与抗震救灾工作的紧急通知》。

5 月 19 日，省府办公厅印发《关于统一及时划转社会捐款的通知》。

中共中央政治局委员、省委书记汪洋，省委副书记、省长黄华华，副省长李容根先后在《省公安消防总队赴川抗震救灾专报》上作了批示，充分肯定省公安消防总队赴川抗震救灾所做的工作。

省委组织部印发《关于做好党员交纳“特殊党费”用于支援抗震救灾工作的通知》。

5 月 20 日上午，省委副书记、省委政法委书记、深圳市委书记刘玉浦主持召开市委常委会议，研究部署进一步支援四川灾区抗震救灾工作。会议决定 21 日由深圳市副市长李铭带队深入四川灾区，代表市委、市政府和全市人民，向深圳市赴四川灾区的救援队伍表示慰问。

省委常委、广州市委书记朱小丹主持召开市委常委会议，研究部署进一步支援四川灾区抗震救灾工作。

副省长李容根主持召开支援四川灾区抗震救灾工作第二次协调会，研究部署我省支援四川灾区活动板房建设有关问题。

下午，省政府副秘书长罗欧召集省政府应急办、省建设厅等有关单位，起草了《向四川灾区捐赠第一批活动板房实施方案》。

团省委在四川成都召开广东援川志愿服务工作会议，成立了团省委副书记白涛担任站长的广东青年志愿者抗震救灾成都工作站。

5 月 22 日上午，副省长李容根主持召开支援四川灾区抗震救灾工作第三次协调会，研究部署我省支援四川灾区活动板房建设有关问题。会议决定成立由省政府副秘书长颜学亮担任组长的省支援四川灾区活动板房工作协调小组，赴四川省做好衔接工作。省内有关协调工作，由省政府副秘书长罗欧负责。晚上，省政府副秘书长颜学亮带领协调小组成员乘飞机赶赴四川灾区开展工作。

下午，在省政府应急办的协助下，省政府新闻办举行我省支援四川灾区抗震救灾工作进展情况通报会，省经贸委、公安厅、民政厅、财政厅、建设厅、卫生厅，省地震局，省红十字会，南方航空公司、广铁集团公司等单位负责人向中央驻粤主要新闻单位和省内主要媒体介绍广东省支援四川灾区抗震救灾工作情况。

省劳动保障厅印发《关于做好地震灾区在粤务工人员劳动就业和社会保障援助工作的通知》。

5月23日上午，中共中央政治局委员、省委书记汪洋主持召开省委常委会议，研究部署进一步做好支援四川灾区抗震救灾等工作。

上午，中共中央政治局委员、省委书记汪洋在《关于广州市认真贯彻汪洋同志重要指示——迅速组织活动板房生产支援灾区群众的情况报告》上作了批示，充分肯定广州市行动快、力度大。

省委常委、广州市委书记朱小丹，副省长李容根先后到广州文创钢结构工程有限公司实地察看、了解活动板房生产情况。

下午，省政府副秘书长、省支援四川灾区活动板房工作协调小组组长颜学亮在成都主持召开座谈会，研究部署援建活动板房有关工作。

省物价局、教育厅、劳动保障厅联合印发《关于免除四川省汶川地震重灾区户籍学生学费和住宿费的通知》。

5月24日，省审计厅印发《关于全省开展2008年抗震救灾资金物资审计的紧急通知》。

5月26日，中共中央政治局委员、省委书记汪洋在《人民日报》刊登的《一名党员就是一面旗帜——记广东青年志愿者抗震救灾医疗服务队》上作了批示，充分肯定广东青年志愿者的行动。

上午，省委常委、广州市委书记朱小丹主持召开市委常委会议，贯彻落实5月23日省委常委会议精神，研究部署进一步支援四川灾区抗震救灾工作。

下午，省委副书记、省长黄华华到佛山市构想板业有限公司实地察看、了解活动板房生产情况，并召开座谈会。

晚上，省政府副秘书长罗欧召集省政府应急办、省建设厅等有关单位负责同志，起草了《广东省支援四川灾区过渡安置房建设工作方案》。《方案》将国家安排给广东省的14万套过渡安置房的任务分配到4个市，其中，广州、深圳市各4万套，佛山、东莞市各3万套。

5月27日上午，省委副书记、省委政法委书记、深圳市委书记刘玉浦主持召开市委常委会议，研究部署进一步支援四川灾区抗震救灾工作；他带领市有关单位主要负责人到深圳雅致集成房屋有限公司实地察看、了解活动板房的生产情况。

副省长李容根主持召开支援四川灾区抗震救灾工作第四次协调会，研究部署广东省支援四川灾区活动板房建设有关问题。

受省委副书记、省长黄华华委托，省政府秘书长、办公厅主任徐尚武主持召开专题会议，研究加强支援四川灾区抗震救灾款物管理使用问题。

5月28日，中共中央政治局委员、省委书记汪洋，省委副书记、省长黄华华在省国资委党委代表省属企业广大共产党员和职工致省委的一封信上作了批示，充分肯定省属企业广大党员、职工在大灾面前表现的觉悟和发挥的先锋模范作用。

上午，副省长李容根召集省政府秘书长、办公厅主任徐尚武，副秘书长罗欧等召开会议，研究部署成立广东省支援四川灾区抗震救灾工作领导小组有关问题。

5月30日，省委办公厅、省府办公厅印发《关于成立广东省支援四川灾区抗震救灾工作领导小组的通知》。《通知》明确，省委副书记、省长黄华华任领导小组组长，副省长李容根任副组长，省政府副秘书长罗欧兼任领导小组办公室主任。

下午，中共中央政治局委员、省委书记汪洋主持召开省委常委会议，研究部署进一步支援四川灾区抗震救灾有关工作，决定成立广东省支援四川灾区抗震救灾工作领导小组，其办公室日常工作由省政府应急办负责。

中共中央政治局委员、省委书记汪洋发给全省少年儿童一封信，希望广东的小朋友们用自己的手拉起灾区小伙伴的手，向祖国宣誓：我们一定能战胜今天的灾难，我们一定会建设美好的未来。

上午，根据省委常委、广州市委书记朱小丹指示精神，广州市成立支援四川灾区抗震救灾工作前线指挥部。

省对口支援四川灾区临时住所建设工作前方指挥部与四川阿坝州、汶川县等有关负责人召开紧急协调会，就活动板房运输、搭建等问题达成一致意见，建立了活动板房建设协调沟通机制。

5月31日，中共中央政治局委员、省委书记汪洋在省卫生厅《支援四川灾区抗震救灾工作情况报告》上作了批示，充分肯定广东省卫生系统支援四川灾区抗震救灾工作。

上午，中共中央政治局委员、省委书记汪洋与我省主要新闻媒体负责人座谈，充分肯定广东省新闻媒体抗震救灾宣传报道工作，要求各媒体为抗震救灾工作提供舆论支持。

6 月 1 日，中共中央政治局委员、省委书记汪洋在碧桂园控股有限公司董事局主席杨国强及其女儿杨惠妍《致汪洋书记的函》上作了批示，高度评价该公司接收四川灾区学生异地复课的善举。

下午，省委常委、省委组织部部长胡泽君在北京参加中组部召开的全国组织系统抗震救灾工作座谈会。

6 月 2 日上午，中共中央政治局委员、省委书记汪洋致电慰问在四川灾区一线的广东医疗救援队，高度赞扬医疗队员为灾区人民作出的突出贡献，希望他们再接再厉，让广东救援队伍的旗帜在灾区高高飘扬；下午，在《人民日报》内参《广东对救援人员及记者施行心理干预》上批示，要求对广东省赴四川支援抗震救灾一线人员进行体检。省政府应急办立即会同省卫生厅等单位制订具体工作方案。

下午，住房和城乡建设部召开进一步部署过渡安置房建设工作电视电话会议。受副省长林木声委托，省政府副秘书长、省支援四川灾区抗震救灾工作领导小组办公室主任罗欧在广东分会场参加会议。

省纪委印发《关于加强对公用经费支出的监督检查，全力支援抗震救灾工作的通知》。

省审计厅向省政府上报《关于广东省 2008 年四川汶川地震抗震救灾资金物资审计情况的报告》。

6 月 5 日，省政府印发《关于厉行节约压缩支出支援四川地震灾区重建工作的通知》。

下午，中共中央政治局委员、省委书记汪洋主持召开省赴川抗震救灾救援前线工作汇报会。省委副书记、省长、省支援四川灾区抗震救灾工作领导小组组长黄华华在会上作了讲话。赴川参加抗震救灾的救援队伍、青年志愿者队伍和新闻记者的代表在会上作了发言。会前，参加汇报会的省领导同志接见了首批赴川抗震救灾救援人员代表。

6 月 7 日，省委副书记、省长、省支援四川灾区抗震救灾工作领导小组组长黄华华在省民政厅报送省委《关于省民政厅支援四川灾区抗震救灾工作的情况报告》上作了批示，充分肯定省民政厅的工作。

6 月 10 日上午，副省长、省支援四川灾区抗震救灾工作领导小组副组长李容根听取省政府副秘书长、省对口支援四川灾区临时住所建设工作前方指挥部总指挥颜学亮汇报支援四川灾区过渡安置房现场建设情况，并对有关工作作了部署。

6 月 14 日，中共中央政治局委员、省委书记汪洋在广东省抗震救灾宣传报道工作情况报告上作了批示，充分肯定广东省新闻宣传战线在抗震救灾宣传中取得的成绩，并要求认真研究其中对今后重大新闻宣传报道有指导作用的经验，不断提高广东省新闻宣传工作的水平。

6 月 17 日，副省长、领导小组副组长李容根带领调研工作组深入震中汶川县映秀镇等乡镇，实地察看灾情，检查广东省援建活动板房安装情况，了解当地干部、群众对灾后恢复重建工作的意见和建议，并慰问广东省在汶川县的一线救援人员和活动板房安装工人。

6 月 24 日，省审计厅在广州市召开全省抗震救灾款物专项审计工作会议，总结前一阶段广东省抗震救灾款物专项审计工作，研究部署下一阶段工作。

2. 向灾区捐款捐物等情况

根据广东省应急办公布的数据，广东省向灾区捐款捐物等情况如下：

截至 2008 年 7 月 31 日下午 4 时，全省共捐款 52. 59 亿元，捐赠物资折款约 5. 67 亿元；拨出捐款 15. 67 亿元，救援物资折款约 6. 55 亿元。其中，民政系统捐款 40. 48 亿元，红十字会捐款 9. 60 亿元。

截至 7 月 31 日下午 5 时，全省累计缴纳“特殊党费”5. 68 亿元，“特殊团费”1 048. 88 万元。

截至 7 月 24 日下午 4 时，广东省对口支援四川灾区建设了 75 所活动板房学校，约 10 万平方米，可供 5 万名中小学生复课；接收 2 890 名中小学生到广东省异地复学；接收 347 名由人力资源和社会保障部统一安排来粤就读技工学校的灾区学生；优先录取 189 名灾区学生就读广东省技工学校。

7 月 21 日，广东省对口支援汶川县统筹解决该县农村受灾群众住房建设的 2 亿元资金一次性划拨到汶川县财政局账户。

6 月 24 日，广州市连续加班加点，提前一周完成阿坝州高考考场活动板房建设任务。

6 月 22 日上午，深圳市在四川省什邡市举行过渡安置房交接仪式，共移交 10 172 套、218 514 平方米，成为全国首个整体移交安置房的城市，提前 5 天完成中央下达的援建任务。

截至 6 月 14 日下午 5 时，广东省已完成 2. 95 万套、59 万平方米过渡安置房生产任务。其中，在四川灾区已建成交付使用的过渡安置房 767 套、15 340平方米；已安装未交付使用的 10 180 套、203 593 平方米；正在安装的

1 149套、22 980 平方米；运达成都待安装 6 721 套、134 420 平方米；运往四川途中 7 027 套、140 535 平方米；待装运 3 658 套、73 159 平方米。

6 月 8 日，满载广州人民情谊的 7 000 只粽子和 60 箱刚刚成熟的荔枝被送到了汶川县灾区群众、一线救援武警官兵、医疗队员以及正在安装活动板房施工现场的广州建筑工人手中，让一线救援人员、施工人员和当地受灾群众共度端午佳节。

6 月 2 日，省对口支援四川灾区临时住所建设工作前方指挥部协调广州市为广东省驻汶川县映秀镇医疗队紧急搭建的 1 500 平方米活动板房医院——粤秀医院正式完工并交付使用。

5 月 20 日晚上，广东省选派 259 名卫生防疫消杀和卫生监督人员、42 辆消杀及卫生监督车，以及 14 吨价值 250 万元的药品通过专列运赴四川灾区。

5 月 19 日上午，广东省调用由深圳航空公司无偿提供的波音 747 全货机，专机运送支援四川灾区的第七批价值 800 万元的急需救援物资，并在广州白云国际机场举行出发仪式。

5 月 18 日，广东省委、省政府向四川以外的地震灾区河南、湖北、重庆、贵州、云南、陕西、甘肃、青海等 8 省（市）发出《慰问电》，捐赠慰问金共 5 400 万元。其中，甘肃省 1 500 万元，陕西省、重庆市各 1 200 万元，河南、湖北、贵州、云南、青海 5 省各 300 万元。晚上，支援四川灾区第六批价值约 650 万元的救援物资通过铁路运往四川灾区。

5 月 17 日下午，广东省支援四川灾区第五批价值约 1 000 万元的救援物资通过铁路运往四川灾区。

5 月 16 日，获悉四川灾区急需用血，广东省人民踊跃献血。12 日至 15 日，全省共有 2.3 万人义务献血合计 6.3 吨，为平时采血量的 4.6 倍。到 16 日，血站容量达到饱和时，全省仍有 35 万人、1 663 个单位预约献血。

广东省支援四川灾区第四批价值 500 万元的救援物资通过铁路运往四川灾区。

5 月 15 日，经报省政府同意，省交通厅发出紧急通知，从 5 月 16 日零时起，对省民政厅或省红十字会统一组织的整车装载运送救灾物资的车辆，一律免费、优先通过全省各公路收费站。晚上，广东省支援四川灾区第三批价值1 800万元的救援物资通过铁路运往四川。

5 月 14 日，省委、省政府向四川灾区捐赠第二笔慰问金 2 000 万元。

5 月 13 日，省委、省政府向四川灾区发出《慰问电》，并捐赠第一笔慰问金200万元和价值250万元的救援物资。下午，广东省支援四川灾区的第二批价值500万元的救援物资（棉衣、棉被、矿泉水等）通过铁路运往四川灾区。

3．向灾区选派各类救援队伍及人员情况

5月13日上午，省公安厅从广州、深圳市调集476名公安特警组成的特警队，省公安边防总队调集220人组成的抗灾突击队分乘专机赶赴四川灾区参加一线救援。广东省派出的特警队成为到达四川灾区的第一支公安救援队伍。

当天晚上，广东省6支医疗救援队共111人乘飞机赶赴四川灾区参加一线救援。医疗救援队成为第一支到达震中映秀镇的医疗救援队伍。省地震局组织的1支地震紧急救援队共4人乘飞机赶赴四川灾区参加一线救援。

5月14日凌晨6时，省公安消防总队紧急调集403名官兵组成的消防特勤抗震救灾队乘飞机赶赴四川灾区参加一线救援。晚上，广东省180名医疗防疫人员、72辆医疗防疫救援车辆通过专列运往四川灾区。

5月16日下午，团省委、省青年志愿者协会组织由41名青年志愿者组成的抗震救灾服务队，乘飞机赶赴四川灾区参加一线医疗救援服务。

5月17日晚上，广东出入境检验检疫局调集10人组成的卫生防疫队乘飞机赶赴四川灾区参加一线救援。

5月18日下午，广东出入境检验检疫局调集20人组成的两支卫生防疫队乘飞机赶赴四川灾区参加一线救援。

5月19日上午，在省消防总队总队长雷盛武带领下，共5名消防救援指挥专家乘飞机赶赴四川灾区。晚上，省卫生厅派出由12名心理学专家、教授组成的心理干预小组，赶赴四川灾区开展心理干预工作。

5月20日晚上，广东省259名卫生防疫消杀和卫生监督人员、42辆消杀及卫生监督车，以及14吨价值250万元的药品通过专列运赴四川灾区。

5月22日下午，根据水利部的紧急通知，省水利厅立即调集14名水利专家组成的两支应急除险方案编制小组乘飞机赶赴成都参加一线救援。

5月27日，省卫生厅增派的由21名医务人员组成的医疗队乘飞机赶赴四川灾区参加一线救援。

5月30日上午，省委常委、省公安厅厅长梁伟发亲自部署，从深圳市公安局调集了235名警力，配置45辆警车和其他警用设备，驱车赶赴四川灾区执行维护灾区社会治安任务。

6月28日下午，省卫生厅派出118名医疗防疫和卫生监督人员乘飞机赶赴四川，与已驻扎在汶川县的26名队员会合，开展对口支援汶川医疗卫生工作。

7月8日，省建设厅组织15支规划编制队共170人乘飞机赶赴四川，协助汶川县编制建设规划。

7月25日，省卫生厅派出首批康复医疗队员共25人赴四川省，支援当地开展伤病员康复工作。

4. 接受灾区伤员、学生等各类人员情况

5月20日至31日接受来粤治疗的灾区伤员共8批，950人次。经过2个月的精心治疗，截至7月31日下午5时，在广东省接受治疗的950名灾区伤员中，908人已出院；187名重症伤员中共有186人病情明显好转，转为普通病例。

6月27日上午，人力资源和社会保障部安排四川地震灾区学生异地入学的首批347名学生抵粤，分别安排在广州、韶关等地的技工学校就读。

7月1日，碧桂园控股有限公司成建制接收的四川省汶川县桑坪中学首批650名师生抵达广东，安置在佛山市顺德碧桂园国华学校。

7月9日至14日，来自四川省汶川县绵虒中学的40多名藏族、羌族等少数民族师生，在广州与广东小伙伴一起参加了为期7天的快乐夏令营活动。

7月10日下午，来自甘肃省陇南灾区的50名青少年在深圳市与该市50名青少年一起参加"深甘一家亲"百名青少年手拉手夏令营活动。

7月12日，189名汶川县技工学校学生抵达广州市，免费在广东省技工学校就读。

截至7月24日下午4时，广东省对口支援四川灾区建设了75所活动板房学校，约10万平方米，可供5万名中小学生复课；接收2 890名中小学生到广东省异地复学；接收347名由人力资源和社会保障部统一安排来粤就读技工学校的灾区学生；优先录取189名灾区学生就读广东省技工学校。

（四）全国联动、对口支援灾区，科学规划、加快灾后恢复重建

1. 省区市对口支援情况①

（1）2008年5月22日，民政部下发《关于对口支援四川汶川特大地震灾区的紧急通知》，《紧急通知》明确了对口支援的主要任务，要求各地对口支援四川汶川特大地震灾区，提供受灾群众的临时住所、解决灾区群众的基本生活、协助灾区恢复重建、协助灾区恢复和发展经济，提供经济合作、技

① 民政部救灾救济司. 关于对口支持四川汶川特大地震灾区的紧急通知，http：//www. mca. gov. cn/article/zwgk/tzl/200805/20080500015221. shtml，2009－02－12

术指导等。

根据通知要求，确定由北京等21个省区分别对口支持四川省的一个重灾县；确定北京、天津在对口支援四川有关重灾县的同时还要对口支援陇南市和甘南市。未承担对口支援任务的贵州、西藏、青海、宁夏、新疆和新疆生产建设兵团等六省（区、兵团）接收的捐赠款物重点用于支持陕西灾区灾民生活安排和恢复重建。通知中明确了21省区分别对口支援四川重灾县的具体安排见表1－1：

表1－1　21省区分别对口支援四川重灾县

受灾县市	支援省区	受灾县市	支援省区
都江堰市	上　海	江油市	河　南
彭州市	湖　南	汶川县	广　东
温江区	黑龙江	理　县	福　建
郫　县	山　西	茂　县	天　津
大邑县	内蒙古	松潘县	安　徽
崇州市	河　北	小金县	江　西
绵竹市	江　苏	黑水县	广　西
什邡市	北　京	青川县	浙　江
安　县	辽　宁	汉源县	湖　北
北川县	山　东	宝兴县	海　南
平武县	吉　林		

《紧急通知》最后还向各支援方提出了具体的要求，即提高认识，高度重视；加强沟通，密切协作；找准需求，明确任务；立足当前，注重长远。

（2）2008年6月11日，国务院办公厅以国办发〔2008〕53号文件颁发了《关于印发〈汶川地震灾后恢复重建对口支援方案〉的通知》。《方案》明确了灾后恢复重建对口支援的基本原则：

1）坚持一方有难、八方支援，自力更生、艰苦奋斗的方针；

2）根据各地经济发展水平和区域发展战略，中央统筹协调，组织东部和中部地区省市支援地震受灾地区；

3）按照“一省帮一重灾县”的原则，依据支援方经济能力和受援方灾情程度，合理配置力量，建立对口支援机制；

4）对口支援期限按3年安排，在国家的支持下，集各方之力，基本实现灾后恢复重建规划的目标。

考虑支援方的经济实力和受援方的灾情程度，兼顾安置受灾群众阶段已形成的对口支援格局。《方案》对支援方和受援方作的更加具体的安排见表1－2：

表1－2　恢复重建中的支援方和受援方

支援方	受援方
山东省	四川省北川县
广东省	四川省汶川县
浙江省	四川省青川县
江苏省	四川省绵竹市
北京市	四川省什邡市
上海市	四川省都江堰市
河北省	四川省平武县
辽宁省	四川省安县
河南省	四川省江油市
福建省	四川省彭州市
山西省	四川省茂县
湖南省	四川省理县
吉林省	四川省黑水县
安徽省	四川省松潘县
江西省	四川省小金县
湖北省	四川省汉源县
重庆市	四川省崇州市
黑龙江省	四川省剑阁县
广东省（主要由深圳市）	甘肃省受灾严重地区
天津市	陕西省受灾严重地区

未纳入对口支援的受灾县（市、区）由所在省人民政府组织本省范围内

的对口支援。社会各界及境外提出对口支援的，由受灾省人民政府统筹安排。

《方案》中更加明确了对口支援的内容、方式和任务。《方案》要求坚持“硬件”与“软件”相结合，“输血”与“造血”相结合，当前和长远相结合，调动人力、物力、财力、智力等多种力量，优先解决灾区群众基本生活问题。

对口支援的内容和方式有：

1）提供规划编制、建筑设计、专家咨询、工程建设和监理等服务；

2）建设和修复城乡居民住房；

3）建设和修复学校、医院、广播电视、文化体育、社会福利等公共服务设施；

4）建设和修复城乡道路、供（排）水、供气、污水和垃圾处理等基础设施；

5）建设和修复农业、农村等基础设施；

6）提供机械设备、器材工具、建筑材料等支持，选派师资和医务人员，人才培训、异地入学入托、劳务输入输出、农业科技等服务；

7）按市场化运作方式，鼓励企业投资建厂、兴建商贸流通等市场服务设施，参与经营性基础设施建设；

8）对口支援双方协商的其他内容。

基层政权建设由中央和地方财政为主安排，各级党政机关办公设施不列入对口支援范围。

各支援省市每年对口支援实物工作量按不低于广东省及相关城市上一年的地方财政收入的1%考虑。具体内容和方式与受援方充分协商后确定。

最后，《方案》对灾后恢复重建对口支援工作提出了四项要求：

1）加强领导，精心组织；

2）依据规划，有序推进；

3）统一政策，统筹安排；

4）善始善终，搞好衔接。

（3）对口支援项目迅速启动，部分首批对口支援资金已到位①。

国家发展和改革委员会投资司10月初公布的报告显示，汶川地震灾后恢

---

① 新华网．汶川地震灾后恢复重建对口支援省市已承诺援建资金277亿元，http://news.xinhuanet.com/newscenter/2008-10/05/content_10150312.htm，2009-01-22

复重建的20个对口支援省市正积极筹集对口支援资金，保证其实现每年的援建资金投入不低于本省市上年地方财政收入1%的目标。

来自发改委投资司的数据显示，截至8月份，初步统计对口支援省市已承诺援建资金约277亿元。其中，浙江省承诺三年将安排超过60亿元资金；江苏省确定第一批项目估算投资30亿元；北京市当年计划安排援建资金约25亿元；上海市三年计划安排80亿元；天津市确定首批援建项目投入资金16.7亿元。

截至8月份，灾后恢复重建对口支援援建资金中，山东省已到位资金6.38亿元；广东省捐赠补助农户建永久性住房的2亿元资金已到位；河北省已到位资金3亿元；辽宁省已到位资金3.7亿元；安徽省已落实资金1.2亿元。

据发改委有关负责人介绍，我国将通过多种渠道筹集约1万亿元资金用于汶川地震灾后恢复重建。

2. 广东省对口支援汶川县及甘肃重灾区的基本情况①

5月24日下午，国务院在成都召开全国对口支援地震灾区临时住所工作会议，会上宣布增加广东省5万套（含深圳2万套）活动板房援建任务。省政府副秘书长颜学亮代表广东省出席会议，并根据会议安排，在会上介绍了广东省支援四川灾区活动板房建设情况。

5月25日，省政府办公厅印发《转发国务院办公厅〈关于进一步规范抗震救灾对口支援工作的通知〉》。

5月28日，省政府办公厅印发《关于成立广东省对口支援四川灾区临时住所建设工作前方指挥部的通知》。《通知》指出，指挥部驻四川成都，省政府副秘书长颜学亮担任总指挥。

6月4日，省委副书记、省长、省支援四川灾区抗震救灾工作领导小组组长黄华华批示，要求省发改委牵头具体负责广东省对口支援四川灾区灾后恢复重建有关工作。

6月11日，中共中央政治局委员、省委书记汪洋，省委副书记、省长黄华华在省对口支援四川灾区临时住所建设工作前方指挥部《关于支援四川灾区几个问题的汇报》上作了批示，充分肯定前方指挥部的工作。

---

① 广东省应急办网．广东省支持地震灾区抗震救灾工作大事记（2008年5—7月），http://www.gdemo.gov.cn/，2009-01-22

6月13日，中共中央政治局委员、省委书记汪洋，省委副书记、省长黄华华，省委副书记、省委政法委书记、深圳市委书记刘玉浦在北京参加全国各省区市和中央部门主要负责同志会议。会议确定，广东省对口支援四川省阿坝州汶川县，甘肃省陇南市文县、康县、武都区和甘南州舟曲县。

6月14日上午，中共中央政治局委员、省委书记汪洋主持召开省委常委会议，传达全国省区市和中央部门主要负责同志会议精神，研究部署广东省对口支援地震灾区灾后恢复重建等有关工作，并决定将省支援四川灾区抗震救灾工作领导小组更名为省对口支援地震灾区灾后恢复重建工作领导小组（以下简称领导小组），增加省委常委、常务副省长黄龙云为常务副组长，省人大副主任陈用志、省政协副主席汤炳权为副组长。

6月15日上午，省委副书记、省长、领导小组组长黄华华主持召开领导小组第一次会议，传达、贯彻全国省区市和中央部门主要负责同志会议和6月14日省委常委会议精神，部署对口支援地震灾区灾后恢复重建等有关工作。受省长黄华华委托，副省长、领导小组副组长李容根在会上通报了前一阶段广东省支援地震灾区抗震救灾工作情况。

同一天上午，省委副书记、省委政法委书记、深圳市委书记刘玉浦主持召开市委常委会议，传达全国省区市和中央部门主要负责同志会议和6月14日省委常委会议精神，进一步部署对口支援甘肃省“三县一区”灾后恢复重建工作。

6月16日，省委办公厅、省府办公厅印发《关于广东省支援四川灾区抗震救灾工作领导小组更名及成员调整的通知》。

下午，受中共中央政治局委员、省委书记汪洋，省委副书记、省长、领导小组组长黄华华委托，副省长、领导小组副组长李容根带领省发改委、教育厅、民政厅、财政厅、建设厅、交通厅、卫生厅及省政府应急办等有关单位负责人组成的调研工作组赴汶川县就对口支援地震灾区灾后恢复重建等有关问题进行前期调研；晚上，就广东省对口支援四川灾区灾后恢复重建工作与四川省副省长张卓哈等交换了意见。

6月18日下午，中共中央政治局委员、省委书记汪洋主持召开全省传达贯彻全国省区市和中央部门主要负责同志会议精神电视电话会议。省委副书记、省长、领导小组组长黄华华对做好广东省对口支援地震灾区灾后恢复重建工作进行了具体部署。

当天上午，副省长、领导小组副组长李容根带领的调研工作组与四川省及阿坝州、汶川县等各级领导机关的有关负责同志召开座谈会，共同探讨对口支援灾后恢复重建工作。

当天下午，深圳市对口援建工作小组抵达甘肃省，在甘肃省副省长泽巴足的陪同下深入实地了解对口支援县（区）受灾情况，商谈建立对口协调机制，明确对口支援灾区灾后恢复重建的具体任务和责任分工等。

6 月 19 日上午，副省长、领导小组副组长李容根主持召开调研工作组座谈会，听取调研工作组中有关单位负责人汇报与四川省、阿坝州、汶川县各级有关单位对接了解的有关情况及对对口支援汶川县灾后恢复重建的工作设想，并就下一步工作作了部署；下午，主持召开调研工作组与四川省广东商会、重庆市广东商会部分企业家座谈会，介绍广东省支援地震灾区抗震救灾和灾后恢复重建的有关情况，希望商会的企业家积极参与广东省对口支援地震灾区灾后恢复重建工作。

深圳市委办公厅、市府办公厅印发《深圳市对口支援甘肃省受灾严重地区恢复重建工作方案》。

6 月 20 日上午，省人大常委会主任欧广源主持召开省第十一届人大常委会第三次会议，听取和审议副省长万庆良代表省政府所作的《关于我省支援地震灾区抗震救灾和灾后恢复重建工作的报告》。

当天下午，副省长、领导小组副组长李容根看望省对口支援汶川县灾后恢复重建工作组全体人员，并主持召开座谈会。

6 月 23 日，中共中央政治局委员、省委书记汪洋，省委副书记、省长、领导小组组长黄华华在省赴汶川县灾后恢复重建调研工作组《关于汶川县灾后恢复重建调研情况的报告》上作了批示，充分肯定调研工作组所提的工作建议。

6 月 24 日下午，省委副书记、省委政法委书记、深圳市委书记刘玉浦主持召开市委常委会议，研究部署对口支援甘肃省“三县一区”的灾后恢复重建工作。

6 月 30 日上午，副省长、领导小组副组长李容根主持召开会议，研究部署省主要领导同志赴广东省对口支援的四川省汶川县和甘肃省“三县一区”察看灾情、共商对口支援工作的前期准备工作。

国务院在成都召开地震灾区恢复工业生产和扩大就业座谈会，中共中央政治局委员、国务院副总理张德江主持会议并讲话。省委常委、常务副省长、领导小组常务副组长黄龙云代表广东省参加会议，根据会议安排在会上作了发言，并代表广东省人民政府与四川省人民政府签订了《对地震灾区开展对口就业援助协议书》。

7月1日，省财政厅印发《关于建立支援汶川地震灾后恢复重建资金保障机制的通知》。

7月4日，中共中央政治局委员、省委书记汪洋，省委副书记、省长、领导小组组长黄华华批示同意省发改委上报的《广东省对口支援地震灾区灾后恢复重建工作方案》。

7月8日下午，深圳市召开抗震救灾阶段性总结暨对口支援动员大会，省委副书记、省委政法委书记、深圳市委书记刘玉浦出席会议并讲话。

7月9日，中共中央政治局委员、省委书记汪洋，省委副书记、省长、领导小组组长黄华华带领省委常委、省委秘书长肖志恒，省委常委、省军区司令员辛荣国，副省长、领导小组副组长李容根，省政协副主席、省卫生厅厅长姚志彬，承担汶川县对口支援任务的14个地级以上市和省委有关部委、省有关单位主要负责同志，深入汶川县水磨、漩口、映秀等镇实地察看灾情，看望慰问受灾群众和我省参与援建工作的一线工作人员；在映秀镇召开广东省对口支援汶川县灾后恢复重建动员大会，出席汶川县桑坪中学赴广东碧桂园学校复学仪式、广东省向汶川县移交援建交通施工设备仪式，察看了广东省在水磨镇组织的“广东省援助汶川劳务输出招聘会”现场等。

7月10日上午，中共中央政治局委员、省委书记汪洋，省委副书记、省长、领导小组组长黄华华一行与四川省、阿坝州、汶川县各级党委政府和有关单位主要负责人座谈，共商对口支援汶川县灾后恢复重建有关工作。会上，黄华华省长宣布广东省近期的10项对口支援政策措施；下午，黄华华赶赴甘肃省陇南市，在先期到达的省委副书记、省委政法委书记、深圳市委书记刘玉浦陪同下，深入深圳市对口支援的文县、武都区等县（区）实地察看灾情，看望慰问受灾群众和深圳参与援建工作的一线人员，出席深圳市援建的武都区尖山乡宋家坝博爱家园重建项目工地开工仪式等。

7月11日上午，中共中央政治局委员、省委书记汪洋，省委副书记、省长、领导小组组长黄华华一行在陇南市与甘肃省、陇南市、甘南藏族自治州各级党委政府和有关单位主要负责人座谈，共商对口支援“三县一区”灾后恢复重建有关工作，见证深圳市政府与甘肃省政府签署了《广东省深圳市与甘肃省对口支援灾后重建工作框架》，出席深圳市与甘肃省农产品采购签约仪式、劳务招聘会暨首批灾区劳务人员赴深就业欢送仪式，看望了深圳市赴甘肃志愿者代表；晚上，圆满结束为期 3 天的赴四川、甘肃两省商谈对口支援地震灾区灾后恢复重建的各项工作，返回广州。

7 月 14 日，副省长、领导小组副组长李容根主持召开会议，研究部署召开广东省对口支援地震灾区灾后恢复重建工作会议等有关事宜，并对相关工作作了安排。

省委组织部印发《关于做好我省对口支援四川省汶川县恢复重建工作机构干部选派工作的通知》。

7 月 16 日下午，省委副书记、省委政法委书记、深圳市委书记刘玉浦主持召开市委常委会议，研究部署对口支援甘肃省“三县一区”灾后恢复重建工作。

7 月 22 日，中共中央政治局常委、国务院副总理、国务院抗震救灾总指挥部副总指挥李克强在深圳市委、市政府上报的《关于深圳对口支援甘肃受灾地区恢复重建有关情况的报告》上作了重要批示，充分肯定深圳市对口支援甘肃省“三县一区”灾后恢复重建工作。

7 月 23 日省府办公厅印发《广东省对口支援地震灾区灾后恢复重建工作领导小组办公室工作职责及人员分工的通知》。

7 月 24 日下午，省委、省政府召开全省对口支援地震灾区灾后恢复重建工作会议。省委副书记、省长、领导小组组长黄华华出席会议并作重要讲话。省委常委、省委组织部部长胡泽君宣布《广东省对口支援四川省汶川县恢复重建工作组干部选派方案》，副省长、领导小组副组长李容根通报前阶段广东省支援地震灾区抗震救灾和灾后恢复重建工作情况，并宣布《广东省对口支援地震灾区灾后恢复重建工作方案》。

上午，中央纪委召开对口支援资金物资监督检查工作电视电话会议，省委常委、省纪委书记朱明国在广东分会场出席会议并讲话。

7 月 31 日下午，省委副书记、省委政法委书记、深圳市委书记刘玉浦主持召开深圳市委常委会议，传达学习中共中央政治局常委、国务院副总理、国务院抗震救灾总指挥部副总指挥李克强在《关于深圳对口支援甘肃省受灾严重地区恢复重建有关情况的报告》上的重要批示精神和全省对口支援地震灾区灾后恢复重建工作会议精神。

中共中央政治局委员、国务院副总理张德江在深圳市委、市政府上报的《关于与甘肃陇南联合举办劳务合作招聘会的情况报告》上作了批示，充分肯定深圳市对口支援甘肃省“三县一区”的就业工作。

3. 科学规划、统一步骤、逐步分类实施、加快灾后重建工作

国务院办公厅2008年9月23日在中国政府网上发布《国务院关于印发汶川地震灾后恢复重建总体规划的通知》（以下简称《规划》）。《规划》指出，中国将用3年左右的时间，耗资1万亿元，完成四川、甘肃、陕西重灾区灾后恢复重建的主要任务，使广大灾区基本生活条件和经济社会发展水平达到或超过灾前水平。

《规划》全文约25 000字，15章，涉及重建基础、总体要求、空间布局、城乡住房、城镇建设、农村建设、公共服务、基础设施、产业重建、防灾减灾、生态环境、精神家园、政策措施、重建资金、规划实施等多项内容。

灾后恢复重建规划范围为四川、甘肃、陕西3省处于极重灾区和重灾区的51个县（市、区），总面积132 596平方公里，乡镇1 271个，行政村14 565个，2007年末总人口1 986.7万人。

根据《规划》，受灾群众主要在规划区内就地就近安置，不搞大规模外迁。人口安置的对象主要是耕地和宅基地因灾严重损毁、无法在原村民小组范围内生产生活的农村人口；坚持就地就近分散安置为主，尊重本人意愿，实行农业安置与务工安置相结合。少数民族人口的安置应尊重其生产生活习惯，原则上在本民族聚居区安置。

为编制上述规划，国务院成立了国务院抗震救灾总指挥部灾后重建规划组，组长单位为国家发展和改革委员会，副组长单位为四川省人民政府、住房和城乡建设部，成员单位包括陕西省、甘肃省人民政府以及国务院数十个部委和直属机构。

三、汶川“5·12”地震应急管理评析

1. 迅速反应，立即行动，现场指挥，果断决策

根据应急管理的阶段划分原理，此次抗震救灾过程可以分为三个阶段：第一阶段，迅速反应、紧急动员、积极应对；第二阶段，坚定信念、克服困难、战胜地震灾害；第三阶段，对口支援、恢复重建。这三个阶段的抗震救灾工作重点十分明确，救灾秩序井然有序，应急反应迅速果断，充分体现出我国应急管理的水平在不断提高和成熟。

2. 领导亲临现场指挥，坚定信念、鼓舞士气，万众一心抗灾害

“5·12”汶川大地震是历史罕见的特大地震灾害，其灾害的程度是前所

未有的。面对地震后的一片惨状，人们的心理遭受到极大的打击，产生极度的恐惧。党中央和国务院领导亲临现场指挥抗震救灾，从容镇静地指挥抗震救灾，给抗震救灾工作灌注了极大的活力，给人们增添了极大的信心和勇气来与地震灾害作斗争。在地震发生后的仅仅两个多小时，国务院总理温家宝就赶到地震灾区现场，立即指挥抗震救灾工作，随后胡锦涛也赶到灾区。在最艰苦最困难的时候，党中央和国务院主要领导都在抗震救灾第一线，这对抗震救灾工作是极大的鼓舞。在应急管理过程中，这样可以迅速做到统一指挥、统一领导、统一调配、统一协调，可以做到决策迅速、行动迅速、落实迅速、见效迅速，充分体现了我国社会主义制度和管理体制在领导抗震救灾应急管理中的优越性和先进性。

3. 一方有难、八方支援，对口援建、创造灾后重建的新局面

“5·12”汶川大地震波及范围非常广，地处山岭地带，不仅给救援工作带来极大的困难，而且灾后的重建任务也十分艰巨。在抗震救灾过程中，中央动员全国之力量，对灾区进行救援。针对灾情状况，在策划灾后重建工作方面，党中央和国务院采取对口援建的方针策略，并制订具体的实施计划，各省市地区积极响应，贯彻落实对口援建任务。这项政策和措施不仅加快了灾区的重建工作，更增添了灾区人民对尽快恢复家园的信心和希望。

四、思考与讨论

1. 地震灾害的基本特点是什么？地震灾害可以预防预警吗？地震灾害预防预警的难点在哪里？如何进行地震灾害的预防预警工作？

2. 根据案例分析总结汶川抗震救灾应急管理的经验。运用应急管理的基本原理对这些经验进行分析解释。

3. 你认为在汶川抗震救灾的应急管理中还有哪些是需要改进的？如何改进和加强？

第三节 华南“1·25”冰雪抢险救灾记

一、华南“1·25”冰雪灾害概况

（一）冰雪灾害严重破坏交通，造成交通瘫痪，百万旅客滞留

2008年1月，一场罕见的雨雪和冰冻天气突袭我国南方，导致成千上万等待回家过年的旅客滞留在机场、火车站、高速公路上，而且旅客滞留挤压现象十分严重。

铁路方面，京广线共有136趟列车受影响，造成广州、深圳火车站大量旅客滞留，滞留人员面临饮食等困难。从1月25日18时到31日18时，仅全国铁路车站和列车就累计滞留旅客580多万人。其中受灾最严重的广州地区，滞留旅客最多时达到80万人。

公路方面，1月26日，受强冷空气影响，京珠高速公路北段梅花至大桥段因路面结冰而被实施封闭，坪乳公路、107国道由于结冰无法实施分流，最高峰受困车辆超过2万台，滞留司乘人员超过6万。

航空方面，1月28日，持续的雨雪天气导致湖南、湖北、江苏、江西、安徽等省共计21个机场被关闭，仅广州出航航班就有75个因此取消，5 000多名旅客被迫滞留。

（二）特大冰雪造成供电危机，严重影响生产、生活及交通用电

1月25日18时30分，京广线湖南境内、沪昆线贵州境内相继因冻雨冰凝发生地方高压电线断落砸断铁路接触电网，两条大干线供电中断。

自1月18日起，南方区域尤其是贵州省出现了大范围低温、雨雪恶劣天气，贵州东部电网和北部电网已与主网解列，西电东送受阻，严重影响广东周边等省的电力供应。据不完全统计，截至1月28日，贵州电网受冰害破坏的电力线路已有3 895条，累计停运变电站472座，电网500千伏网架已基本瘫痪，全省电网已被迫分解成五片孤立运行；湖南有6 000多公里220千伏及以上线路出现严重覆冰，衡阳、永州、怀化、郴州四个市出现大面积停电；

湖北境内的咸梦线是三峡电力外送的重要通道，倒塌铁塔8座，另有10座铁塔损坏严重。

受全国范围持续低温雨雾冰雪等恶劣天气影响，广东省电煤运输遇到很大困难。贵州、三峡、湖南送粤电力中断，广东省已错峰超过700万千瓦，占全省负荷20%以上，造成近年来广东省遭遇的最严重的缺电局面，随着恶劣天气的持续，广东省供电缺口进一步拉大。

至1月20日，华南各电厂存煤量都在警戒线以下，大部分电厂库存仅有两天用量。华南地区主要电厂煤炭库存从一个月前的130万吨下降到当时的70万吨，比2007年同期低40%；日耗煤11.55万吨，比2007年同期增加7%，其中粤电集团属下沙角A、C厂存煤只能维持3天左右。

（三）冰雪灾害造成的损失情况

低温雨雪冰冻灾害造成上海、江苏、浙江、安徽、福建、江西、河南、湖北、湖南、广东、广西、重庆、四川、贵州、云南、陕西、甘肃、青海、宁夏、新疆和新疆生产建设兵团等不同程度受灾，因灾死亡107人，失踪8人，紧急转移安置151.2万人，累计救助铁路公路滞留人员192.7万人；农作物受灾面积1.77亿亩，绝收2 530亩；森林受损面积近2.6亿亩；倒塌房屋35.4万间；因灾直接经济损失1 111亿元。其中湖南、贵州、江西、安徽、湖北、广西、四川等省（区）受灾较为严重[①]。

（四）冰雪灾害的基本特点

2008年初，我国发生了历史上罕见的低温雨雪冰冻灾害。长时间的冻雨伴随着低温铺天盖地袭来，交通、电力顿时陷于瘫痪。八项极值被突破：该时段我国平均降水量为1951年以来历史同期最大值；入冬以来，长江中下游及贵州的连续冰冻日数已超过历史冬季最大值；湖南、湖北雨雪冰冻天气为1954年以来持续时间最长；贵州有43个县（市）的冻雨天气持续时间突破了历史纪录；江西省雨雪冰冻气象灾害为1959年有气象观测资料以来最严重的一年；该时段江苏、安徽、湖北、湖南、江西、贵州等区域平均最高气温之低百年一遇；安徽省降雪成为有资料以来降雪持续时间最长的一年；江苏

---

① 新华网．雪灾已造成直接经济损失1 111亿元，http：//news.163.com/08/0213/19/44JSUSII000120GU.html，2009－02－15

省区域性暴雪持续时间、积雪深度、影响程度为有记录以来之最。四大特点凸显了灾害的严重程度。

1. 范围广

持续的低温雨雪冰冻天气，影响了贵州、湖南、湖北、安徽、江西、广西、重庆、广东、浙江、福建、四川、陕西、江苏、云南、甘肃、河南、青海、西藏、山西、上海等20个省（区、市）。

2. 强度大

此次持续的低温雨雪冰冻天气强度大，表现为平均最低气温明显偏低，平均最高气温异常偏低，达历史同期最低值。长江中下游（包含湖南、湖北、江西、安徽、上海、江苏）及贵州平均最高气温异常偏低，明显超过1976/1977年，达历史同期最低值，平均最高气温之低达百年一遇；四川、陕西、甘肃、青海4省降水量达1951年以来历史同期最大值；浙江暴雪是1984年以来最强的一次，安徽和江苏的部分地区积雪深度创近50年极值；武汉最大积雪深度达27厘米，仅次于1955年（32厘米）；安徽省持续降雪时间，超过新中国成立以来持续时间最长的1954年和1969年，成为有资料以来降雪持续时间最长的一年；江苏省1月底的区域性暴雪过程历史罕见，其积雪深度及影响程度都为有记录以来之最。

3. 时间长

此次低温、雨雪、冰冻天气持续时间长，从1951年到2007年冬季长江中下游及贵州区域平均最大连续冰冻日数历史资料统计分析，2007年12月1日至2008年2月2日的最大连续冰冻日数已超过冬季历史最大值，达百年一遇。其中湖南、湖北省雨雪冰冻天气是1954年以来持续时间最长、影响程度最严重的，江西省是1959年有气象观测资料以来影响最严重的。湖南省这次雨雪冰冻灾害是1954年以来范围最广、持续时间最长、灾害损失最严重的一年，且超过了1954年，冰冻出现日数为1951年以来最大，冰冻持续时间仅次于1983年、1954年。湖北省大部地区连续低温日数达16至18天，为1954年以来最长；连续雨雪日数15至18天，也为历史同期最长。长江中下游及贵州日平均气温小于1℃的最长连续日数仅少于1954/1955年，为历史同期次大值；湖北、湖南平均气温小于1℃的连续日数之长为百年一遇；江西、贵州超过50年一遇，安徽超过30年一遇。

4. 灾害重

持续低温雨雪冰冻天气给湖南、湖北、安徽、江西、广西、贵州等20个省（区、市）造成重大灾害，特别是对交通运输、能源供应、电力传输、通信设施、农业及人民群众生活造成严重影响和损失①。

二、华南“1·25”冰雪抢险救灾概况②

（一）抢险救灾的组织、协调与指挥

1. 中央各部委、各省市启动应急方案，迅速行动，领导抢险救灾

2008年1月17日深夜，铁道部召开全路紧急电视电话会议，宣布立即提前启动春运，并要求全路做好应对各种紧急情况的准备。

1月25日晚，铁道部收到报告，京广线湖南境内、沪昆线贵州境内相继因冻雨冰凝发生地方高压电线断落砸断铁路接触电网，两条大干线供电中断。铁道部部长刘志军决定立即启动应急预案，并于当夜召开全国铁路紧急电视电话会议，部署安排有关部门抗击雨雪冰冻灾害、保证铁路运输畅通。部长通宵坐镇值守调度指挥中心，全面指挥。铁道部党组成员带队，分赴广州、贵阳、南昌、上海、武汉、郑州等重点地区组织指挥抗灾救灾。

1月25日21时，全国交通系统紧急电视电话会议在交通部大楼会议室召开，交通部部长李盛霖向全国交通系统发出动员令：“交通部党组要求，湖南、广东要限期打通京珠高速公路；河南、安徽等省要求做到雪停路通；贵州要维持全省公路能够动起来；水路要做到电煤来多少运多少。”

1月28日，民航总局召开紧急电视电话会议，局领导传达了国务院紧急电视电话会议精神，强调要贯彻落实党中央、国务院的指示精神，力争航班正常、做好服务工作，强调并要求“民航各单位要迅速行动起来，清除飞机机身和跑道上的冰雪，合理调配运力，尽早恢复航班；积极为滞留旅客解决食宿困难，办理退票、改签航班手续。”

为了保证各大电厂电煤供应，铁道部决定，从2月1日开始，集中10天左右的时间，突击抢运电煤，电煤日均装车必保达到4万车以上，大秦线日

---

① 杨学祥．2008年初中国冰雪冻灾预警纪实及后续灾害预警，http：//tieba. baidu. com/f? kz = 326929877，2009 -02 -17

② 新华社．融化冰雪铺坦途——交通系统迎战冰雪灾害纪实，http：//www. moc. gov. cn/zhuzhan/jiaotongxinwen/ xinwenredian/ 200802xinwen/200802/t20080210 _ 465873. html，交通运输部，2009 -02 -17

运量达到100万吨以上。要求“全国铁路所有敞车要全部用于电煤运输，停装其他任何除抗灾救灾物资以外的货物。”

交通部特别发出通知，要求机关4个司局春节期间不放假，全国运输系统的干部、司机、售票员春节期间不停岗。

民航系统的广大干部和职工也同样放弃了节假日，保持着空中走廊的安全与畅通。在此次应对雨雪冰冻灾害天气的工作中，民航确保了飞行安全，甚至安全运行质量还有所提升。

2. 中央领导亲临一线，视察灾情，指挥救灾

1月29日，中共中央总书记、国家主席、中央军委主席胡锦涛主持中央政治局会议，研究雨雪灾情部署工作。1月31日，胡锦涛总书记先后到山西大同和河北秦皇岛考察煤炭生产和电煤供应情况。

2月5日至6日，胡锦涛深入到灾情严重的广西山区农村和担负抗灾救灾重任的基层单位，实地了解保交通、保供电、保民生的落实情况，慰问灾区各族干部群众，给大家带来党中央、国务院、中央军委的深切关怀和新春祝福。2月5日下午，胡锦涛乘坐专机刚抵达桂林，在机场亲切看望了正在执行救灾任务的广州军区某集团军陆航团官兵，并与官兵们一道搬运救灾物资。

1月30日，国务院总理温家宝在广州火车站广场临时搭建的大棚下，手拿扩音器对滞留群众说：“我来看望大家，你们吃苦了。”

2月2日下午2时许，温家宝总理来到了京珠高速公路481公里处，亲切看望了在此担负抗冰抗雪任务的湖南消防部队的官兵，极大地鼓舞了官兵的斗志。

2月5日上午，温家宝一出机场，就乘车前往贵州黔南布依族苗族自治州龙里县观音村，冒着危险爬上陡峭的山坡，看望慰问正在抢修电路的工人们。2月6日除夕，国务院总理温家宝结束贵州的考察工作，立即赶到江西灾区，指导抗灾救灾和灾后恢复生产工作，看望慰问干部群众。9天里，温家宝两赴湖南、一下广东，这次又到贵州和江西。

1月30日至2月1日，中共中央政治局常委们分别赴各重点灾区，深入抗灾救灾第一线察看灾情，慰问广大干部群众，贾庆林赶赴安徽；李长春赴湖北；习近平赴贵州；贺国强赴江西；周永康赴河南。

（二）抢险救灾行动（1月17日至2月13日）

1. 全国协同一盘棋，战冰雪、斗严寒，确保交通通畅，让旅客尽早回家

冰雪灾害发生后，铁路部门迅速从华东、中原、西北、西南等地铁路局调集内燃机车和应急人员，支援京广线因灾损坏接触网的区段，替代电力机车进行“摆渡”运输，以尽快让滞留在途中的列车动起来，驶向目的地。

与此同时，从哈尔滨、沈阳、北京、太原、呼和浩特、郑州、武汉、济南、南昌、南宁、兰州11个铁路局紧急调集的1 800辆客车和6 000余名乘务人员向广州地区集结，为疏散、输送滞留旅客提供运力保障。

根据湖南、广东抗灾需要，交通部先后两次协调有关部门，调集共12 600条军用防滑链运往湖南、广东用于公路抗灾救灾工作；同时，协调为湖南紧急调拨5 000吨工业用盐等融雪物资。

电力贯通中断供电的电源后，铁道部又迅即从广州、成都、南昌等铁路局紧急调集和购置发电车、发电机300多台，用于自行供电。

广铁集团上万名抢修人员第一时间赶赴一线，配合地方电力部门投入抢修，3 000多供电系统维护人员坚守在京广全线每一个区间小站，24小时巡视监控，确保供电设备状态良好。

广州火车站，这个历年来全国春运旅客发送量最大的火车站，雪灾期间最高峰时，站区及周边滞留旅客多达80万，成为举国上下最为揪心的“风暴眼”。铁道部公安局从全路抽调了2 000余人飞赴广州增援，广州市急调上万军警和干部增援。进站、分流、限行、引导撤离，公安民警、武警战士手挽手，用血肉之躯铸就了多达八道人墙的安全屏障，坚强地承受着一波又一波的人潮冲击，保证不决口、不踩踏。

在合安高速公路庐江段，解放军驻皖某部派出坦克、装甲车开路；在安徽庐江，广州军区某集团军工兵团装备不久的新型破障车击穿了绵延数公里的冰层；在沪宁高速公路南京段，南京军区某防化团的燃油射流车喷射出的巨大火焰，瞬间融化了残冰……

在全力打通交通要道的同时，一辆辆野战炊事车开进了火车站、高速路，为滞留的旅客熬姜汤、做饭菜，一支支解放军、武警和民兵预备役小分队担负起了抢修电网、护送运钞车、救送病人的特殊任务。

在南北大动脉的咽喉——京珠高速韶关北段，广州军区两个集团军派出突击力量南北夹击。雨水、汗水湿透军衣，寒风又把军衣冻成了“盔甲”。8

个小时后，当他们在零下5摄氏度的严寒中开凿出一条能通行的道路时，路旁的积雪超过了头顶。

长沙警备区派出官兵和车辆协助地方政府抢修电网。道路难行，官兵们每人扛着上百斤重的维修器材，在雪中艰难跋涉十几个小时，将之送到海拔1 000多米高的山顶。

官兵们用双手在京珠高速上开出了旅客回家的路，用身体在广州火车站筑起了保护群众的“墙”。但他们回不了家，他们无怨无悔地舍弃了自家的团圆！

2. 投入人员、支援财物情况

公安部统计显示，根据广东、湖南、安徽、贵州、浙江、江苏、江西、广西、湖北、河南10个灾区公安机关报告，2008年1月11日至2月8日，10省区共出动警力593.8万人次，救助群众约743.9万人，疏导车辆约1 927.4万辆。

湖南、贵州、江西、安徽、湖北、广西、四川等省份共投入救灾人员775万人次，各级共投入救灾资金13.98亿元，发放大量方便食品、口粮、食用油、饮用水、取暖燃料、棉衣棉被等救灾物资，累计救助铁路公路滞留人员和受灾群众655.5万人。

针对这次雨雪冰冻灾害，社会各界捐赠款物（含物资折扣）累计约11.95亿元，其中，民政部直接接受和经民政部协调直接捐赠给灾区的款物有8 581万元，中国红十字会总会及其他各地红十字会接收款物1.37亿元，中华慈善总会接收款物4 510万元，中国扶贫基金会接收款物3 345万元，湖南等7个重灾省份接收款物8.93亿元①。

截至2月20日，全军和武警部队已累计出动官兵96.2万人次，民兵预备役人员230.6万人次，180多名将军靠前指挥，2 200多名师团职干部昼夜奋战在抗灾救灾第一线，派出军用运输机、直升机数百架次，清理冰雪道路3.6万余公里，转移安置受灾群众878.8万余人，运送各种物资6.2万吨，有500多批次医疗服务小分队深入受灾村镇为群众义诊，向灾区群众捐款1.27亿多元，捐献御寒衣被150多万件（套）。

① 新华网．雪灾已造成直接经济损失1 111亿元，http：//news.163.com/08/0213/19/44JSUSII000120GU.html，2009-02-15

（三）抢险救灾的阶段性成果

据国务院煤电油运和抢险抗灾应急指挥中心2008年2月13日晚发布的公告[①]，2月13日，全国铁路、公路、民航、航运交通运输情况正常，春运秩序平稳；电网抢修力量进一步增加；直供电厂存煤持续回升；灾区恢复重建工作稳步推进。

1. 交通运输情况

铁路方面，1月31日起京广、沪昆两大干线恢复正常运行，到2月5日，广州地区350万持票旅客已被全部运送完毕。截至2月13日17时，全国铁路、公路、民航、航运交通运输情况正常，春运秩序平稳。此时正是春节过后的返程客流高峰，铁路共发送旅客501万人，2月13日比12日增加56万人，同比增加17.1万人，创铁路春运单日旅客发送量历史新高。在做好旅客运输的同时，铁路部门加强运输组织，确保节日物资运输。铁路共装运鲜活农副产品、粮食、饮食品等物资5 586车。

公路方面，2月4日，京珠高速公路全线打通，次日滞留车辆全部得到疏散，国道、省道恢复正常运行。截至2月14日17时，全国高速公路和普通国道、省道干线公路运行正常，无阻车和旅客滞留现象。只有云南、广西部分国道、省道一些路段因结冰实施交通管制或暂时封闭。

公路客运运力充沛，全国高速公路和普通国、省干线公路运行正常，主要客运站无旅客滞留。13日，公路旅客发运量5 707万人次，比前一日增加379万人次。

民航方面，从2月3日起，民航的主要机场已经全部开放。全国民航机场运行基本正常。

2. 电网恢复重建情况

截至2月13日，国家电网公司和南方电网公司分别有16.5万和7.4万名抢修人员奋战在第一线，比前一日增加4.2万人和0.8万人。13日，广州军区、成都军区、二炮部队以及武警湖南、江西、福建总队等共出动1万多人协助地方电力部门抢修供电设施。

截至2月13日，国家电网公司系统共恢复用户供电2 212万户，占累计

---

① 新华网．应急指挥中心通报13日抢险抗灾最新进展，http：//news.163.com/08/0213/22/44K91KRV000120GU.html，2009－02－15

停电用户的93.6%。其中，城市营业区99.95%的用户已恢复供电，农电营业区91.4%的用户已恢复供电。当日，有2座110千伏及以上高压输电系统变电站恢复供电、13条线路恢复运行。南方电网公司系统累计恢复线路5 437条，占因灾停运线路总数的74.9%；恢复变电站696座，占停运变电站总数的81.4%。

3. 电煤运输情况

截至2月12日，直供电厂存煤2 425万吨，比前一日增加56万吨，可用天数达12天，库存低于3天的电厂25个，比前一日增加4个。13日，铁路部门继续加大电煤运输力度。铁路运输电煤42 128车，超调整计划2 128车，同比多装14 128车，多运近100万吨。

面对我国北方因雪灾和冰冻寒冷天气造成多处公路、铁路阻塞，此时的运送广东的煤炭物资主要通过水路运输中转。

港口方面，广州港的煤炭存货比正常偏低，但存量仍能维持超过10天的疏运量。煤船到达广州港的情况基本正常，有6条煤船约30万吨的煤炭正在广州港集团属下的码头接卸，未来3天还将有10条煤船到港。

为保障电煤运输，中海货运成立电煤运输应急领导小组，启动应急反应机制，不惜一切代价保障电煤运输。为增加电煤运力投入，中海货运尽力将能抽回的外贸船舶全部被安排国内支援电煤运输和其他重点物资运输，同时向交通部申请部分方便旗船穿插从事国内单航次电煤运输。在此期间，中海货运投入抢运电煤运输船舶125艘，共450万载重吨。

4. 灾区恢复重建情况

截至13日，灾区卫生救助继续有序进行。灾区卫生部门共派出医疗、防疫、卫生监督队伍25 115支，医务工作人员18.29万人次，救治伤病员和受灾群众40.22万人次，向基层发放“消杀灭”药械价值1 345万元，发放宣传材料993万份。各灾区自灾害发生以来，尚未发现与灾害相关的重大突发公共卫生事件。

商务部门积极推动“南菜北运”，春节黄金周由海南运往内地的蔬菜瓜果合计近6万吨，为稳定灾区市场和春节市场供应发挥了积极作用，同时也有效缓解了海南蔬菜和瓜果难运、难卖的问题。

灾区生活必需品市场供应平稳。据价格部门监测，截至2月13日，灾区主要市场粮油价格继续保持稳定，全国肉蛋菜价格相比前一日普遍下跌。

民政部召开全国民政系统救灾和恢复重建工作视频会议，对救灾和倒损民房恢复重建工作进行动员。派出7个工作组赴重灾省（区），实地了解灾区群众生活现状，检查各项措施落实情况。

通信抢修工作继续推进。灾区县以上和有条件地区乡镇以上的通信基本恢复正常，抢修工作继续向乡镇以下的偏远山区深入。

三、“1·25”冰雪抢险救灾应急管理评析

（一）对“1·25”冰雪抢险救灾的反思

2008年初，中国西南部及整个长江流域共19个省、市、自治区遭遇了五十年难遇的严重冰雪之灾。此次受灾面积之大、受影响人数之多、损失之巨，出乎意料。冰雪之灾考验了整个社会、各级政府、军队、公安等社会组织以及每个人，给我们都上了一堂深刻的应急管理课，得到了应急管理的锻炼。我们取得了抗冰灾的胜利，但是灾难过后，如何防灾救灾、如何自救与他救，如何建立更好的社会运行系统、如何保障灾难情况下的路通、电通、水通、信息畅通等，是我们不得不反思总结的现实课题。归纳起来，以下三个重要方面是值得我们探讨的：一是灾害防范意识薄弱，预警机制有待健全；二是防灾救灾能力不足，硬件、软件有待加强；三是组织协调机制还需要不断完善和加强，提高机制的运作效率。

1. 灾害防范意识薄弱，预警机制有待健全

本次大面积、长时间、高频率的降雪和低温冻雨天气，现代化的天气预报技术和社会化信息通报系统是运行得非常好的，每天央视和地方电视的天气预报节目都能为公众公布最新天气信息，特别是通过云图及灾害预报，就能够让人们提前得知未来十天半月的天气发展趋势。然而，在本次冰雪之灾中，我们大多数人对灾害性气象的认识不足，对灾害性气象的危害性估计不够，防灾救灾意识淡薄，对灾害的预防和预警显然不够充分。其主要表现和原因如下：

（1）对灾害性天气的防范知识宣传不够，对其危害性的严重程度缺乏足够的重视。灾害性天气的预报和警报工作虽然既科学又实际，信息的超前发布和传播也较普及，通观中国天气灾害的预警技术和警示方式，与国际通行的模式越来越一致，也趋于国际化。比如，已经实行了对台风、暴雨、泥石流、沙尘、大风、大雪、大雾、干旱及森林火险等灾害性天气，用不同的颜

色等级——绿色警报、蓝色警报、黄色警报、橙色警报、红色警报给予预报和警报。但是，社会及公众对这些不同颜色所代表的危害等级了解多少？对这些不同等级的危害程度又知道多少？即便通晓，那么不同的等级，应该做怎样的防范和预防工作？究其原因，首先是社会与公众缺乏了解灾害性天气的基本知识，包括其灾害的可能影响程度和灾害性的结果。一方面，人们没有主动学习和了解这方面的知识；另一方面，社会和有关职能部门对各种等级的灾害性天气危害性知识宣传普及力度不够。各级电视、广播只是播报天气预报，而对灾害性天气的防范知识和方法的宣传显然不够，有的几乎没有。各级政府及相关组织在这方面的教育和宣传也很少，否则就不至于导致社会与公众在危机真正到来之前、之中、之后反应迟缓。

（2）预警意识淡薄，不善应变，对气象性灾害缺乏心理和物质方面的应对准备。就灾害性天气预报的警示性提示而言，本次冰雪之灾前，国家气象台已经超前发布了警报，特别是适时发布了红色警报。但是，颜色警报并没有引起社会及公众的高度重视，因为人们依然按部就班地在生产和生活着。比如铁道、公路、民航的运行与工作计划，民众的出行安排等，都已暴露出许许多多的被动因素，因为大家都没有考虑到剧烈的天气变化将带来的可能性影响因素，特别是大雪冻雨已经持续多天后，灾害已经形成，人们几乎都没有改变在春节前的返乡行程计划，依然义无反顾地走上返乡之路，所以，当灾害造成公路、铁路阻塞时，车流、人流必然积压。客观上讲，2008 年初的冰雪灾害正值春节期间，按照中国传统文化习俗，回家过年是头等大事，于是回家过年的意识远远超过了对冰雪灾害的防范意识；另外，据历史记载，2008 年初的冰雪灾害是中国历史上五十年罕见的，人们很难想象到它的危害程度。主观上讲，人们还是缺乏危机预警意识，对危机预警准备工作做得不够充分，甚至有的根本就没有做任何应急准备。

（3）预警机制启动滞后，预警阶段的准备工作不足。2008 年初的冰雪天气的特点之一就是持续时间长，从天气变化到形成气象灾害有一段时间的过渡期。俗话讲“冰冻三尺，非一日之寒”，在灾害的突发性方面，这次冰雪灾害并不像地震那样突然，事先有预报，天气变化有征兆。事实上，2008 年 1 月 10 日开始，气象预报和天气的变化都突现恶劣天气的持续性，但是在 1 月 20 日之前，没有看到任何具体的预警宣传和实际的预警准备。从案例的事实来看，各级部门及政府的应急预案的启动基本上是在灾害形成之后，这对抢险救灾工作是不利的，最大的问题就是延误了防灾救灾的最佳时机。由于事先预警准备工作不够充分，在抢险救灾过程中，出现设备短缺，人力调配不足，抢险方法落后，效率不高等现象。

2. 防灾救灾能力不足，硬件、软件有待加强

回首冰雪灾害之际，适逢春节即将到来，暴雪冻雨使数片电网瘫痪、“运输大动脉”的京广铁路等一度中断、多条高速公路封闭、航班取消，百万余人滞留旅途。面对冰雪灾害，受灾地区各个系统的救灾能力受到了一次大检验，其中表现突出的主要在于交通和电力系统。从案例反映的事实看，如果铁路和民航与电网没有正规的救援队伍、组织机构、工作模式、救援设备与工具备品等，要想在冰雪大灾持续的过程中以这么快的速度基本恢复畅通，那是不可能的。当然，这也与国家给予的极大帮助、支持与指导有关。相比之下，公路，特别是高速公路的防灾、救灾能力与组织管理工作严重不足，我们应该从中总结经验教训，反思其管理体制和防灾救灾的组织体系和能力。

防灾救灾能力，不仅涉及个人、团体，更涉及各级政府和整个社会层面。从 2008 年初的这场遍布半个中国的冰雪之灾来看，我们城市、乡村的防灾救灾各方面能力显然不足。似乎大多数城市都在被动地等待救援，甚至一些行政机构都不知道该如何组织救灾，也不知道该怎样如实反映自己的灾害情况，因为我们已经从新闻报道的侧面清晰地看到那不堪回首的一幕幕，尤其从网络上民众及时表达出来的当地受灾情况，基本可以对这方面情况了解个大概。

突如其来的雪灾，把这几年习惯于暖冬气候的人们打了个措手不及，铁路、交通、电力、通信、农业等各部门正经受着严峻的考验，许多地方交通瘫痪，停水断电，房屋倒塌，人畜丧命，给人们的生活带来极大的困难。产生这一后果固然是因为遭遇了五十年一遇的暴雪以及我国南方气候的特征，但也直接反映出南部地区在防御严寒方面的能力和措施是非常薄弱的。城市系统自身的救援能力也并非理想，其中，大城市的防灾救灾能力相对强些，县城一级地区就举步维艰。这或许与县级城市的经济能力、管理思路、管理模式、长官意志有关，“等、靠、要”的观念在一定程度上依然存在。但是，实事求是地及时反映灾害情况至少是情理之中的吧，可是这里面总是有那么多不如人意的地方，让人不得不冷静思考我们的城市及市民应该具备哪些灾害急救知识、自救技巧、营救能力等。

当然，北方经历暴风雪的机会比较多，几乎每年都会遇到，但似乎没有遭受过这么大范围的严重灾害。这里，我们需要反思的是，北方遭遇暴风雪的机会比较多，已经具有一定的防范措施和救急准备，假如这场大雪降落在

东北，那么后果一定不会这样严重。2007年，东北地区也遭遇了五十年一遇的暴雪，但住房没有倒塌，人畜伤亡极少，短短几天时间积雪便被清除，交通恢复通畅，也没有造成大面积停水停电。因为东北属寒冷地区，除雪设备完善，应急严寒能力强，供暖设备完备，住房等建筑物充分考虑到其耐寒性，东北地区的司机习惯在冰雪路面上驾驶，居民也习惯零下几十度的寒冬，所以，大雪、冰冻造成的危害就相对小了许多。即使形成冰雪灾害，北方的救灾能力在应对冰雪灾害方面已经得到锻炼和提高，防灾救灾的能力就比较强。与此不同的是，2008年初南方大面积的冰雪灾害是五十年一遇，是绝大多数南方人从来都没有见过的。因此，此次冰雪灾害之际，北方许多朋友都很纳闷。然而，他们不知道，此次冰雪灾害的基本原因在于贵州、广西、湖南、湖北、广东北部长时间的低温冻雨（持续10天以上，每天平均温度为 -5℃ ~2℃），进而在树叶上最终都凝聚了比它重50至100倍的冰。随之而来的是，树木遭遇了折枝断丫的灾难。所以，冰雪阻塞了道路、压塌了电网与铁塔、冻僵了电弓等。由于南北方冰雪天气的成因有所不同，北方的防灾救灾的经验和做法在南方很难奏效。另外，南方遭遇如此冰雪天气的机会不多，缺乏应急的经验和必要的准备工作，各方面的应对能力自然就比较差。

在2008年初的抗冰雪灾害中，我们城市的救灾物资、救灾工具、救灾设备的储备与使用及其通用性，城市防灾救灾的组织指挥、救灾预案、参与部门、分工协作，民众的自救观念与知识水平、自我组织的意识和方式等方面，都得到了一次意外的检测，这场灾难也是对我们现代城市整体生存能力的检测。面对暴雪，各地政府态度积极，采取了很多有效举措，对于缓解暴雪造成的群众生活不便起到了很好的作用。但我们也应客观地承认，对这场暴雪的到来，一些地方及人员依然缺少必要的心理和物质准备，配套措施还待完善，所采取的措施基本上是临时性的“头痛医头，脚痛医脚”。对于南方的一些大中城市来说，依旧缺少应对暴雪等突发灾害的科学应急预案，部分城市的环卫部门没有装备除雪铲车，连化雪用的工业用盐都储备不足，只能靠人工除雪，效率极低。通过这次检测，我们需要反思，假如再一次遇到如此冰雪灾害，我们是否能够做得更好。

3. 组织协调机制还需要不断完善和加强，提高机制的运作效率

前面我们总结了2008年初的冰雪天气的特点，即覆盖范围广、来势强度大、持续时间长、造成的灾害严重。这无疑给我们的防灾救灾工作带来极大的困难。回顾2008年初的冰雪抗灾经历，各参与救灾的部门、各级政府、社

会团体组织，军队、民警、志愿者以及个人等都表现得非常突出、努力，体现了我们社会崇高的思想道德，不怕苦、不怕累、勇于牺牲的精神。但是，从这次冰雪抗灾中我们也看到组织协调方面的一些问题。比如缺乏统管全局的组织协调机制，各部门、各政府机构各行其职的行为表现得非常突出，由于协调不够，最终影响了救灾工作的效率。此次冰雪天气覆盖范围广，涉及贵州、湖南、湖北、安徽、江西、广西、重庆、广东、浙江、福建、四川、陕西、江苏、云南、甘肃、河南、青海、西藏、山西、上海 20 个省（区、市）。从抢险救灾的过程来看，基本上各省（区、市）各自为政，自救为主，各区域间的协调合作不够充分；从灾害带来的影响来看，主要问题是交通（铁路、公路、航空）、电网、电煤运输和储存等，而交通、电网和电煤运输三者之间存在密切的联系和互助作用，各级政府对三者之间的组织协调、联合救灾方面存在一定的缺陷。目前，我国的应急预案工作正在制定和完善，各部门、各级政府基本都制定了自己的应急预案，以能够在危机发生时，及时启动预案。但是，有关部门间、政府间以及各组织间应急协调预案却不多见。多数情况下，仍然靠行政命令来协调，缺乏组织间的主动协调，无疑给应急管理和应急措施的实施效率带来一定的影响。

（二）“1·25”冰雪抢险救灾的主要经验

1. 坚强的领导、严密组织部署，广泛的社会参与是战胜冰雪灾害的根本

2008 年 1 月下旬至 2 月上旬，一场历史上罕见的雨雪冰冻灾害，袭击了大半个中国，给人民群众生产生活带来了巨大影响。面对突如其来的自然灾害，在以胡锦涛总书记为首的党中央的坚强领导下，举国上下众志成城，与自然灾害展开艰苦卓绝的斗争，最终战胜了这场五十年一遇的特大冰雪灾害。从案例中我们看到，灾害发生后，党中央、国务院及各部委有关部门都非常重视，立即组织动员开展抗击冰雪灾害的斗争。1 月 29 日，胡锦涛总书记主持召开中央政治局会议，专门研究抗击雨雪冰冻灾害工作，要求把抗灾救灾作为当前最紧迫的任务。会上，胡锦涛总书记作出一系列重要指示，并要求国务院各有关部门、各受灾地区人民解放军和武警部队全力以赴，坚决打好抗灾救灾这场硬仗。国务院多次召开会议研究具体的抗击冰雪灾害工作细节，并发出通知，就抗灾救灾作出一系列具体部署。各级党组织和地方政府等有关部门立即启动紧急预案，开展施救工作。在抗击这场五十年一遇的雨雪冰冻灾害斗争中，尽管我们缺乏一定的经验和技术，但是组织者能够驾驭全局，

审时度势，果断采取一系列重大举措，化险为夷，取得了抗灾救灾的重大胜利。

抗击雨雪冰冻灾害是一场特殊战役。天气变化无常，灾情日趋严重，环境恶劣，面对不断变化的形势，各级领导集体果断决策，采取各项应变措施，迅速化解了各种危机。例如，广东省委、省政府，广州市委、市政府，为了迅速减轻返乡过年旅客对车站和运输的压力，及时采取两项重大措施：一是开放市内各大体育场馆和会展场所，疏导车站广场的候车旅客；二是通过各种宣传渠道，采取各种措施动员人们留在广东过年。这两项措施既解决了旅客对车站的压力，也保证了社会的安全。在复杂的灾情面前，各级组织的领导认真分析灾情，掌握灾情变化，抓住工作重点，及时解决关键性问题，特别是对全局性、紧迫性的重大问题及时作出有力决断，提出千方百计保交通、保供电、保民生的方针，坚持统筹兼顾，合理配置资源，全力以赴保证交通运输通畅及电力和居民生活必需品供应，为夺取抗灾救灾胜利起到了决定性作用。临近春节，运输任务本来就十分繁重，冰雪灾害及恶劣气候使本已紧张的运力雪上加霜；冰冻造成电力设施严重受损，供水管道破裂，生活必需品供给紧张。于是，通路、保电、安民成为抗灾救灾的重中之重。

广泛的公众参与是这次抗击冰雪灾害取得胜利的一个重要因素。志愿者、各街道组织、各群众团体在灾害来临时都纷纷行动起来，出钱、出力、出谋划策，都在为抗击冰雪灾害尽一份力量。

2. 坚持以人为本的理念，在保民生解危难中展现巨大威力

以人为本是科学发展观的核心，是我们党根本宗旨和执政理念的集中体现。我们党的一切奋斗和工作都是为了造福人民。在这次抗灾救灾中，从中央到地方，各级党委、政府和领导干部，忧百姓疾苦、系群众安危、解人民急难，以实际行动对以人为本、关注民生作了生动诠释，模范实践了党的全心全意为人民服务的根本宗旨。

人民的利益高于一切、重于一切，这是灾害袭来时各级党委和政府的“第一反应”。春节前夕，冰雪肆虐，交通、通信大面积中断，几百万旅客滞留受困，169 个市县断电、停水，受灾群众 1 亿多人。灾情牵动党中央和国务院领导。中央领导分赴灾区，充分体现了党中央亲民、忧民、为民的情怀。各级党委和政府面对人与财物，始终把人放在第一位；面对生产与民生，始终把民生放在第一位；面对方方面面的需要与群众需要，始终把群众需要放在第一位，急灾区群众之所急，解灾区群众之所难。在中央领导的表率作用的

感召下，各级干部走出办公室，亲临现场，深入基层，深入第一线，在车站、路口、码头，在风雪一线，指挥抗灾救灾过程工作，与灾区群众一起破冰铲雪、共同战斗，一起吃年饭、过春节、守望相助，帮助受灾群众恢复生产、重建家园。

从保路大战到保电大战，整个抗灾救灾过程始终坚持以人为本、保民安民。灾情严重的省份提出"不冻死一人，不饿死一人"，确保车站、公路滞留旅客不冻着、不饿着、不渴着；一些地区还专门派出心理专家进驻火车站和临时候车场所，开展心理危机干预与援助。各部门全力做好煤、电、油的运输保障工作，优先保障居民生活、医院学校用电需求；想方设法抢运滞留旅客，妥善安排好不返乡过年群众的节日生活；采取临时干预措施稳定物价，畅通绿色通道，保证灾区食品、药品、燃料等生活必需品的市场供应。各级党委和政府积极摸清灾情，满腔热情地帮助受灾群众排忧解难，受灾群众普遍有饭吃、有御寒衣被、有保暖住处、有病能得到及时医治，过上了一个欢乐祥和的春节。

3. 体现社会主义制度优越性，共享改革开放成果

我国是一个自然灾害频发的国家，大灾之年饿殍遍野的记载充斥史书。在新中国成立后，特别是改革开放以来，我们在重大灾害面前，不断总结经验教训，学习和掌握抗击自然灾害的基本技术，提高了应急管理的能力，充分发挥了我国社会主义制度的优越性。这次罕见的雨雪冰冻灾害所造成的损失和不利局面能在很短时间内得到缓解，人民群众生活、生产迅速恢复正常，再一次显示了社会主义制度的生机和活力，印证了改革开放的巨大成就。

解决重大灾害问题、应对突发性事件，需要"全国一盘棋"。这场雨雪冰冻灾害，再次检验了社会主义制度的动员力、号召力和凝聚力。中央一声令下，全国党政军团和社会各界都迅速行动起来，各级组织和各方力量都能够服从大局、听从指挥，统一步调、密切配合，形成了克服困难、战胜灾害的强大合力。虽然在五十年一遇的大灾面前，我们在协调各方力量协同抗击灾害方面还缺乏一定的经验，但是，从这次抗击冰雪灾害的斗争中，我们也学到了许多宝贵的协调管理的经验。国家应急、民政、公安、铁路、交通、民航、气象、电力等部门，在各司其职的同时，信息共享，统筹安排，科学调度，通力合作，应变管理，充分体现了社会主义大支援、大协作的优势。通过抗灾救灾，我们更加深刻地认识到，社会主义市场经济越是深入发展，越要坚持和发挥社会主义制度的优越性，发挥社会主义协作精神，发挥巨大的

社会组织能力和动员能力。

应对突发的自然灾害，是对一个国家经济实力、科技实力的综合检验。我们打赢了这场抗击冰雪灾害的硬仗，与我国改革开放以来积累了巨大物质力量作保障是分不开的。中央财政先后下拨抗灾救灾资金 27 亿余元，迅速向灾区调拨和运送 198. 8 万件（套）衣被。气象、通信、信息等现代科学技术和手段的运用，使我们的应对决策和措施得以正确和更加积极有效地实施。我国经过多年努力形成的全方位、多层级、宽领域的应急预案体系，为应对灾害奠定了坚实的基础。这次低温雨雪冰冻灾害发生后，各地区及有关部门及时启动相关应急预案，按照预测预警、应急处置、恢复重建、信息发布和应急保障等方面的要求，积极落实各项救灾措施，维护灾区交通、治安秩序，组织恢复电力、通信等市政基础设施功能，开展受灾群众生活救助工作，努力把人民群众生命财产损失降到最低程度。这再次表明，以经济实力为基础的综合国力，是我们战胜一切困难和风险的根本物质保障。可以说，没有改革开放 30 年来形成的物质基础，要夺取这样的胜利是难以想象的。

4. 团结一致、万众一心，共同奋斗战胜冰雪灾害

伟大的民族精神，是我们抵御灾害的强大力量。严峻的灾害考验，也在不断砥砺我们的民族精神。“人心齐，泰山移”，在与暴风雪的搏击中，社会民众积极参与，有组织地投入抗灾斗争中，通过参加抗击冰雪灾害的斗争，中华民族的传统美德和我们党倡导的社会主义核心价值体系得到实践和升华，成为凝聚人心、激发斗志的强大精神支柱。人民群众和衷共济、共渡难关，弘扬了中华民族百折不挠、勇往直前的奋斗精神。“一方有难、八方支援”，灾害面前，各地区各部门团结互助，通力协作：煤矿加紧生产，铁路、港口加紧运输，通信企业发送应急公益短信，医药企业捐赠大量药品，全国各地捐赠款物十多亿元，近万名技术骨干奔赴灾区抢修电网。许多港澳台同胞、海外侨胞，也通过赈灾义演、爱心捐助等不同形式向灾区伸出援助之手。在灾区，人们同呼吸共命运，互相帮助，互相关心。互联网上曾流传过一张经典照片：在人山人海的广州火车站，一名晕倒的旅客被众人举过头顶，接力送出。这个感人的场景，是 13 亿中国人民和谐互助、共渡难关的生动写照。灾区群众识大体、顾大局，积极配合抗灾行动。有的自己生活十分困难，还主动把有限的物品拿出来支援他人；有的主动把受困滞留旅客接到家中，为他们提供食宿。灾区人民既是灾区的受害者，也是抗灾主力军。许多干部职工不怕疲劳，连续奋战，舍小家、顾大家，恪尽职守，在危难时刻挺身而出，

成为可歌可泣的英雄壮士。对在冰雪一线殉职的电力、交通、公安等各行各业的十几位干部职工，人们将永远记住这一个个平凡而伟大的名字。

各级党组织和共产党员砥柱中流、走在前列，发挥了核心领导、战斗堡垒和先锋模范作用。从各省、自治区、直辖市党委，到各级基层党组织，从党员领导干部，到千千万万普通党员，他们组织带领群众不畏艰险，顽强拼搏，冲在最前面，干在危险处，以实际行动践行了共产党员的先进性。湖南省委发出动员令，组织党员干部到抗灾一线去，到灾情严重的地方去，到矛盾困难多的地方去，到群众中去，指导帮助参与抗灾救灾工作。江西省新余市1 000多名机关党员干部主动下到农村、社区、企业，与群众一起抗灾救灾。贵州遵义3万余名党员干部组成“破冰志愿者”队伍，奔赴抗击凝冻灾害第一线破冰除雪、疏导车辆。在抗灾战场上，一个党组织就是一个坚强堡垒，一名干部就是一个工作标杆，一名党员就是一面战斗旗帜。

四、思考与讨论

1. 我国南方特大冰雪灾害的特点是什么？如何做好冰雪灾害的预防预警工作？做好冰雪灾害的预防预警工作的关键是什么？

2. 根据案例，分析2008年初我国南方特大冰雪灾害应急管理的经验，并运用应急管理的基本原理进行分析解释。

3. 案例中有一些对2008年初我国特大冰雪灾害的应急管理工作的评析，你对此有何看法和不同意见？你如何看待这次冰雪抗灾的应急管理工作？

第四节　日本“3·11”地震应对纪实

一、日本地震及引发灾害的基本情况

（一）日本地震及引发灾害过程描述

2011年3月11日北京时间13时46分，日本当地时间14时46分，西太平洋国际海域发生了里氏9.0级地震，震中位于北纬38.1度，东经142.6度，

震源深度约20公里（见图1－4）。据统计，自有记录以来，此次的9.0级地震论震级及其破坏程度，位列世界第三，1960年发生的智利9.5级地震和1964年发生的阿拉斯加9.2级地震分别排第一和第二。

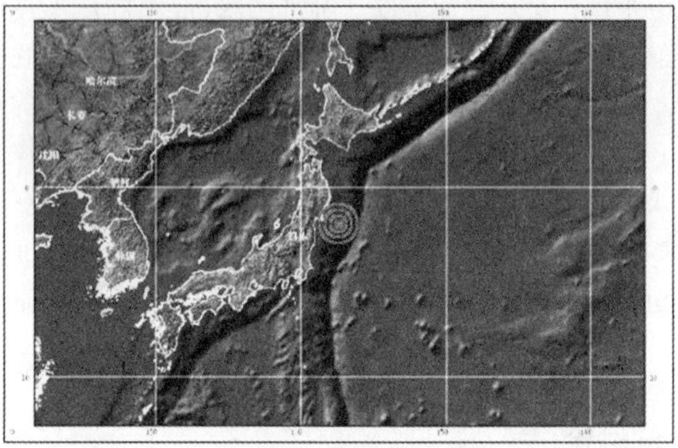

图1－4　日本“3·11”地震震中示意图①

2011年3月11日14点50分，10多米高的海啸以每秒10米的速度横扫日本东北部沿海多个城市。建在海岸边的仙台机场全部被海水冲泡，东北部的很多居民遭遇了灭顶之灾。潮水退去后，多处海岸边陆续发现上千具尸体。由地震引发的大海啸使日本真正陷入“二战后最严重灾难”。

据日本NHK电视台3月12日报道，受此次西太平洋大地震影响，日本岩手县、宫城县以及福岛县沿岸遭受特大海啸袭击，造成大量人员伤亡和失踪（见图1－5）。当时已确认日本东北部距震中最近地区的死亡人数超过500人。在宫城县境内又发现了四五百具尸体。

12日15时30分左右，日本遭受的第三波灾难紧随而来，福岛第一核电站1号机组发生氢气爆炸，事故导致4人受伤。日本经济产业省原子能安全和保安院宣布，福岛第一核电站的放射性物质泄漏到外部。当局要求距核电站10公里之内的居民撤离（见图1－6）。

14日11时01分，福岛第一核电站3号反应堆发生氢气爆炸，反应堆所在建筑遭到损坏，但放置反应堆的容器没有损坏。4号反应堆当日发生小规模

① 新浪网. http：//news. sina. com. cn/w/2011－03－11/142022095378. shtml，2011－06－05

氢气爆炸，有起火现象。

图 1－5　地震后的海啸场

图 1－6　日本福岛第一核电站海啸前后对比图（上图为海啸前，下图为海啸后）①

① 新浪网. http：//news. sina. com. cn/z/japanearthquakepic/，2011－06－06

15日，福岛第一核电站2号反应堆压力控制池发生爆炸。4号反应堆内的“乏燃料池”发生火灾，所幸被及时扑灭，但已经造成放射性污染物大面积泄漏。日本文部科学省发布的数据显示，东京都等关东地区当天陆续检测到高于日常值的辐射量。入夜开始，强冷空气袭击日本地震灾区，大部分地区降起了大雪。约有45万灾民取暖困难。

16日清晨，福岛第一核电站4号反应堆所在机房再度发生火灾。次日，日本出动直升机、高压水车对福岛第一核电站注水降温。

19日，日本官房长官枝野幸男称福岛第一核电站附近地区已经检测出牛奶和菠菜核辐射量超标。同日，枥木县、群马县、琦玉县、千叶县、东京都和新泻市六地的自来水被检出微量放射物，但受污染的食物和水对人体健康不构成威胁。

20日15时46分，东京电力公司宣布福岛第一核电站2号机组已获得外部电力供应。

21日，福岛第一核电站3号反应堆冒出黑色烟雾，东京电力公司临时撤出所有在现场作业的工人。

22日，东京电力公司表示，福岛第一核电站1到6号机组已经全部接通外部电源。

23日，据日本《产经新闻》消息，日本政府估计地震和海啸造成的损失高达15万亿~25万亿日元（约合1 850亿~3 000亿美元）。据日本新闻网报道，日本东京都宣布在净水厂的自来水中检出超过婴儿饮用安全标准2倍的放射性碘之后，东京的超市和24小时便利店内的矿泉水在几个小时内被抢购一空。

24日，日本经济产业省原子能安全保安院指出，福岛第一核电站3号机组3名工作人员遭辐射污染，足部皮肤脱落。

27日晚，东京电力公司称福岛第一核电站2号机组涡轮机房地下室积水里的放射性物质活度超标1 000万倍的数值严重有误，有可能把真实情况夸大了10万倍。

28日，福岛第一核电站厂区采集的土壤样本首次检测出微量剧毒元素钚。但东京电力公司称，现阶段钚的浓度不会影响人体健康。

2011年5月1日，日本警察厅于下午发表的最新统计数据表明，到当地时间16时（北京时间下午3时）为止，因大地震和海啸死亡的人数达到

14 704人，登记在册的失踪人数为10 969 人，两者合计为25 673 人。①

（二）日本地震之后的情景

1．地震后周边多国启动海啸预警警报

西太平洋海域11 日发生里氏9.0 级地震后，位于夏威夷的太平洋海啸预警中心针对太平洋沿岸大部分地区发布了海啸预警，各相关国家已纷纷采取了预警措施。

太平洋海啸预警中心于北京时间11 日15 时30 分对包括俄罗斯、菲律宾、印度尼西亚、澳大利亚、新西兰、墨西哥、美国夏威夷等在内的多个国家和地区发布了海啸预警。

夏威夷州州政府檀香山市警报长鸣，当地广播反复播发海啸预警，动员居住在沿海地区的居民及时撤离。预计第一波海啸可于当地时间11 日2 时55 分（北京时间20 时55 分）抵达。

印度尼西亚气象、气候和地球物理机构对该国巴布亚省、北苏拉威西省、北马鲁古省等地发布了海啸预警。预测海啸将于北京时间19 时左右抵达印尼，该机构说，海啸可能对印尼多地区造成影响，该国东部各岛的北端尤其可能受到冲击。

2．燃气泄漏、火灾频现、多处停电，炼铁厂发生爆炸

震后，日本宫城县仙台市发生大规模停电。市内多处发生燃气泄漏。仙台机场全部航班停止起降。JFE 钢铁建于千叶县的炼铁厂因燃气管道破损发生爆炸，火焰冲上数十米高，生产被迫中断。据统计，震后日本由于燃气泄漏等原因，共有84 处地点发生火灾。宫城县地方消防部门则称，利府町购物中心的天花板坍塌，有多人被掩埋。NHK 电视台报道说，目击者称有“数人受伤”。

3．东京塔塔顶歪斜

东京市内因为地震发生14 起火灾，日本电视台播放画面显示，东京市中心一些大型建筑物剧烈摇晃，办公室内书本散落，正在上班的职员为安全起见走上街道。东京警视厅透露，东京台场的东京电信中心大楼附近冒出浓浓的黑烟。东京一座大型购物商场屋顶坍塌，有人员受伤，但数量不明。

日本著名地标性建筑东京塔11 日下午因受强烈地震影响，塔顶部三分之

① 中国天气网. http://www.weather.com.cn/zt/ty/1319777.shtml，2011－06－06

一处出现歪斜。工作人员紧急关闭了塔内部的电梯，并将正在观光的游客紧急疏散。因为疏散工作紧急有效，因此未出现踩踏事故。

4. 通信网络中断

海上保安厅官员大井阳介说，强震大约30分钟后，东京市市内一些高楼仍在摇晃，移动电话通信网络中断。“建筑物长时间晃动，办公室内许多人抓起头盔，躲在桌子下”，路透社驻东京记者琳达·西格说，“这可能是我到日本20多年所经历的最强烈地震。”①

二、日本抗震救灾纪实

（一）政府应对措施及过程

1. 日本政府及政府领导人24小时应对地震时间表

2011年3月11日14时46分，9.0级地震袭击日本东北部地区。14时50分，防卫省先于内阁设立灾害对策部，三个重灾区请求防卫省派遣自卫队救灾。15时之前，日本首相菅直人下令做好救援生命线的修复和保障，竭尽全力向民众提供准确的地震信息。

15时03分，菅直人内阁全体成员在地震后首次集合紧急开会。

15时14分，内阁设立“地震紧急对策本部”，指导全国抗震救灾工作。

15时15分许，自民党总裁谷垣祯一主动给菅直人打电话，表示愿意结束政党斗争共同抗灾。

15时27分，防卫相北泽俊美下令陆海空8 000多名自卫队员、300架飞机、40艘舰船赶去灾区。

16时50分，菅直人举行震后首次记者会，呼吁民众从媒体收看收听政府的信息。

16时许，内阁收到东京电力福岛第一核电站发生紧急事态，政府之前预定的关闭程序发挥作用，核电站停止运行②。

11日夜，刚上任的日本外相松本刚明会晤记者，请求驻日美军协作救灾。

---

① 新华网. http://news.xinhuanet.com/world/2011-03/11/c_121177218.htm，2011-06-08

② 网易新闻中心. 日本政府24小时应对地震：信息公开透明，http://news.163.com/11/0313/03/6V0D4KBD00014AED.html，2011-06-10

外务省请求澳大利亚、中国、韩国、俄罗斯等38个国家和地区派出救援人员，提供救援物资。

12日3时，官房长官枝野幸男召开记者会，向媒体通报死亡人数及救灾举措，表达政府透明处理事故的意愿。

12日5时40分，菅直人下令居民疏散避难的范围从福岛第一核电站半径3公里以内扩大至10公里。

12日7时10分，菅直人乘机抵达福岛第一核电站视察情况。7时45分，菅直人发布“核能紧急事态宣言”。

12日上午，内阁在官房长官的临时领导下，召开紧急联席会议商讨应对核泄漏，表示死亡人数将超过1 000人。

12日11时30分，菅直人第四次召开紧急对策本部全体会议，派遣5万陆海空自卫队员参与救助。

12日午前，日本陆上自卫队核泄漏专门部队中央特殊武器防卫队抵达福岛第一核电站。

2．政府的防灾减灾法律体系与应对组织

日本有完备的防灾减灾法律体系，并据此制定了从中央到地方各级的防灾基本计划。形成了相对完善的防灾减灾机制和灾害应对机制。针对这次发生的日本东北地区太平洋近海地震，日本政府事先做了较好的准备。日本从2003年10月至2006年1月期间成立了日本海沟和千岛海沟周边海沟型地震的专门调查委员会，划定了8处强震危险区并进行了灾害评估，其中包括宫城县近海的8．2级地震危险区。中央防灾会议依据该调查结果，分别于2006年2月至3月、2007年6月、2008年12月，制定了专门的日本海沟和千岛海沟周边海沟型地震对策大纲、防灾对策推进基本计划、应急对策活动要领、地震防灾战略，对日本东北地区太平洋近海地震的灾害预防、紧急对应、灾后重建等防灾的不同阶段做了充分的准备①。

11日14时46分地震发生后，日本首相官邸的危机管理中心监测到地震信息后即刻设立首相官邸对策室。受到地震和海啸重创的岩手县、宫城县、青森县地方政府在14时46分设立地方政府灾害对策指挥部，福岛县政府和茨城县政府分别在15时05分，15时10分设立灾害对策指挥部。

① 吴新燕．日本东海岸9．0级地震应对给我国地震应急的启示．国际地震动态，2011，4（44）

地震发生3分钟后，日本气象厅向沿海37个市村町发出了大海啸和海啸警报。正在参加国会预算会议的首相停止会议，14时50分，菅直人在紧急官邸对策室召集各部门的应急管理紧急会议，并连续下达四项指示：确认灾情和震情，确保居民的安全和采取初期避难措施，确保生命线和恢复交通，竭尽全力向灾民提供确切的信息。

3. 自卫队应对措施与过程

日本实行地方自治，未经地方行政长官允许，自卫队不可擅入地方辖区。震后第一时间，防卫省先于内阁设立了省内的“灾害对策部”，3个重灾区的行政长官均向防卫省发出了派兵救灾的请求，并紧急履行了派兵的法律程序。11日地震发生6分钟后，岩手县知事向自卫队提出派兵请求。15时01分，自卫队东北方面航空队马上派遣直升机到灾区调查灾情。15时02分，宫城县知事向自卫队东北方面总监提出请求。三分钟后，航空自卫队三泽基地和小松基地各自起飞两架F-15战斗机，海上自卫队派遣1架P-3C飞机飞赴灾区。

15时27分，菅直人授权防卫相北泽俊美给自卫队最大限度的活动权限。北泽俊美下令，包括陆海空8 000多名自卫队员、300架飞机、40艘舰船的救灾队伍做好准备赶去灾区。15时30分，海上自卫队从4个基地派遣5架飞机出发。18时，防卫省发布大规模灾害应对派遣自卫队命令，开始大规模地派兵进行抢险救援。12日上午，自卫队人员扩大到2万人，飞机大约190架、舰艇25艘。12日11时30分，菅直人第四次召开紧急对策本部全体会议，派遣5万名陆海空自卫队员参与救助。

11日19时30分，防卫厅发出应对核灾害派遣命令。当地驻兵的福岛市陆上自卫队80人进驻福岛第一核电炉。陆上自卫队中央特殊武器防护队24人驾驶化学防护车前往现场检查核能是否泄漏。

4. 应对核辐射措施与过程

日本大地震引发了福岛县第一核电站1号机组发生的氢气爆炸，大地震造成机组内用于冷却的液体水位下降，产生的氢气泄漏到安全壳和外墙之间接触了氧气，产生爆炸。经过专家现场鉴定，在距离爆炸点15公里处测出了1 015毫希的放射量。核辐射幸而没有发生，但放射性物质泄漏事实上确实存在，泄漏的放射性物质是铯。为了保护福岛县附近居民免受核辐射，日本政府采取了以下应对措施。

第一，马上疏散核电站附近居民。根据福岛县发出的指示，距离福岛县第一核电站1号机组20公里半径范围内的居民、距离2号机组10公里半径范围内的居民，共约30万人要马上撤离，以免遭受辐射的危险。截至12日晚，核电站周边的大熊町、双叶町居民已基本撤离完毕。

第二，军方立即介入除染。日本自卫军中央特殊武器防护队在首相菅直人的命令下，派遣6辆除染车进入爆炸现场附近开展除染工作。

第三，政府马上组织向可能受影响的居民派发药物。根据当时日本政府发布的最新消息，政府将会向受影响地区的居民派发碘片服用，防止身体吸入辐射。此外，日本政府还发布指引，要受影响地区居民避免皮肤裸露在外，关闭所有门窗，停止运作一切空调系统，避免吸入或吸收辐射。

第四，用海水灌注反应堆。东京电力公司把海水注入反应堆，避免因冷却水位下降再次引起氢气爆炸。但整个过程可能长达十天①。

5. 政府震情信息公开

地震发生后，日本政府高度重视媒体在危机管理中的作用，充分发挥媒体的作用，积极与媒体进行沟通协调，并通过媒体向社会各界公布受灾情况以及应对措施。3月12日3时，官房长官枝野幸男召开记者会，向媒体通报死亡人数及救灾举措，表达政府透明处理事故的意愿；16时50分，首相菅直人举行震后首次记者会，呼吁民众从媒体收看收听政府的信息；政府通过媒体播放受灾情况和安民告示信息；首相官方网页上开设了“东北地方太平洋地震应对”专栏，发布首相和官房长官发布的命令、应对措施和主要记者招待会的录像等信息；主管消防厅的总务省在网上公布各地的消防局和消防队收集而汇总的灾情；消防厅除了公布抢险救灾和灾情外，首次开设“灾情Twitter”（微博），提供灾情信息交流；此外，主管道路、铁路、机场等基础设施的国土交通省在网页上公布了长达71页的灾情报告，其他中央部门和派驻灾区的分支机构也在网上公布信息②。

（二）民众的防灾救灾及自救意识

从整个抗震救灾过程来看，日本民众在面对地震灾害时表现出了镇静、

① 百度文库. 日本人如何应对大地震中的核电站事故，http://wenku.baidu.com/view/a88d240e76c66137ee06197a.html，2011－06－10

② 赵珣. 试论公共危机中政府与媒体合作之必要性及原则—以日本政府和媒体联系应对“3·11”地震为例. 东南传媒，2011（4）

有序和坚韧的优良反应。

地震发生后，日本广播电视媒体会立即发布地震的震级、震中位置等细节。随后就立即确认是否会发生海啸，以及海啸可能的影响范围。日本的海啸预警系统建立于1952年，是世界上最完善的海啸预警系统之一。一般地震发生后3分钟内就可以发出海啸预警。海啸预警发出后，所有的电视台都会发布一份详细的地图，告知每个地区可能的海浪高度和预警级别。这份地图会一直保持在电视台各个频道节目的屏幕右上方，直到预警取消。

根据日本的有关规定，日本大部分城市都有高音广播系统，对海啸的到来发出最后预警。在乡村，当地政府会发给居民收音机，确保他们能及时得到疏散的信息。地处海边的城市和村镇，有些在高处建有避难所，有些地方还修建了防波堤。

日本人从很小的时候就被培养建立防震意识。在小学中就经常进行地震预演，让孩子们学会在地震发生时及时躲到书桌底下。一名36岁的东京市民震后接受电话采访时说："我们从小学时就至少每年进行一次地震预演，知道发生地震时要躲在桌子底下，然后要戴上头盔跑到空旷地带。所有的日本人都知道这些。"

成年人则对自己家附近的避难所位置非常清楚，这些避难所一般都是体育场所或公园。即使不在家附近，马路上或车站里的地图都明确标示附近2到3个避难所的位置，方便行人前往。

如果地震发生时正好在家中，日本人会立即关上煤气阀门或者使用震时能自动关闭的煤气炉。人们还会保持门口和走廊没有杂物，以方便逃生。此外，人们在平时就注意将放置重物的书橱、柜子等固定到墙上。在家中准备好平均每人3升的饮用水以及一些不需要加工的食品。大部分日本人家中还准备了双肩背的书包（可以解放双手）、收音机、手电筒和零钱（用于使用街边的投币电话）。

日本的高层建筑在设计时就考虑到发生地震时如何尽量保持建筑物平衡，以免倒塌。所有的建筑物都要定期接受抗震评估，检查其房顶和地基是否能承受强烈晃动。如果不能通过评估，建筑物就必须进行改造，甚至推倒重建。因此，日本人在买房子或租房子时非常注意房屋的年限，使用15年以上的房屋很有可能会"遭到"改造或重建。如果地震达到一定震级，日本的高速铁

路和核电站会自动关闭[1]。

（三）国际救援

1．中国

根据日本地震海啸灾区需求和日本政府请求，中国政府派出由15名经验丰富的队员组成的中国国际救援队，于3月13日早晨从北京首都机场出发，乘坐民航包机飞赴日本地震海啸灾区实施人道主义救援。据此次中国国际救援队领队、中国地震局应急救援司副司长尹光辉介绍，救援队此行携带包括搜救设备、保障物资等在内的4吨物资，队伍中有7名搜救队员和1名医生。此次救援行动的主要任务是搜救幸存人员，并协助灾区供电、通信等设备的保障。到达灾区后，救援队将与当地使领馆和政府部门密切沟通，了解灾情，制订进一步行动计划[2]。

2．美国

应日本政府的请求，美国核管理委员会于3月15日增派9名专家赶赴日本，协助处理因地震引发的核事故带来的安全危机。核管理委员会表示，此次派出的第一批专家已于周一晚上从美国启程，预计两天后抵达。小组成员包括几名核反应专家、国际事务专家以及一名来自美国核管理委员会的高级管理人员。他们此行的目的是采取一切可能的措施安全关闭日本的核反应堆，更深入地调查核泄漏对受污染地区的人和环境可能造成的影响。如有需要，他们将为日方的决策提供意见和技术支持，并动用美国核管理委员会总部的专家资源[3]。

3．英国

3月14日，英国外交部宣布，外长黑格已致电日本外长，表示如果有必要，英国将帮助日本政府应对核电危机并提供专业意见[4]。

---

① 新华国际．外媒：日本应对地震手段全球领先，http：//www．chinadaily．com．cn/micro－reading/dzh/2011－03－13/content_ 2001444．html，2011－06－10

② 新华网．15名中国国际救援队员赴日本地震海啸灾区救援，http：//www．weather．com．cn/zt/ty/1284432．shtml，2011－06－10

③ 中新网．美国：加派专家赴日，协助解决核安全危机，http：//www．weather．com．cn/zt/ty/1288031．shtml，2011－06－10

④ 新浪网．英国外长表示将帮助日本应对核电危机，http：//www．weather．com．cn/zt/ty/1285548．shtml，2011－06－10

4. 韩国

韩国地震救援队3月12日抵达羽田机场，赶赴东日本大地震灾区救灾。除驻日美军以外，这是第一支抵日的外国救援队①。

三、日本地震及引发灾害的应急管理评析

（一）日本自然灾害应急条件的背景分析

1. 日本地理环境

日本位于太平洋西岸，虽然国土面积只有37万平方公里，但是从它的地理位置、地形、地质、气象等自然条件来看，却是一个地震、台风、暴雨、火山爆发等自然灾害容易发生的国家。

日本列岛的附近有太平洋板块、菲律宾海板块、北美板块、欧亚大陆板块。日本列岛正好位于这世界四大板块的活动地带。太平洋板块和菲律宾海板块向北美板块和欧亚大陆板块的下面俯冲挤压，形成由五大岛弧（弧形状列岛）和五大深海沟构成的日本地形，并导致日本成为世界上地震和火山多发的国家。

根据日本内阁府的资料，在1994年至2003年全世界发生的960个6级以上的地震中，日本有220个，占22.9%。2003年全年的有感地震有2 179次。日本位于环太平洋火山地带，全世界大约有活火山1 520座，日本境内有108座，占全世界的7.1%。

2. 日本政府的防灾减灾机制

由于日本地理环境特殊，决定了其是一个自然灾害高发的国家。日本政府在一次次面对自然灾害的同时，逐渐建立起了一系列的防灾减灾机制，包括法制的健全、体制的完善、教育宣传的普及等。

目前日本已经形成了一个以国家危机管理法制为依托的全政府式危机管理组织体制，该体制包括首相召集的中央防灾会议与安全保障会议以及负责协调与实施具体措施的内阁官房组成。内阁总理大臣为最高指挥官，内阁官房（相当于中国的国务院办公室）负责整体协调和联络，通过安全保障会议、

① 中新网. 韩国地震搜救队成首支抵日国际救援队，http：//www. weather. com. cn/zt/ty/1284438. shtml，2011－06－10

中央防灾会议以及相关省厅负责人紧急协议等决策机构制定危机应对对策，由国土厅、气象厅、防卫厅和消防厅等部门负责制定具体实施的组织制度。

在这一体制下，中央各部门和地方政府分别建有各自的危机管理体系。在地方则建立了知事直管型的全政府式危机管理组织体制，相应也有地方防灾会议。一般情况下，上一级政府主要向下一级政府提供工作指导、技术、资金等支持，不直接参与管理。

虽然日本的应急管理机制目前已处于亚洲乃至世界的前列，但是，这次日本地震及其引发的海啸与核电站的重大事故灾难是对日本应急管理体制的又一次检验与挑战，下面将对日本此次应急管理措施进行分析与评价。

（二）日本地震应急措施分析评估

尽管有精密的地震仪器、透彻的地震研究以及优良的防震措施，然而，3月11日下午1时46分发生在日本本州东北宫城县东部海面的9.0级大地震，仍以突然袭击的方式重创了这个国家。地震引发海啸，导致福岛核电站发生核泄漏，灾难深重，满目疮痍，震惊世界。通过对日本此次灾难的初步分析，我们对日本应急管理的成功与不足进行了初步的分析和总结。

1. 预警能力有待提高，应急管理存在漏洞

日本气象厅预报部作为灾害预报的主要部门，在收到地震信息后，通过电波传送，确定地震的大小、范围，并在地震可能波及的范围内，向日本民众发出紧急地震速报短信："紧急地震速报！请对强烈摇晃做准备。"

但是该短信却仅仅比地震提前了10多秒，而且在东京有许多人声称自己并没有收到短信。日本气象厅发言人田代诚司称："我必须得承认，日本气象厅没有成功预报此次日本大地震。"他进一步指出，电视、广播、手机短信、电台都有发布速报信息，所以电视观众可以看到这样一幅画面——主持人迅速宣布地震即将到来，此后演播室里开始剧烈摇晃。这会给人造成一种错觉——我们预报了地震，而事实不是这样的，我们只是打了一个小小的时间差。

另据日本媒体披露，东电为保资产贻误战机。福岛第一核电站首次发生爆炸的1小时后，东电还没有向日本首相府报告这一消息，以至于首相菅直人直接冲到东电总部大发雷霆。随着核危机的持续发酵，东电屡次篡改核辐射数据的劣迹一再被曝光。

3月14日下午，东电开始向2号机组反应堆注入海水以实施冷却。但几个小时后，大约4米长的核燃料棒完全暴露在水面外，持续时间超过两个小

时。据报道，原因竟然是水泵的燃料供应中断，导致注水停止。这种低级失误其实只要调配专人负责查看即可避免。

东电27日上午公布，福岛第一核电站2号机组地面积水的辐射物质浓度陡增到正常值的1 000万倍，这个数字把日本社会甚至整个世界都吓了一跳。但到了28日凌晨，东电又改口称数字有误，有可能把真实情况夸大了“10万倍”，需重新检测。核污染指数这么重大的数据，日本方面发布起来如此轻率，颇令世界舆论困惑。

2. 政府行动迟缓，固步自封

日本政府被指救援迟缓。地震一周后，大量承载救灾物资的车辆才开始驶往灾区。23日，部分重灾区的避难所仍旧实行饭团配给，“官僚政治”的传统拖后了救灾进程。一些愿意提供帮助的企业、外国医生等因为种种约束而无法展开救援。部分民众埋怨，所有的事情都需要通过政府批准，远远跟不上救灾的步伐。而石油储备量位居世界第二的日本，油荒竟然持续了十余日，相比之下，民间力量却成为物资援助的主力。①

另外，日本政府起初拒绝外国参与核电站抢险，直到3月16日才无奈地向万里之外的美国求援，此时已经错过了控制核泄漏的最佳时机。有分析称，东电的“隐瞒”与监管部门之间的“官企利益链”，是酿成这场特大天灾中的人为因素。“这不是危机管理而是管理的危机”。

据《读卖新闻》报道，美国政府曾在地震当天获悉福岛核电站冷却系统出现故障时，提出向日本提供技术支援，却被拒绝。当初东电表示自己可以处理，没有必要接受外国援助。

此外，日本政府直到3月15日才正式向国际原子能机构提出派遣专家协助应对核危机的请求。而在核灾难持续整整3个星期后，人们才看到了擅长处理核事故的美国特种部队空降日本国土。

3. 民众自救互助能力强

地震后，日本民众给世界人民留下了深刻的印象。面对灾难，他们表现得冷静而有序。关于停电，他们没有任何抱怨，一切听从国家安排；去超市买东西，墙上的告示说鸡蛋每人限买一盒，绝不会有人拿两盒；地铁站门口排着几百人等出租车，却仍然井然有序。

企业界亦加入救灾行列，强震发生仅5分钟，日本公共电话的国内通话

---

① 雅虎网．http：//news．cn．yahoo．com/ypen/20110327/278198．html，2011－06－10

即自动转为免费；三得利饮料公司旗下的自动贩售机全部免费；便利连锁企业7－11免费提供食品和饮用水；连锁电器站Bigcamera免费提供手机电池；全日空航空公司到4月15日免费为一切救援物资提供国际、国内航线的运输，大部分银行允许客户只要提供驾驶证等身份证明，就能支取10万日元现金；汽车企业自行决定停止生产以节约能源……

面对灾难，企业能提供的不仅仅是金钱，而是从善心到善行，主动去承担社会责任，尽力恢复民众的信心。众多的日本企业还来不及计算自身的损失，就纷纷启动应急救灾机制，完全不需要政府发出号令，这种深入肌理的社会责任感令人敬佩。

（三）日本地震的启示与借鉴

当灾难来临时，无论是公共媒体或私人媒体，服务社会、稳定人心的责任都是一样的。“3·11”地震发生后，日本民众之所以能够这么镇定地疏散与实施自救互助措施，是与平时政府周密的防震工作和防震教育密不可分的。在日本，由于地震频发，防灾意识深入人心，周全的防震设备和日常防震训练让人们在地震真正来临时做到镇定有序，不慌不乱；而近乎强制性的地震保险也让地震带来的损失降到最低。从这次日本大地震中，我们也应吸取一些深刻的教训和经验。

1. 斩断地质灾害链

日本是地震多发的国家，处于太平洋板块、欧亚板块及北美板块的交界地带。日本对房屋的防震相当重视，也有丰富的经验。例如，他们特别注意基础防震，并加强建筑结构中、低层的抗震能力。但是，日本在防备诱发海啸及其他灾害方面，还没有相应的防护与预警安全措施。

我国也是地震多发国家，特别是西南的云南、四川以及西北的新疆等地区，还有东南沿海至香港海域等地区也有活动断裂带。有人认为我国东南沿海没有产生诱发海啸的地形条件，但这仍需要作具体研究与分析。有一点是可以肯定的，地震诱发如滑坡、泥石流等其他地质灾害的可能性是存在的，其危害性是很大的。

因此，加强地震危险地带的监测，完善海域（领海）的传感监测设施；对地震易发及可能产生更多诱发性地质灾害的地带、对人民生命财产可能有严重威胁的地区，预先采取防治措施，其目的就是要斩断地震诱发的地质灾害链。

2. 重视对核电站的选址

我国核电站正处于发展的高潮，目前有20多个机组正在国内进行制造，今后核电站将会不断投入电网。在以往的核电站建设中，有关部门都注意到了选址问题，但以往只是从断层性质上去考虑，或挑选安全岛以建立核电站，但对相关灾害威胁还没有引起更多地注意。例如核电站是否有抵御附近泥石流、滑坡等地质灾害威胁的能力，是否可抵抗强烈风暴潮、海平面上升与海啸的威胁等。这方面就很需要对已建的和将建的核电站进行一次抗灾能力及风险评估，以便采取相应的补救措施。

3. 保障城市的水源与能源安全

这次日本福岛核电站发生的核泄漏是否会造成重大灾难，目前尚难断定。但是，邻近地区的人民都担忧事故对地表饮用水造成核污染，因此很多人不敢饮用自来水。

针对我国人口密集的城市，以及有重要设施（核电站等）的城市，都应注意到水源和能源的安全。这样才能在发生地震或其他大的自然灾害时做到防患于未然，收到防灾减灾的功效。但是，要解决这问题，也非一朝一夕之事，我们应当从此次日本地震事件中更好地领悟到其迫切性与必要性。

4. 提高建筑物的抗震能力

日本对建筑物的抗震是很注意的，但只考虑到抗8级地震的要求，而没有考虑抵御9级地震。即使如此，这次由地震造成建筑物的破坏情况不是特别严重。而我国只有五六级地震就可造成较多的房屋破坏。

我国以往民用建筑对抗震的考虑是较少的，特别是早期的山区民间住房以及早期建设的小城市。汶川地震三年了，我国地域广阔，人口众多，不可能在这两年内都把民间住房予以改造，增加其抗震能力。虽然如此，我国也应采取相应的措施，以增强建筑的抗震能力。首先应当对有可能发生强地震地区，对有关民居及公共建筑进行抗灾能力的评估，再对抗灾能力低的建筑分批地进行加固，或者构筑公共安全避难所，并确保其在发生灾害之时得以投入使用。

5. 加强全民防灾减灾意识

日本民众对地震的防范意识较强，日常生活中的防震教育与防震措施比较周全。日本人从幼儿园起就开始接受防震常识及应急避险训练，有关自然灾害的教育是中小学的必修课。平时，中小学生同样会进行防震训练，时间由学校确定，如果邀请家长参加，训练内容就会难一些，多一些。幼儿园也常有非正规的防震演习。[1] 应急管理全民教育的作用与意义可以从此次事件中得到充分的体现。

我国应当提高全民族对地震等灾害的防灾避灾意识和能力，如推行地震等避险知识进校园、进社区，并充分发挥公众媒体优势，持续做好地震等防灾减灾知识的宣传教育工作。[2] 建立系统而全面的应急管理全民教育机制并保证其有效实施，是我国当前应急管理工作的首要任务。

四、思考与讨论

1. 地震灾害的基本特点是什么？地震灾害应如何建立预防预警机制？预防预警机制建立的难点在哪里？

2. 日本政府是如何应对地震灾害的？日本民众是如何应对地震灾害的？日本政府和民众应对地震灾害的措施对我国有何借鉴意义？

3. 日本政府应对地震灾害的举动有哪些优点和不足之处？结合我国汶川大地震中我国政府的应对措施进行比较和评析。

本章学习要点

本章选编了四篇应对自然灾害应急管理的案例，第一篇是2007年8月我国南方一些省份抗击“圣帕”特大强台风的纪实；第二篇是2008年“5·12”汶川大地震的抗震救灾过程；第三篇是2008年初我国南方十省份抗击特大冰雪灾害的经历；第四篇是日本在2011年“3·11”地震中的应对情况。这四篇案例反映了人们在抗击自然灾害的应急管理中的共同特点：

1. 按照应急管理的基本原理，对自然灾害实施预防预警、应急处理和灾害重建的管理工作，有条不紊地抗击自然灾害，使我国在自然灾害的应急管理方面更加科学。

2. 各级政府和相关部门在应对自然灾害过程中，决策能力、联动能力、协调能力都得到了锻炼和提高，积累了一定的经验，为今后应对类似自然灾害积累了宝贵的借鉴指导经验。

3. 案例也反映出一些有待改进的问题，比如公众的预防预警意识需要进

---

① 雅虎网. http://news.cn.yahoo.com/ypen/20110312/255458.html, 2011-06-08

② 雅虎网. http://news.cn.yahoo.com/ypen/20110313/255813.html, 2011-06-08

一步提高；应对自然灾害的硬件设施设备需要更先进和高科技的配置；救援技术和技能需要进一步训练和提高；条块分割的现象有待改善。

4. 国家有关抗击自然灾害的法律法规和预案等相关规定逐步完善，已在抗击自然灾害的实际过程中起到非常重要的指导作用。这证明我国在应对自然灾害的应急管理中将能够有法可依，实现法制化管理。

关键术语

自然灾害　抗台风　战冰雪　抗震救灾

补充读物

案例选编的目的是为了让读者更好地了解案例事实，从中分析总结经验教训，学习应急管理的基本原理、技能和方法。在分析判断方面我们还需要借鉴一些相关的理论知识和先进的经验。就自然灾害的应急管理方面，我们建议了解以下知识：

1. 抗击地震灾害方面的法律规范及预案：《防震减灾法》、《破坏性地震应急条例》、《地震灾情上报暂行规定》、《国家自然灾害救助应急预案》、《国家地震应急预案》。

2. 抗击台风及气象灾害方面的法律规范及预案：《防洪法》、《国家自然灾害救助应急预案》、《国家防汛抗旱应急预案》。

3. 应急管理方面的理论及原理：罗伯特·希思（Robert Heath）的“危机管理过程理论”，即对危机前、危机中、危机后所有方面的管理；“危机管理类型界定原理和方法”；“危机管理程序设计理论和危机管理模型”。

参考案例

1. 宁洱“6·3”抗震记
2. 江西九江“11·26”抗震记
3. 抗击台风“桑美”记

第二章　事故灾难

本章概述

本章收集了重庆开县“12·23”井喷事故、深圳“9·20”火灾事故和三鹿奶粉事件三个案例，通过对这三个案例的分析和反思，可以了解对生产安全事故与产品质量安全事故等突发性危机进行应急管理的基本措施与应对原则，以及应急管理类似事故相关的基本原理和概念。学习此章节，目的在于能够分析和判断事故危机产生的问题与原因；掌握对基本的事故危机的预防预警、应对处理、过程控制、事后恢复重建等应急管理策略和技能。

第一节　重庆开县“12·23”井喷事故

一、重庆开县“12·23”特大井喷事故概况及原因分析

（一）重庆“12·23”特大井喷事故概况

2003年12月23日，位于重庆东北角的开县一片祥和喜悦，大家已在准备杀猪过年，人人都沉浸在辞旧迎新的快乐和对未来幸福生活的美好憧憬中。但是，入夜后不久，一场巨大的灾难突然降临，一口天然气井忽然变成面目狰狞的魔鬼，使这个岁末的星期二成了令147万开县人刻骨铭心的日子。

当天晚上9点15分左右，由中石油四川石油管理局川东钻探公司承钻的、位于开县境内的罗家16号井，在起钻过程中发生天然气井喷失控，引发了一场特大井喷事故，从井内喷出大量含有高浓度硫化氢的天然气。高于正常值6 000倍的硫化氢如同一个从地下释放出来的魔鬼，凶神恶煞地迅速向四周扩散，扑向毫无准备的村庄和集镇。虽然经过多方全力抢险救援，但仍然有243人因硫化氢中毒死亡，4 000多人受伤，6万多人被疏散转移，9.3万余人受灾①，直接经济损失高达6 432.31万元。

（二）事故发生的基本原因

据有关专家介绍，井喷现象在石油和天然气开采过程中十分常见，其本身并不是事故，只是一种灾害现象。但中石油川东北气矿特大井喷事故造成的后果之触目惊心，在国内乃至世界气井井喷史上也是罕见的。为什么普通的灾害现象会演变成一场严重的事故，造成重大的损失，其中的原因值得我们深刻反思。

1. 引发事故的直接原因

引发事故的直接原因是一个技术性问题。但是很明显，重庆“12·23”特大井喷事故是一起重大责任事故。国务院派出的事故调查组已经对事故性质作出了结论。6名事故责任人已经由重庆市人民检察院第二分院向重庆市第二中级人民法院提起刑事诉讼。引发这起事故的直接原因如下：

（1）罗家16号井现场组技术负责人王建东，为了更换已经损坏的测斜仪，在明知卸下回压阀可能造成井喷事故的情况下，还向技术员宋涛提出卸下回压阀的钻具组合方案。而面对这一明显的违规行为，作为现场技术人员的宋涛却没有提出异议。一个看似无关紧要的“回压阀”成了这场灾难的“引子”。

（2）作为钻井12队队长，吴斌也知道用此方案是在“玩火”，但他既未向上级汇报，也未采取任何措施制止这一违反操作规程的行为，消除隐患，而是放任有关人员违章操作，结果导致事故发生。

（3）四川石油管理局川东钻探公司钻井12队副司钻向一明无视规定，他在带领4名工人在罗家16号井进行钻具起钻操作的过程中违反作业规则，在

① 天津北方网．中石油川东北气矿井喷事故：突发灾难再检讨，http：//www.managers.org.cn/mag/doc/ucman200502/ucman20050201.doc，2009-03-01

起了6柱钻杆后才灌注钻井液1次，致使井内液压力下降，违反了单位有关操作规程细则中“起钻中必须严格按照要求，每起3柱至5柱灌钻井液1次”的规定及川探12队针对罗家16号井高含硫天然气井的特点所作出的每3柱灌满1次的规定。事故专家组的鉴定报告也证实了向一明的过失，报告认为：起钻过程中存在违章操作，钻井液灌注不符合规定是造成溢流并导致井喷的主要原因。

（4）录井工肖先素在罗家16号井录井房值班，负责对钻井作业进行监测，23日18时40分至19时40分，录井记录已显示有9柱钻井液未灌注泥浆的严重违章行为，肖先素均未及时发现；之后，她发现了却未立即警告并予以监督纠正，违反有关规定，从而丧失了最后一次将事故扼制在萌芽状态的时机①。

2. 导致事故扩大，造成重大损失的主要原因

发生事故的川东北16号井地形复杂，勘探难度大，井喷事故是可能发生的，但承担此项钻井工程的中石油集团川东钻井公司无论是钻井技术还是设备都属一流水平，如果操作得当，完全可以避免气井井喷，或是将灾难苗头扼杀在萌芽状态。

由于一系列的违规操作，导致了事故的发生。但即使事故已经发生，也并不一定会如此严重，以至难以控制，同时，也并不一定会造成如此重大的人员伤亡。而导致事故扩大，造成重大损失的主要原因是危机管理机制的缺失，这也是本书要讨论的重点。

（1）中石油集团川东钻井公司虽然钻井技术和设备都属一流水平，但公司上下都对安全生产缺乏足够的认识，尤其是对可能发生的重大事故缺乏思想准备、组织准备和技术准备。中石油集团上下虽然也制定有一系列安全操作规范，如中华人民共和国石油天然气集团公司《石油与天然气钻井井控规定》、四川石油管理局《钻井技术操作规程》等，但这些操作规范根本没有得到工作人员的认真贯彻执行，只是成为蒙混上级的摆设。因此，才会出现层层违章作业，对安全设计的层层“关口”没有一道真正起到了把关的作用，从而导致了重大事故的发生。

（2）中石油集团川东钻井公司对可能出现的重大事故缺乏行之有效的预

---

① 中新网. 重庆开县“12·23”井喷事故中6名嫌犯主要责任，http：//www. managers. org. cn/mag/doc/ucman200502/ucman20050201. doc，2009-03-01

警机制，一旦发生事故，公司上下一片混乱，根本无法从容应对。从制度层面看，中石油集团和川东钻井公司也制定了一些应急措施，如中国石油和天然气业界普遍认可的《石油和天然气工业健康、安全与环境管理体系》，其中有一个章节专门针对应急计划，包括应急情况分类；紧急情况报告程序、联系人员和联系方法；现场应急报警程序；火灾及爆炸应急程序；油料、燃料及其他有毒物质泄漏应急措施；井漏、井涌、井喷应急措施；放射性物质危害应急措施；现场急救医疗措施；恶劣天气应急程序；其他应急措施和程序等。川东钻探公司也制定有《应急工作手册》，其中包括井台须为每个当班钻井工人配备专用呼吸仪，并配置公用呼吸仪，还包括一旦有井喷发生，应有消防车、救护车、医护人员和技术安全人员在井场值班等，然而当“12·23”井喷事故暴发时，人们既没有看到钻井工人面戴呼吸仪自救和救人，也没有见到消防车、救护车飞驰而来①，说明这些措施根本没有落到实处。

（3）在事故苗头初露时，中石油集团川东钻井公司未能及时有效地采取预控措施，把事故控制在萌芽状态，这是导致事故扩大和升级的主要原因。事故发生后，中石油集团川东钻井公司成立了应急指挥中心，由公司副经理、总工程师吴华任公司应急指挥中心主任，但由于平时准备不充分，对事故的危害性认识不足，在应急处理过程中出现了重大决策错误，即没有把事故现场周围群众的生命安全放在首位，未能及时放喷点火制止含有高浓度硫化氢的天然气扩散，致使井喷事故扩大，造成重大人员伤亡，从而使重庆“12·23”气矿井喷事故从一个一般安全事故恶化为一个令世界震惊的特大事故，也是世界石油天然气开采史上最惨痛的事故之一。

（4）与其他地区的油气田相比，四川盆地的油气田在地质构造、天然气含量等方面具有特殊性。四川气田的天然气中普遍含有硫化氢，一般含量为1%~2%，有的甚至高达16%，此次出事的川东北气矿罗家16号井便是如此。井喷时它的硫化氢含量更是惊人，在正常值的6 000倍以上。既然知道硫化氢的危险，作为一个颇具实力的专业公司，中石油集团川东钻井公司完全应该预见到井喷事故的巨大杀伤力，从而制定出较为完善的重大事故应急预案。然而事实却大相径庭，川东钻井公司该做的几乎都没有做。

第一，中石油选择方圆数里驻有上万居民的地方开采硫化氢气井，虽有

① 新华网．问责中石油——“12·23”特大事故的反思，http://www.managers.org.cn/mag/doc/ucman200502/ucman20050201.doc，2009-03-01

生产效率方面的合理考虑，但既然作出这样的选择，企业对当地的居民安全和环境保护便负有不可推卸的责任。在这里，最起码的责任包括在当地单位范围内平均安装一部硫化氢检测仪，对居民进行预防事故发生的安全教育，并且制订和落实在意外发生时组织居民迅速撤退的应急方案等。当今世界，石油企业应承担环境保护责任已经是业内外之共识。

第二，中石油集团川东钻井公司在防止事故发生工作上单打独斗，未与地方政府进行必要的沟通和协调，致使地方政府的危机管理机制未能发挥应有的作用。当地的干部和农民事先均对可能面对的危险一无所知，开县受害乡镇的农民普遍不知道天然气开采可能产生毒气，更没有听说过“硫化氢”这个词。因此，在这种情况下，一旦发生事故，村民迅速自觉有序地应急撤离当然无从谈起。当井喷事故发生后，开县县政府接到钻井队的报告电话时，已是晚上 11 时 25 分左右，离井喷时间已过了 1 个半小时，而受害最深的高桥镇镇政府却一直没有接到钻井队的电话①。对于离井喷地点不到 1 公里地的高桥镇来说，这种延误和忽略是致命的，地方政府来不及通知每一家农户迅速转移。虽然在接到县里电话后的 10 分钟内，高桥镇迅速通过放广播、打电话、拉警报、挨家敲门等各种手段通知各家各户转移，但许多村民早已在毫无准备的情况下被可怕的“臭鸡蛋”味气体夺去了生命②。

二、事故的应对与处理

中石油川东油田发生的天然气井喷事故引起了社会广泛关注。党中央、国务院领导表示高度重视，胡锦涛、温家宝等党和国家领导人作出了重要批示。中石油、重庆市和当地各级政府全力搜救中毒和遇难人员，积极组织抢险救灾的处理工作。

（一）从井喷到压井封堵成功的施救过程

“12·23”井喷的剧烈程度在我国是史无前例的，其来势特别猛烈，富含

---

① 新华网．面对 243 位逝者无声的拷问，http：//www.managers.org.cn/mag/doc/ucman200502/ucman20050201.doc，2009 - 03 - 01

② 新华网．面对 243 位逝者无声的拷问，http：//www.managers.org.cn/mag/doc/ucman200502/ucman20050201.doc，2009 - 03 - 01

硫化氢的气体从钻具水眼喷涌达30米高程，硫化氢浓度达到100μg/g以上，失控的有毒气体随空气迅速传播，导致在短时间内发生大面积的灾害。

12月23日23时左右，重庆市人民政府值班室接到市安监局关于川东北矿区发生井喷的报告，并于23时30分通知了开县人民政府。开县县委、县政府高度重视，并迅速反应，当即通知高桥镇党委政府，命令以最快的速度组织群众向安全地带疏散转移，并致电附近的正坝镇、麻柳乡，请求他们给予人力、车辆方面的支援。

12月24日凌晨2时10分，开县县政府领导率领的包括公安民警、消防官兵、医务人员、抢险队员在内的50余人先遣队伍赶赴事故现场，与先期到达正组织疏散群众的高桥镇和周边乡镇的机关干部会合。当时，大量喷出的硫化氢气体正随风扩散，刺鼻气味十分浓烈。先遣队迅速聚合人力，制订方案，调集和征用各种车辆，指挥场镇和钻井场周围的群众向3公里以外的齐力工作站、高升煤矿等安全地带疏散转移。由于事故发生时正值深夜，加上灾区交通和通信不便，虽经多种努力，仍难保证灾区群众全部得到转移。在井喷未得到控制前，现场有毒气体浓度太高，无法组织力量进入现场施救。

12月24日下午，重庆市副市长吴家农率十几个部门赶到开县，并担任"'12·23'天然气井喷事故抢险指挥部"指挥长。

12月24日15时，发生井喷的主管道被成功封堵，16时，防喷管线实施点火，硫化氢气体不再扩散，空气中硫化氢气体浓度逐渐降低。

12月24日晚，抢险指挥部进入灾区进行搜救，安排警力460名，消防车4辆，防毒面具100套，组成20个搜救组，全面展开搜救行动。

12月24日22时，从现场撤出的人员发现有65人中毒，其中8人经抢救无效死亡，其余57人均暂无生命危险。

12月25日凌晨，一名婴儿在前往医院途中死亡，死亡人数增至9人。

12月25日早晨6时，公安部门落实进入高桥镇小阳村、高旺村两个重灾区开展搜救工作的线路及程序。上午10时，20个组携带石油部门提供的硫化氢探测器进入小阳村、高旺村。

12月25日，胡锦涛、温家宝等领导作出重要批示，要求地方和有关部门全力搜救中毒和遇难人员，防止有毒气体继续扩散，尽量减少伤亡，组织疏散周围群众，安排好群众生活，做好善后工作。同时决定派出以国务委员兼国务院秘书长华建敏为组长的工作组赶赴现场，组织抢险救灾。工作组当天下午便乘飞机赶赴现场。

12 月 25 日，重庆市委书记黄镇东、市长王鸿举赶赴开县。

12 月 25 日 13 时 30 分，受灾区发现尸体 62 具，累计死亡人数达到 71 人。下午继续搜寻，截至 14 时 35 分，新发现尸体 39 具，累计死亡人数达 110 人。截至 17 时 05 分，新发现尸体 54 具，累计死亡人数达 164 人，救出中毒群众 39 人。

12 月 25 日 18 时，进入重灾区小阳村、高旺村两个村进行逐户搜救的 20 个小组全部返回，新发现尸体 27 具，伤员 55 人。至此，累计死亡人数达 191 人，救出中毒者 159 人，其中重危 4 人。

12 月 25 日晚 19 时 10 分左右，国家安全生产监督管理局组成的调查组抵达重庆开县，他们顾不上食宿，立即奔赴川东北气矿天然气“井喷”事故现场展开调查。

12 月 25 日晚，卫生部新闻发言人紧急约见新华社记者，对重庆川东北气矿天然气井喷事故造成大量人员伤亡表示密切关注。卫生部新闻发言人表示，卫生部副部长黄洁夫已赶赴出事地点。由于现场出现大量硫化氢气体，并导致中毒事件，卫生部随时准备派出专家组指导当地救灾及抢救治疗工作。

12 月 26 日凌晨 1 时 15 分，时任国务委员兼国务院秘书长华建敏受党中央、国务院委托，率国务院有关部门组成的工作组到达重庆市开县。国务院工作组抵达开县后立即召开会议，传达了胡锦涛总书记、温家宝总理对井喷事故抢险救灾工作的重要指示，并代表党中央、国务院对重庆市开县受灾群众和参加抢险救灾的广大公安干警、武警官兵、医务人员以及基层干部群众表示慰问。随后，华建敏听取了重庆市委、市政府及有关单位关于“12・23”天然气井喷事故抢险救灾工作的汇报。

根据党中央、国务院领导的指示精神，华建敏对下一步抢险救灾工作作出了部署。华建敏要求，要尽最大努力抢救中毒人员，从清晨开始，立即组成由公安、消防、武警、解放军官兵参加的 80 个搜寻小组，在毒气扩散严重的区域进一步展开拉网式的搜寻抢救，尽最大努力救治伤员。相关部门要继续做好受灾群众的疏散转移工作，妥善安置好受灾群众的生活，保证他们有饭吃、有水喝。要维护好治安秩序，切实保持社会稳定。

华建敏强调，在抢险救灾中，各级党组织、党员干部要以对人民高度负责的精神，尽力抢救受伤群众，搜寻遇难者；要充分发挥各级党组织的政治优势和组织优势，越是有困难、有危险，党员干部越要冲锋在前；要加强组织协调工作，顾全大局，统一行动，确保抢险救灾工作紧张有序地进行。

12 月 26 日，国务院工作组与重庆市政府和中国石油天然气集团公司协商后决定，把川东北天然气矿罗家 16 号井井喷事故压井方案的实施时间从 26 日上午推迟到 27 日上午 10 时，以进一步搜救中毒人员。

12 月 26 日早晨，80 个搜救小组开始新一轮拉网式搜救。新华社记者随同搜救队员横穿井喷中心区。记者看到，事故现场的抢险工作正紧张有序地进行着。现场附近行路较为困难，消防、救护、运送救灾物资的各种车辆密集，各种人员各司其职，紧张地忙碌着。

12 月 26 日上午，华建敏一行慰问受灾群众，检查各项施救、善后工作。

12 月 26 日上午 11 时 45 分，驻渝某集团军防化兵营赶至事故现场协助救灾。

12 月 26 日 15 时 45 分，华建敏一行奔赴川东北气矿“井喷”事故现场，查看井口及周边情况。距离井口只有 50 米左右时，随行记者感到巨大的热浪扑面而来，浓烟在人们头顶升腾，燃气燃烧时发出巨大的“噼啪”声。事故现场附近有救护车、物资车等各种各样的车辆。

12 月 27 日上午 8 时 50 分，事故周围的群众疏散完毕。制服“气魔”的压井抢险作业准备工作也已就绪。9 点，事故气矿压井抢险作业开始。经过近一个小时的努力，压井封堵工作基本成功。11 点，地质结构复杂的川东北气矿罗家 16 号井压井封堵工作正式宣告成功。从事故发生到压井封堵成功，整整经历了 85 个小时。

事故发生后，行政机关采取了多种应急性救助措施。比如安置灾民，从事故发生后到 27 日，开县人民政府就已经安置灾民达 6.4 万人；对病人及时救护，事故发生后开县人民医院、开县中医院以及 15 所乡镇卫生院组织医护人员积极开展救护工作。到 27 日，开县卫生机构共收治灾区病人 10 175 人，其中住院 964 人（重危病人 77 人），门诊 9 211 人。疏散和撤离受硫化氢威胁的人员，事故发生当晚，一支由开县副县长带队，集合了开县安全局、卫生局、县医院医护工作者等人员的队伍，组织转移近万名灾民，他们还在高桥镇设立了指挥部和医疗站，一边救治和转送重病人，一边让群众转移，随着硫化氢的进一步扩散，事发地周围 25 平方公里内的群众都被疏散到安全地带。

（二）事故之后的恢复与重建

井喷压井封堵工作成功，意味着灾后恢复与重建工作的开始。对于此项工作的展开，《突发事件应对法》第五十八条与第五十九条都作了规定。重庆及开县政府与有关部门在恢复和重建过程中采取了以下措施：

1. 清理与焚烧事故核心区的动物尸体

从12月27日下午开始，重庆市卫生局组织了100多名身着防护服、头戴护目镜的卫生防疫人员进入事故核心区，对所有的动物尸体进行逐一登记和集中清理销毁。另外，解放军某部防化分队也参与了此次工作。

2. 对事故核心区进行消毒与监测

清理与焚烧动物尸体工作完毕，重庆市环保、卫生和水利等部门对事故核心地区的饮用水、蔬菜、粮食、水果等进行了有害气体监测和消毒，确保居民的生存环境达到健康标准。

3. 组织灾民重返家园

对事故灾区进行消毒与监测后，从28日上午开始，开县人民政府就调用120辆汽车、600名工作人员，组织事故重灾区的灾民陆续返回自己的家园。

4. 组织开展捐赠与救助工作

事故发生后，开县民政局及妇联等组织立刻开展向灾民捐赠物资等救助活动。截至27日晨，开县民政局已经收到一批全国各地捐赠的紧急救援物款，其中包括棉被2.16万床、棉大衣1.1万件、其他衣物1.8万件、食品3.2万箱、大米150吨、面条35吨、榨菜100箱、现金200多万元。开县妇联组织人员到医院看望住院的妇女儿童，并积极发动妇联组织、妇女群众开展捐赠活动。到28日，开县妇联已募集捐款42 650元、棉被400条、衣物1 200余件。开县工会、团委、科协、残联等社会团体组织也开展了募捐活动。开县本地各乡镇、社区干部群众也踊跃向灾区捐款捐物，共捐赠衣裤30 000件、棉被8 281床、食品11 405箱。另外，中石油集团员工向开县受灾地区的村民捐赠钱物达1 000多万元，重庆红十字会为开县灾区募捐近500万元。

5. 对灾民进行防疫检查

从27日下午1点开始，重庆市卫生局带领开县150名医务人员，分13个组对事故灾区的村民挨家挨户地进行防疫检查，确保灾民身体不受事故侵害。

6. 保险公司理赔

事故发生后，相关保险公司就开始核查损失。其中，中国人寿保险公司涉及理赔的险种主要为学生险、团体意外险和个人意外险，估计赔付总金额有1.06亿元。平安人寿保险公司重庆分公司在26日第一次理赔即支付了6.6万元，后又为27日确认的12名死亡客户进行第二次理赔。另外，平安公司还给客户提供了棉袄、食品、营养品等救灾物资。

7. 中石油川东钻探公司对遇难家属理赔

2004 年 1 月 6 日，中石油川东钻探公司对遇难家属的理赔工作全面展开，共有 190 户遇难家属得到理赔，理赔金额共计 3 000 万元。重庆开县农业银行为“12 · 23”特大井喷事故理赔工作设立了专门工作区，配有由律师、公证人员和政府机关干部共同组成的工作组，随时受理遇难者家属的理赔要求。理赔标准则予以公开，具体标准为 70 岁以下补偿 20 年，70 岁以上的每增加 1 岁减少 1 年，但补偿年限最低不少于 10 年。每人每年补偿 723 元。除此之外，当地政府还对灾民损失的牛、马、猪、鸡等财产设立了高于当地市场价的补偿标准。

8. 召开重建动员大会，建罹难者纪念碑

2004 年 1 月 10 日，开县政府在事故发生地的高桥镇召开事故灾后家园重建动员大会，号召灾区人民积极投身灾后家园重建之中。会上还宣布为“12 · 23”特大井喷事故罹难者建立纪念碑的决议。开县政府表示，建立纪念碑的目的在于，让世人在永远缅怀井喷事故 200 余名罹难者的同时，永远记住这起事故的惨痛教训，牢固地树立安全生产的意识。

三、对存在问题的反思

经过周密的调查取证和分析研究，通过法律程序验证，对事故性质的鉴定终于得出结论：重庆“12 · 23”特大井喷事故是一起生产安全责任事故。事故的发生和对事故的应急处理过程反映出，政府公共危机管理体系的缺失导致应急反应迟钝，再加上监管不到位，这是事故发生、扩大并升级的主要原因。根据当前世界上比较认同的应急管理理论，危机管理可以分成危机前（pre－crisis）、危机（crisis）和危机后（post－crisis）三个大的阶段，每一阶段可再分为不同的子阶段。于是，危机管理大师诺曼 · R. 奥古斯丁（Norman R. Augustine）在此基础上将危机管理过程划分为六个阶段①，即危机的预防、危机管理的准备、危机的确认、危机的控制、危机的处理和从危机中获利。危机管理的关键就是要根据每个阶段的特征情景采取相应的措施。现在我们来根据危机管理的原理，结合本案例中的事实描述，对各个阶段存在的应急

① ［美］诺曼 · R. 奥古斯丁. 对力求规避的危机的管理. 哈佛商业评论，1995（11/12）

管理问题进行逐层分析。

（一）预防、预警和预控阶段中存在的问题

危机管理中的危机前阶段可分为三个子阶段。第一个子阶段是危机预防，即危机征兆出现前的危机管理；第二个子阶段是危机预警，即出现危机征兆后，危机大规模暴发前的危机管理。主要阶段目标是发现信息、处理信息、确认信息和发布信息。第三个子阶段是危机预控，即发现和确认危机征兆后所采取的实质性措施旨在迅速化解危机，避免危机扩大和升级，避免危机大规模暴发。每个阶段的管理都有自己特殊的目标、任务和措施，每个方面的工作都非常重要。

建立公共危机的预防、预警、预控机制是避免危机大规模暴发的有效方法，公共危机的管理能否成功，很大程度上取决于是否建立了较为完善的危机预防、预警和预控机制。也就是说，危机管理成败的关键在于危机前阶段。因此，“预防为主，准备在先”，是现代危机管理的一条重要原则。

从重庆“12·23”井喷事故来看，问题似乎主要反映在应急处理阶段，但仔细分析，问题的根源却在危机前阶段，即危机的预防、预警和预控阶段。“12·23”特大井喷事故在此阶段的各项特征如下：

1. 危机的预防成为摆设

公共危机的预防，是指危机发生前政府和社会所采取的旨在避免危机发生、防止（未来可能发生的）危机扩大、减少危机损失的各种措施，包括思想准备、组织准备、制度准备、物资准备和技术准备。

危机预防是危机管理的第一步，是减少危机发生、减少危机损失的关键，也是其他危机管理措施的基础。危机预防的目的有两个：一是通过平时采取的预防措施消除危机的隐患，从而避免危机发生；二是通过充分的思想准备、组织准备、制度准备、物资准备和技术准备为（未来可能暴发的）危机设置层层“屏障”、建立各种“防火墙”，提高整个社会抵抗危机的“免疫力”，一旦危机暴发，便能及时启动应急预案，从容应对，从而避免危机扩大、升级和失控，尽可能减少危机造成的损失。

通过对重庆“12·23”特大井喷事故的反思，我们可以看出，如果我们能在事故发生前建立起有效的危机预防机制，完全可以避免悲剧的发生，即使不能避免，也可以把事故消灭在萌芽状态避免其扩大、升级，造成触目惊心的损失。试想，如果中石油集团川东钻井公司在政府的监管下，充分重视

危机的预防，一方面在内部职工中反复宣传，树立事故预防意识，并严格执行操作规程，避免职工渎职等责任缺失的行为，尽可能将事故发生的可能性降到最低，这场灾难是不会降临的；另一方面，如果该公司与地方政府通力合作，大力开展对周围群众的宣传教育，让群众了解毒气的致命性，井喷发生后，就不会出现对危害一无所知的群众躺在被窝里死活不愿意转移，或者转移到安全区后还想回家锁门、拿东西的危险情形。如果让广大群众掌握了事故发生时如何进行自救、互救和配合公救的各种知识，绝大部分的死亡都可以避免；如果中石油集团川东钻井公司与地方政府充分协调，建立起了危机预防的互动机制，事故发生时就绝不会这么被动，绝不会如此手忙脚乱。如果事故发生前已经存在一套甚至几套较为完善的应急机制，事故发生时，就可以将出现重大决策失误的可能性降至最低，避免人员和物资的大量损失。

2. 危机的预警和预控机制缺失

公共危机的预警是指在已经发现可能引发危机的某些征兆，危机未暴发前所采取的危机管理措施，如有关危机的信息搜集、信息传递、信息处理和信息识别以及信息发布等。

建立危机预警机制的目的有两个：一是及时发现危机征兆，对暴发危机的可能性作出准确的判断；二是及时发布危机可能暴发或即将暴发的信息，以引起有关人员或全社会的警惕。科学的危机预警机制是应对危机、战胜危机的法宝。但是，由于危机具有突发性、紧急性和高度的不稳定性，加之危机的先兆信息可能很微小，很不容易察觉，很容易被忽略，因此，其预警工作难度很大。有时候，也可能危机征兆出现的频率很高，以至于麻痹了人们的戒备神经，得不到人们重视。再者，从先兆出现到危机暴发的时间可能很短，有关部门来不及作出反应。因此，能够准确捕捉到危机的征兆，并从这些征兆中预测到危机发生的可能，并迅速采取预控措施，同时，按照法定程序，对公众，或者对特殊群体发布危机的有关信息，引起公众的警觉，是战胜危机的关键。

预警机制的缺失是酿成重庆“12·23”井喷事故惨剧的一个重要原因。于事故个案来说，首先是没有建立起高效的危机预警组织体系；其次，没有建立起灵敏、准确的信息监测系统，无法及时捕捉、收集相关信息，更没有建立各种信息的传递、汇报制度；再次，对可能是危机征兆的信息，不能迅速进行分析和整理后及时作出准确的判断，更不能及时向群众发布危机警告，从而丧失了把事故消灭在萌芽状态的最好时机。

危机的预控，是指在发现危机征兆和危机信号并进行确认后，迅速采取措施，对危机进行及时、有效的控制，尽可能用较小的代价迅速化解危机，避免危机扩大和升级。

危机预控的目的主要包括两个方面：一是发现危机征兆，确认危机可能暴发时，迅速采取措施，把危机消灭在萌芽状态；二是即使不可能把危机消灭在萌芽状态，也要尽可能采取措施降低危机暴发的持续时间和严重程度，避免其扩大和升级。

危机预控和危机预警都是公共危机管理的两个阶段。其共同点在于它们都是发现危机征兆后所采取的一系列危机管理措施。差异则是从时间顺序来看，危机预警在前，危机预控在后，因为必须先发现有关危机的信息，并对这些信息进行传递、分析、确认，然后才可能采取预控措施。可见，危机预警是前提，是基础，而危机预控是对危机预警的理性反应，是危机预警的后续工作。危机预控对危机预警有很强的依赖性，没有危机预警提供及时准确的危机信息，危机预控就不可能实施，更谈不上实施效果。相反，没有危机预控，危机预警的作用就不可能充分发挥，因为危机预控是危机预警的一个主要目标，危机预警的很多措施就是为了给危机预控留下更大的空间，从而使危机在大规模暴发前被控制住。可见，二者相辅相成，缺一不可。

从重庆“12・23”特大井喷事故来看，事故单位的危机预警和预控机制根本没起到任何作用。危机征兆要么没有被发现，要么发现了却没有受到重视，直到事故暴发时才被动应战，因此，完全丧失了对事故进行预控的可能性。

总的来说，公共危机预防、预警、预控机制是我国公共危机管理中的薄弱环节，重庆“12・23”特大井喷事故的教训更加证实了这一点。从全国来看，普遍存在的主要问题有六点：一是缺乏足够的危机预防意识，无论是政府，还是公众，都不肯在危机预防上下工夫，等到危机暴发时才匆忙应战，隐患总是会引发事故，事故则迅速恶化为灾难。二是对相关对象的危机教育严重缺失，几乎处于空白状态。三是没有常设的危机管理机构，危机管理政出多门，投资分散，指挥混乱，联动困难，危机管理的预防、预警和预控机制很不健全。四是危机信息网络体系不完善，信息传递不畅通，缺乏严格的信息汇报制度，有的地方甚至对重大事故隐瞒不报。五是信息的分析和确认机制不健全，导致发现危机征兆后反应迟缓，错过了发现危机和发出预警的最佳时机。六是缺乏有效的预控措施，没有预案或预案设计缺乏科学性和可操作性，导致预控效果欠佳，甚至彻底失败。

（二）应急处理中存在的问题

危机应急处理是指对于已经发生的危机事件，政府等危机管理主体根据事先制定的应急预案采取应急行动，控制或者消除正在进行中的危机事件，减少其带来的损失，保障人民的生命和财产安全。应急处理阶段是公共危机管理的核心，又是整个公共危机管理过程中最困难、最复杂的阶段，这是因为应急处理是在危机事件暴发的紧急状态中进行的。危机事件通常来势猛、速度快，能够让人们作出有效反应的时间很短。①

从重庆“12·23”特大井喷事故来看，由于危机的预防工作做得很差，其危机的预警和预控机制完全没有发挥应有的作用，给事故的应急处理带来了极大的困难。一场巨大的灾难突然降临，地方政府和广大群众都毫无准备，应急处理工作自然是一片混乱。

1. 应急疏散迟缓

“12·23”特大井喷事故带来了无法估量的人员伤亡和经济损失，最惨烈的当然是被毒气夺走生命的无辜群众。应急疏散工作的不力是重大伤亡的主要原因。

事故责任单位不仅缺乏危机管理机制和预警预控的必要工作环节，无法将危机暴发的可能性降至最低，而且，作为高危产品的生产企业，其在危机处理工作上与政府调控的脱节更是不可忽视的原因。各种因素造成危机管理工作的不力，导致企业职工和周边群众普遍缺乏安全防范意识和危机应对技能，再加上得不到有关部门的及时疏导，应急疏散工作存在致命性延迟，惊慌失措的人们在危机面前只得束手就擒，这些因素都是造成重大伤亡的主要原因。

2. 决策出现致命失误

重大人员伤亡的直接原因是有毒气体硫化氢的过量吸入，“点火”则可以迅速而有效地降低硫化氢浓度，制止其扩散，这本应是“12·23”事故发生瞬间便采取的措施，可直到2003年12月24日16时，即事故发生的18个小时后，事故井旁两条放喷管线才成功引燃。如果这项工作在18个小时前就能成功完成，绝不会造成如此惨重的人员伤亡。所以说，虽然川东钻井公司于

---

① 李经中．政府危机管理．北京：中国城市出版社，2003

事发后成立了应急指挥中心，但其决策的迟缓和严重失误却是致命的。

3. 应急处理指挥不协调

事故发生后，应急指挥体系能否迅速整合一切应急资源并与上级部门及时有效地沟通协调、通力合作，对于做好应急处理工作有着决定性的意义。遗憾的是川东钻井公司并没有把油气生产的危险性和发生事故的可能性告知地方政府，事故发生后又未及时通知地方政府，致使应急处理指挥的缺位和不协调，而地方政府的功能在危机的预防、预警和预控阶段未发挥作用，应急疏散也遭到延误。当地政府在接到通知后，立即采取行动，迅速组织群众撤离，发挥了重要作用的事实告诉我们，如能及时上报并取得与政府的合作，结果绝非如此。绝大多数虎口脱险的群众都是在乡村干部的通知、带领下逃出死亡地带的。据事后测算，井喷发生后，硫化氢的杀伤范围半径达到5公里，如果没有及时转移6万群众，中毒死亡人数将在6 000 人以上①。

（三）危机后评估、恢复重建阶段存在的问题

危机后阶段是评估、恢复阶段，即对危机事件造成的危害程度进行评估，在评估的基础上做好恢复与重建工作。评估、恢复阶段是政府危机管理不可分割的组成部分，在整个政府危机管理过程中有着重要的地位。危机的评估、恢复阶段的主要工作：一是对危机进行评估、检讨；二是进行灾区重建工作，帮助受灾群众恢复正常生活；三是对受灾、受害的群众进行补偿和赔偿；四是总结经验教训。

重庆“12·23”特大井喷事故的评估、恢复工作总的来说是做得不错的。第一，事故发生后，国务院立即派出事故调查组，小组对事故的全过程进行了详细的调查，并很快对事故性质作出了结论。6名事故责任人由重庆市人民检察院第二分院向重庆市第二中级人民法院提起刑事诉讼。第二，在彻底清理事故现场，消除事故隐患以后，当地政府在中央和重庆市政府的有力支持下，组织受灾群众返回家园，帮助他们很快恢复了正常生活。第三，中石油集团在各级政府的帮助下，迅速统计出事故造成的损失，并很快筹集资金，在事故发生后20多天就对事故遇难者和遭受财产损失的群众进行了赔偿，取得了“无一例上访”的好成绩。第四，重庆市政府和中石油集团对特大井喷

① 天津北方网．中石油川东北气矿井喷事故：突发灾难再检讨，http：//www. managers. org. cn/ mag/ doc/ ucman200502/ucman20050201. doc，2009－03－01

事故进行了认真总结和深刻反思，市长王鸿举在全市安全生产电视电话会议上疾呼“忽视安全生产是对人民的犯罪!”而且，重庆市已决定筹建“应急救援指挥中心”，发挥现有矿山安全救护队、公安消防机构以及其他各类救护机构的作用，实现119、110、120、122联动，优化整合资源，形成责任明确、指挥顺畅、配合有序、反应灵敏、抢救及时、科学合理的应急救援联动体系。“应急救援指挥中心”将装备现代化的多功能抢险救灾车及配套装备，快速、高效地实施对煤矿、危险化学品、消防、交通和其他方面安全事故的抢险救灾工作，最大限度地减少财产损失和人员伤亡。①

这一阶段存在的主要问题是，对事故进行的总结和反思是否能够真正落到实处，而不是仅仅停留在口头上；是否能建立起危机管理的预防、预警、预控机制，制定多套完善的应急预案等。只有当这些工作都真正落到实处以后，我们才能够把许多潜在的危机消灭在暴发之前，一旦危机不可避免地暴发，就能够有备而战，凭借良好的预防、预警和预控机制，阻止危机扩大和升级，从而控制危机和战胜危机。

四、应急管理改革的思路与建议

（一）建立较为完善的危机预防机制

危机管理的关键在于危机前阶段。因此，预防为主，准备在先，是现代危机管理的一条重要原则。而危机的预防，可以概括为五个方面的准备。

1. 思想准备

要防止危机发生，全社会必须牢固树立公共危机的预防意识。预防公共危机发生是政府的职责。政府应利用各种媒介广泛宣传应对危机的各种知识，培养全民的危机应对能力；对可能面临某种危机的群体进行针对性教育，并开展各种演练和培训工作，让广大群众学会危机状态下的自救、互救，以及配合公救。在全民中教授、传扬公共危机的“预防文化”。

2. 组织准备

中央政府和省一级政府都应建立公共危机管理的常设机构，形成一个全

---

① 天津北方网．中石油川东北气矿井喷事故：突发灾难再检讨，http：//www. managers. org. cn/mag/doc/ucman200502/ucman20050201. doc，2009－03－01

国联网应对危机的网络。这些机构平时主管总结危机管理的经验教训，制定危机管理预案，制定和实施预防危机发生的各种措施。一旦危机暴发，这些机构立即成为应对危机的一元化指挥中心，负责指挥、协调下设的危机管理机构。应确保在政府与政府之间、政府与企业之间，没有危机管理的“脱节”和“盲点”，同时建立政府与民众之间、地方政府之间的危机合作机制，实现全国范围的资源共享，一方有难，八方支援。

3. 制度准备

在修改宪法的基础上，尽快制定《紧急状态法》，努力完善各层次、各领域的应急法律规范，逐步建立和健全与公共危机管理密切相关的法律制度，包括应急行政程序制度、应急行政强制制度、应急政府信息公开制度、应急行政征收征用制度、应急行政指导制度、紧急刑事法律制度以及纠纷解决制度、国家赔偿（补偿）制度等，使危机预防和危机管理规范化、制度化。

4. 技术准备

技术准备的操作范围很宽泛，主要包括以下几类：

（1）针对各类可能发生的危机，分别制定预防措施和应急预案。

（2）建立社会心理行为指标预警系统，使我国政府能及时监测到危机影响下人们的心理行为变化，预测出个体、群体以及区域性的社会心理行为的可能性，以便有针对性地采取相应的科学措施，稳定社会情绪，避免恐慌心理加剧事故后果。

（3）危机管理机构和各级政府应经常对社会的各个方面进行排查，找出可能导致危机的各种潜在因素，尽可能消除危机隐患。对于可能造成公共危害的企业，应该事先进行安全和环保的评估程序，划定其伤害半径，禁止在人口较为稠密的地区建立高危企业。

（4）加强公共危机预防的理论和技术研究，为危机管理提供有效的理论支持。不断改进和更新危机管理的技术装备，提高危机管理的整体效率。

（5）建立紧密联系、高效运作的应急信息系统，为快速预警提供有效的技术支持。

5. 物资准备

为应对突发危机，必须做好物资上的充分准备，包括相关的技术装备。这次重庆开县特大井喷事故暴露出高危行业应急救援装备、技术和手段的不足。由于危机种类繁多，危机管理物资准备主要分两类，一类是各类危机都需要的通用物资，另一类是某一种危机的专用应急物资。物资准备工作主要包括三个方面：

（1）按照可能发生的危机的种类，分别制订预防措施和应急预案，制订详细的应急物资储备计划。原则是既要满足危机应急处理的需要，又不造成浪费。

（2）建立石油、粮食等战略物资的应急储备和应急供应制度。

（3）各级政府应做好危机管理的物资储备和设备维护工作。通用物资的储备全部交由危机管理常设机构进行统筹和协调，避免各自为政造成的资源浪费。

（二）强化应急管理的预警和预控机制

1. 采取有效措施，强化公共危机管理的预警机制

此项措施主要包括以下内容：一是建立高效、快速、灵活的危机预警组织体系。二是分别建立针对各种危机的、灵敏准确的信息监测系统和各系统之间的信息共享机制；建立各种信息的传递、汇报制度，确保及时捕捉、收集到相关信息。三是列出一切可能导致危机的因素，建立快速、准确的信息分析系统和危机确认的指标体系，并在实践中不断加以改进和完善。这样，在发现危机征兆和迹象时，就能迅速进行分析和整理，及时作出准确的判断，按照可能发生的危机特点采取相应的措施。四是利用社会心理行为指标预警系统，预测可能出现的个体、群体以及区域性的社会心理行为，以便及时发现突发事件的早期征兆，有针对性地采取相应的科学措施，防止危机扩大。五是在预测到危机时，有关行政机关可依法决定和宣布某一地区或某些地区进入预警期，或者发布某些预警信息，向公众公开其可能受到的威胁或者损害。决定和宣布预警期或公布预警信息的国家行政机关有权按照法律、法规的规定采取紧急预控措施，但不得擅自扩大自己的职权范围，侵犯公民的基本权利。六是宣布预警期或发布预警信息的国家机关要及时向全社会公布有关危机变化的新信息，让公众随时了解事态的发展变化，以便主动参与和配合政府的危机管理工作，提高危机管理的效率。七是在危机预警期间，国家对媒体的报道应实行管理和引导，设置一定的信息“防火墙”，在充分保障老百姓信息知情权的前提下，防止媒体的非理性行为造成不必要的负面影响。八是加强危机预警的理论研究，加快危机预测、预警设施及设备的科学研究，不断提高危机预警的硬件水平。

2. 建立健全预控机制

建立健全预控机制主要包括以下内容：一是建立高效的危机管理机构，

确保具有迅速控制危机的能力。二是防微杜渐，在危机未发前也要准备充分，保证预警信息的速度和准度。三是要有一支训练有素的专业化应急处理队伍。四是规定若非进入紧急状态，各级政府不能使用紧急权力，只能在权限范围内依法采取必要的措施，如果仍不能控制危机，应及时启动另一套预案。五是为了使政府既能有效采取预控措施，防止危机升级或扩大，又不违背相关法律，《紧急状态法》应明确规定政府在采取预控措施时的权力界限，即在涉及公民基本权利问题时，政府的措施不得超越宪法和法律的明确规定。六是对于难以预见的突发事件，在宣布进入紧急状态之前，地方政府有临时处置的权力，但不得超越宪法和法律的明确规定，同时必须立即上报并请示中央政府确认。中央政府有权依法制止地方政府采取的错误预控措施；全国人大有权依法制止中央政府采取的错误预控措施。

（三）依法建立高效的应急处理机制

公共危机往往是一些突然降临的天灾人祸，具有非预期性、危险性、紧迫性、不确定性等特征。要成功地战胜危机，常常需要动用全社会的力量，社会也会暂时脱离正常的运行状态而进入一种非常状态。应急处理的目标有二，一是尽快战胜危机；二是把损失控制在最小范围，尽量不侵犯或少侵犯群众的利益。

1. 应急处理必须建立在应急法治的基础上

目前，我国实施依法治国方略，全面推进依法行政，建立常态下的法治社会。而社会应对公共危机时，需要进入一种非常状态。世界各国的经验教训充分证明，非常状态也必须实行法治，必须把危机应急系统纳入法制化轨道，按照宪政及有关法律条文的要求完善应急法律规范，有效地调整紧急情况下的各种社会关系，大力维护我国经济社会发展和人权保障所需的法律秩序，确保公民权利（特别是基本权利）获得更有效的法律保护，确保公共权力（特别是行政权力）能够更有效地依法行使。我国现行的危机应急法律体系包括战争状态法、一般的紧急状态法、恐怖性突发事件法、骚乱性突发事件法、事故性突发事件法、灾害性突发事件法等几个部分，虽然在构建应急法律体系方面我们已经取得一些成绩，但分散性的立法体系也存在不少问题：一是缺少公共危机应急基本法律的设置。二是中央立法以行政法规和政府规章居多，部门和地方各自立法导致应急法律体系内部条款规定的大量冲突。三是法律条文中的很多内容较为抽象，可操作性差，而且有所失衡，比如重视紧急权的配置，忽视紧急权的控制和法律救济；重视纵向的领导与被领导，忽视横向的协调与监督；重视应急措施上的实体性规定，忽视应急程序制度；重视官方机关和上级的领导和强力，忽视非官方机关和下级机关的配合与自治等。四是一些领域的应急法制规范仍不完善。五是现有法律规范的修改工作亟待解决。

为了顺利实现从常态管理向应急管理状态的转变，必须使应急法律规范专门化、体系化。我国已经修改了宪法，在宪法中明确地规定了紧急状态制度。我们还必须加快应急机制法治化的步伐：一是要尽快制定紧急状态法这一非常状态下的基本法；二是要在一些空白领域抓紧制定应急法律，找出并及时填补与应急管理相关的法律盲点；三是要完善行政紧急程序法律规范；四是要对现有应急法律规范进行系统的调整更新；五是按照危机管理的客观要求，完善生产企业或社会生活中与应急管理相关的机制和制度。

2. 建立高效的、统一的应急指挥中枢系统和专业化的应急救援队伍

公共危机种类很多，危机的应急处理千变万化，如果没有一个高效的、统一的应急指挥中枢系统和强大的、多元化的应急救援队伍，就很难战胜突如其来的危机。

（1）目前，我国尚未建立全国性的常设公共危机应急机构，全国性的公共危机应急系统也尚未形成。一旦危机发生，往往是临时成立应急机构，或者匆忙中把应急任务交给某个部门，“头痛医头，脚痛医脚”，整个运行机制很不顺畅。因此，当务之急是组建常设性的危机管理机构。有了常设机构，就意味着应急管理工作有了专门化的主管机关，危机暴发时，就有了统一的、富有经验的指挥调度机构，以及危机后总结经验教训的责任机关。这样一来，面对危机时的被动挨打局面就能彻底扭转。

（2）我国是一个大国，仅有中央的危机管理常设机构还不行，每个省都需要建立常设的、统一的、坚强有力的危机管理应急机构，并且常设机构人员应当专职化、专业化，才能改变目前危机管理工作时动时停、时抓时放的不良运转状态。仅有中央常设危机管理机构是远远不够的，每个县级以上的行政部门都需要建立专业的常设性机构，从点及面，层层联结，才能扭转目前信息阻滞不通、上下协调互动不力的局面。

（3）有了统一的指挥中枢，还需要对现有的应急救援队伍进行整合，避免各自为政引起的资源浪费。各个政府部门在危机管理中必须服从指挥，明确各自职责，同时还要充分发挥社区、企业以及志愿者的作用，使常设机构

和临时机构各司其职，使危机管理体系实现多元化、立体化、网络化的发展。

3. 建立一套高效的情报收集和信息管理系统

在危机的应急处理阶段，信息搜集、信息传递、信息处理和信息识别，以及信息发布等同样非常重要。因为危机暴发时，信息量就会猛增，各种信息都会按照各自的渠道迅速传递，而且应急处理时间紧迫，任何错误信息致使的决策失误都可能造成巨大的损失。此外，政府作为权威机构，在危机期间必须发布真实信息安抚社会心理，引导广大群众积极参与、主动配合政府的危机管理工作，避免出现小道消息漫天飞的不正常现象。因此，必须建立一套高效的情报收集和信息管理系统，并配合一整套信息搜集、信息传递、信息处理和信息识别、信息汇报和信息发布的制度，使政府和公众对信息的了解和把握既快速又准确，既丰富又有序。

4. 建立科学的、操作性强的应急预案

所谓危机管理的应急预案，就是事前经过反复论证制定的应对危机的措施和办法。应急预案的作用一是可以提高政府等危机管理主体战胜危机的能力；二是可以规范政府的危机管理行为，防止滥用权力、以权谋私；三是可以使危机管理的责任更加明确，提高危机管理的效率，也便于对危机管理的效果进行评价。因此，应急预案的质量高低直接关系到能否战胜危机。

然而，各地发生的许多危机表明，不少地方制定的危机管理预案在应急处理中没有发挥应有的作用。其主要原因有四：一是不少应急预案是千篇一律、互相抄袭的“官”样文章，没有经过专家论证，缺乏科学性和可操作性，这样的应急预案在实践中自然起不到作用。二是应急预案制定以后就被束之高阁，各有关部门都没有按预案做好充分准备，一旦危机发生，应急预案当然难以实施。三是各级政府和企事业单位都制定有自己的应急预案，但相互之间缺乏协调，各种预案相互矛盾，难以协调合作，更别说实现资源共享。四是责任主体把应急预案视为自己推卸责任的护身符，这样的应急预案，无论怎样“立即启动”，都只能成为摆设和“作秀”。

要使应急预案具有较强的科学性和可操作性，就必须做到四步：第一步，认真研究有关危机管理的先进理论，反复、深入地开展实证调查，把理论与实践有机结合，经过充分研究和协商制定出应急预案的草案；第二步，组织各方面专家，对预案进行反复论证和修改；第三步，为应急预案的实施做好充分的准备；第四步，在实践中反复修改、不断完善应急预案。

（四）评估、恢复和救济阶段的工作必须法治化

1. 吸取经验教训应该制度化

人类社会发展进步的历史就是不断战胜各类危机的历史，无论旧时今日，危机总是存在的，战胜了旧的危机，新的危机又会不断出现，一劳永逸地消灭公共危机只是一种不切实际的幻想。我们的任务就是不断总结经验教训，更好地战胜危机。综观世界，凡是兴旺发达的国家，都是善于战胜危机的国家。对于一个国家来说，凡是发展较快的时期都是危机高发的时期，也正因为高速发展带来的科技条件，各种先进的理论和设备不断推陈出新，如果可以充分地发挥其作用，在危机高发期保持高速发展，轻松战胜危机并非痴人说梦。所谓“前世之事，后世之师”，吸取已有经验是避免犯重复错误的捷径。所以，要认真吸取经验教训，不断改进我们的危机管理体系。要彻底改变过去那种不能客观评价危机、认为总结经验教训可有可无的不良倾向，使总结经验教训的工作成为一个制度化的流程。

2. 危机后的救济应该更加人性化

在非常态下，为了应对危机，往往会对一部分人的财产甚至生命安全造成损失或者伤害，待危机过后，政府或造成危机的责任者应该对受害者进行补偿和赔偿。过去，我们在这方面比较强调集体的利益，强调个体要为集体利益作出牺牲。补偿工作也往往是象征性的，这样就对部分人的利益造成了严重伤害，也为一些不法分子肆意歪曲利用集体主义，站在“道德”的制高点上玩弄职权，为自己谋取利益的恶劣行径打开了方便之门。在“以人为本”的和谐社会，不能强迫部分人为所谓“集体的利益”埋单，危机后的救济应该更加人性化。这样，不仅有利于实现社会公平，而且适当加大危机的成本，还能引起大家对危机高度重视，进而认真吸取经验教训，防止危机反复发作，愈演愈烈。

3. 恢复常态必须法治化

从应急管理的非常状态顺利转换到常态管理，适时地、恰到好处地回到正常生活状态是非常重要的。一般来说，危机来势凶猛，杀伤力巨大，因此，从常态管理转到应急管理往往是牵一发而动全身的浩大工程，当然也是势在必行的，而从应急管理到常态管理的转换工作往往不容易引起人们的重视。实际上，危机状态如不能及时恢复到正常状态，同样会给国家和社会带来极大的损害。恢复常态应该法治化，恢复正常的法律秩序应该成为应急法律体

系中的一条重要原则。

五、思考与讨论

1. 根据应急管理预防预警原理，谈一谈生产企业应如何做好生产安全的预防预警工作，做好预防预警工作的关键是什么？

2. 结合案例，你认为在“12·23”井喷特大事故的公共应急管理中有哪些经验和教训，对我们未来的工作有哪些借鉴和启发？

3. 在分析案例的基础上，结合实际谈谈如何提高我国公共应急管理能力。

第二节　深圳“9·20”火灾事故

一、深圳“9·20”火灾事故概况及原因

（一）事故概况①

2008年9月20日晚23时许，龙岗区龙岗街道龙东社区舞王俱乐部三楼正在举行一场室内烟花晚会，台上正上演着一出小品，扮演乞丐的两个演员在“乞讨”，他们惟妙惟肖的插科打诨不时引发起阵阵笑声。快结束时，一名“警察”跑上台，拿着一把火焰枪，对着天花板开了一枪，喷出一团火烧着了天花板上装饰的黑色海绵。天花板上包扎管道的白色塑料被突然引燃，才十几秒钟，火就沿着管道蔓延到整个大厅天花板上。有人喊叫着起火了，也有工作人员喊着不用慌，现场的秩序顿时混乱起来，烧熔的海绵滴到了人们的头上、背上，惨叫声此起彼伏。人们开始逃散，但大火将电线烧断引起停电，灯光跟着就灭了，大厅内一片黑暗。慌乱的人群尖叫着往同一个方向挤，出口太窄，宽度不到两米，很多人摔倒，人踩着人像叠罗汉一样翻过去。

① 铭万网．深圳舞王俱乐部“9·20”火灾事故调查报告，http：//news. mainone. com/wangluoxueyuan/2008－09/161517. shtml，2009－02－26

火灾发生时歌舞厅内有900余人，其中工作人员有100余人。火灾发生后，现场的工作人员立即拿出消防器具灭火，明火扑灭后，浓烟充斥整个舞厅，有些人当场被浓烟熏倒，天花板上炙热的火花还在不断往下滴，里边的人都纷纷往外跑。

舞王俱乐部占地面积千余平方米，位于深圳市龙岗区龙岗街道深惠路立交桥旁，被一片民房包围，外墙看不出明显的火灾痕迹。火灾前后，广告招牌一直亮着，仿佛舞厅一如往日灯红酒绿、歌舞升平，哪里看得出里面已是人间地狱！火灾被扑灭后，三楼俱乐部一片狼藉。大厅的玻璃窗全被打碎，窗口处被浓烟熏得一片漆黑，空气中散发着一股刺鼻的烟焦味。一条大约10米长的狭窄过道紧接着楼梯口，过道的地上堆满了人们逃生时散落的鞋子。大厅中央的表演舞台，大厅里摆放着的百余张桌子，周围的十几间包厢都被大火吞噬得惨不忍睹，眼前尽是被掀翻在地、七零八落的舞厅用具。

大火在21日凌晨1时许被扑灭。事故造成44人死亡，88人受伤，51人住院。据深圳警方初步调查，火灾是舞台上燃放烟火所致，逃生通道狭窄造成惨剧，事后行政拘留事故责任人14人。

（二）事故发生的直接原因分析

根据案例情景描述，我们可以得知，造成这次火灾的直接原因有两点：首先，舞厅空间结构设计不合理。除中央舞池有“厅”的感觉外，四周被隔成十几个小包间。从楼梯到各包房均由窄小通道连接，有进入昏暗地道的感觉。而每当俱乐部安排有节目时，中央舞池的人数最多，若此时出现险情，人员极难疏散，很容易因为踩踏造成大量伤亡。

除了舞厅设计，歌舞厅在装修时重隔音、轻消防是造成惨剧的另一个原因。舞王俱乐部处于住宅区，为消除噪音以避免居民投诉，经营者在通道隔墙、包房内墙、包房临窗外墙内使用了大量隔音材料，这些都属于易燃物。临街窗户又用砖头封死，这都为险情发生埋下了极大的隐患。因此，当火灾发生时，由于歌舞厅逃生口比较小，没有通风口，浓烟无法排出，大多数人被困在里面。消防人员只好搭起云梯，在舞厅的墙壁上凿洞以排浓烟。

经过现场勘察以及对现场人员的笔录分析，初步判定火灾着火部位在三楼舞王俱乐部舞台，起火原因为演员在舞台使用自制烟花道具枪时引燃天花上的吸音海绵等易燃的毒性材料，使其瞬间燃烧，在30秒内产生大量有毒浓烟并迅速扩散蔓延。据了解，当晚进入舞王俱乐部消费的约有400人。火灾发生时，该俱乐部工作人员曾想用灭火器扑火，但由于舞王俱乐部三楼空间密闭，有毒烟雾迅速扩散蔓延至各个角落，大量人员无法及时疏散，43 人当场烟熏中毒死亡，65 人受到不同程度的伤害①。

（三）关于“舞王俱乐部”

经调查发现，发生火灾的“舞王俱乐部”原名“舞王歌舞厅”，1998 年经深圳市龙岗区文化局批准设立，法人为王静。2006 年，新的《娱乐场所管理条例》出台后，文化局下发通知，要求区内所有歌舞娱乐场所依照条例规定换发《娱乐经营许可证》。2006 年 7 月，“舞王歌舞厅”向龙岗区文化局提出申请，要求换发新的《娱乐经营许可证》，因申请材料不符合条例规定，龙岗区文化局未予批准。2006 年底，深圳市龙岗区文化局向龙岗区工商局去函，提请龙岗区工商局自 2007 年 1 月 1 日起，根据新修订的《娱乐场所管理条例》有关规定，对歌舞娱乐场所进行注册登记。可是，“舞王歌舞厅”一直未经变更登记，直到付之一炬，它仍然是无经营许可证和营业执照的“黑舞厅”②。

（四）事故责任分析

国家安全生产监督管理总局副局长赵铁锤于 21 日说，深圳龙岗“9·20”特大火灾事故初步分析是一起责任事故，面对这样一起不该发生的事故，大家都应该进一步深刻反思。

据调查，发生火灾的深圳舞王俱乐部无营业执照，无文化经营许可证，属于无牌无照擅自经营，消防验收也不合格。

面对这样一个非法经营的歌舞厅，赵铁锤连问了三个为什么：为什么这样一个无牌无照、擅自经营的单位能够长期存在？为什么这样一个非法经营的歌舞厅，百日督查专项行动中都没有发现？为什么我们要把决心下在事后的处理上，而不是重视事前的预防呢？

赵铁锤表示，我们一定要举一反三，站在讲政治、讲大局和讲科学发展

---

① 铭万网．深圳舞王俱乐部“9·20”火灾事故调查报告，http：//news. mainone. com/wangluoxueyuan/2008－09/161517. shtml，2009－02－26

② 中央政府门户网站．文化部紧急通知：全面加强文化市场安全生产工作，http：//www. gdemo. gov. cn/zt/shenzhen/wenjian/200809/t20080924_ 68273. htm，2008－09－21

观的高度做好安全生产工作。一是要认真学习、深刻领会近期党中央、国务院领导一系列重要讲话的精神，切实转变工作作风，扎实工作，进一步促进安全发展；二是报经国务院同意后，成立国务院“9·20”特别重大火灾事故调查组，调查组要严格按照“四不放过”原则，搞好事故调查工作；三是全力救治受伤人员；四是做实做好事故善后工作，维护社会稳定；五是进一步深化重点行业、重点领域、重点时段的安全生产隐患排查治理工作，不留死角、不留盲点，在抓落实上狠下工夫。①

二、事故的应对与处理

（一）事故应急反应

事故发生后，国务院、广东省、深圳市各级领导部门迅速作出反应，充分发挥权能，采取强硬措施，处理事故，最大限度地减小事故影响。

1. 深圳市政府主要领导赶赴现场并作出指示

9月21日零时，广东省委副书记、深圳市委书记刘玉浦等主要领导赶赴现场并作出指示：一是要组织全市相关医院的医生，全力以赴做好伤员的抢救工作，将死亡人数降到最低；二是立即成立专案组，全面开展事故的调查取证，确定事故责任人；三是全力做好善后处理和安抚工作；四是认真做好现场清理。

2. 国务院成立“9·20”特大火灾事故调查组

国务院广东深圳“9·20”特别重大火灾事故调查组于9月23日成立，国家安全生产监督管理总局副局长梁嘉琨担任调查组组长。事故调查组由安全监管总局、监察部、公安部、全国总工会等部门的人员组成，还邀请了最高人民检察院参加这次事故调查。

事故调查组的主要职责是：查明事故发生的原因、经过、人员伤亡情况以及直接经济损失；认定事故的性质和事故的责任；对事故责任者提出处理建议，包括党政纪处分、行政处罚，构成犯罪的移送司法机关；总结事故教训，提出防范和整改的措施；在规定的期限内提交事故调查报告并上报国务院。

---

① 新华社．赵铁锤：深圳龙岗特大火灾事故初步分析是一起责任事故，http：//society. people. com. cn/ GB/41158/ 8082993. html，2009 -03 -05

梁嘉琨表示，火灾事故调查专业性强，要做到全面、科学、公正、客观，要本着对党和人民负责、对遇难者及家属负责、对历史负责的态度，做好事故调查工作。此外，还要认真做好事故防范和善后工作，确保社会安全稳定。

据梁嘉琨介绍，这次事故调查要着重查清的情况包括：事故单位非法经营问题；事故单位是否按规范要求设有消防安全设施和安全疏散出口；事故单位是否建立健全了消防安全管理制度并切实落实；事故单位主要负责人、烟花施放人员、消防管理人员是否存在未经培训或培训不合格就上岗作业的情况；事故单位企业主体责任落实情况和安全规章制度建设工作是否存在重大漏洞或纸上谈兵的情况；政府及相关部门依法监督管理工作的方式和效果。

3. 张德江批示全力抢救受伤人员

事故受到中央领导的高度重视，中央政治局委员、国务院副总理张德江批示，命令深圳市组织力量迅速灭火，全力抢救受伤人员，查明火灾原因，妥善处理善后事宜。

4. 广东省委书记汪洋作出五点指示

事故发生后，中共中央政治局委员、广东省委书记汪洋，省委副书记、省长黄华华立即作出批示和指示。汪洋指示：一是迅速查明火灾事故；二是迅速控制责任人；三是迅速控制明火，防止死灰复燃；四是迅速救治伤员，并做好死者善后及家属的安抚工作；五是及时发布信息，公布真相，做好社会维稳工作。广东省省长黄华华批示，要举一反三，切实做好全省安全生产工作。

5. 文化部要求加强文化市场安全工作力度

9 月 21 日，文化部办公厅下发紧急通知，要求各地高度重视文化市场安全生产工作，牢固树立人民群众生命财产安全“重于泰山”的管理理念，全面开展和加强文化市场安全生产工作。

通知要求，各地从文件发布日起全面排查舞厅的游乐厅、演出会场、网吧、画廊等文化经营场所的安全设施与管理工作，坚决堵塞安全死角和漏洞。要对辖区内文化市场进行全面检查，对无证经营的要逐一登记造册，依法取缔或及时移交相关主管部门。

通知强调，要加强对重点部位的重点监控，把在前期排查存在突出问题和隐患的重点场所统一列入黑名单，指派专门执法管理人员配合安全生产主管部门，进行全方位、立体式盯守，直至问题解决或隐患消除。要全面建立和落实文化市场经营单位安全生产责任制度，责成文化经营场所制定详细的消防安全管理制度并确保其严格执行，组织对文化市场经营管理人员的安全生产培训，利用多种形式开展宣传和教育，全面提高文化市场安全生产水平。

6. 深圳市委书记：谁也不准推责任

9月21日凌晨3时30分，“9·20”特大火灾事故现场会议召开。会上，深圳市委书记刘玉浦自言导致“9·20”特大火灾事故的原因，除去客观因素，最主要的是人为主观原因。在追究责任时，刘玉浦严厉强调“谁也不准推责任”，并表示即使不做书记了，也要把此事处理到底，他质问有关部门，涉事俱乐部就像秃子头上的虱子，明摆着无牌无证，为何得以营业至今，市场规范工作做到了哪里。对于事故造成的社会影响，他沉痛地叹息：“加上南山大火，短短7个月便连续发生两场特大火灾，让市委市政府怎样向人民交代!”

7. 深圳市政府领导：对事故要一查到底

9月21日下午，深圳市政府紧急召开全市安全生产专项工作会议。会上，深圳市政府领导厉声诘问：“俱乐部的规模这么大，违法经营这么久，在各级各类监管部门的眼皮底下，无证无照经营了一年多。特别是在‘2·27’事故后，我们组织了这么多次所谓的地毯式、拉网式检查，竟无人发现，无人查处。区委、区政府在哪里？街道办事处在哪里？安监、消防、城管执法、工商、文化部门在哪里？有没有真正履行职责、尽到责任？这里面一定有失职、渎职甚至更深层次的问题。”他们严肃强调，市委、市政府对这次事故要一查到底，依法严肃处理，决不手软，决不姑息，决不迁就，决不搞下不为例，要向党中央、国务院，向省委、省政府，向全市人民作出毫无保留的交代。

8. 广东省文化厅组织专项检查

9月21日晚，广东省文化厅接报龙岗“舞王”事件有关情况后，立即启动《广东省文化厅关于公共文化场所和文化活动突发事件的应急预案》，按一级标准（特别严重事件）进行及时处理。

随后，省文化厅向全省各地文化主管部门发出《关于立即开展对文化场所安全专项大检查的紧急通知》，在全省范围内开展相关工作。同时，深圳市文化局召开紧急会议，在全市范围内开展文化场所的安全大检查。

通知要求各级文化部门和文化单位以此次事故为教训，高度重视生产和经营安全问题，切实加强文化场所安全工作；在国庆期间，各地文化部门要派专人24小时值班，确保巡查工作不间断，一旦发生重大情况，要立即启动应急预案，采取相关处置措施，并及时向上级报告。

9. 深圳市文化局展开文化场所排查

从2008年9月22日到2008年底，深圳市文化局在全市范围内开展了一场文化经营场所安全隐患百日大排查活动。对无证经营场所进行摸底，并逐一登记在册，对于排查中发现的突出问题和隐患严重的场所则统一列入黑名单。

此次大排查实行属地管理、责任到人。即在全面排查的基础上突出重点，将协调配合公安、消防等主管部门和街道执法队等执行部门，用铁的手腕强力整治。

大排查行动的重点包括网络经营、歌舞娱乐、商业演出等行业的网吧、歌舞厅、剧院等大中小型的公众场所，以及容易造成火灾的印刷复制企业，重点打击一些无证经营的网吧和歌舞娱乐场所，特别是“2·27”南山大火后，仍未整改的存在突出问题和隐患的场所。

10. 省政府召开深圳“9·20”特别重大火灾事故分析会

2008年9月24日，国务院召开全国安全生产工作电视电话会议。全国会议结束后，广东省政府接着召开了深圳“9·20”特别重大火灾事故分析会暨省政府防范重特大安全事故电视电话会议。副省长佟星出席会议并讲话。

佟星指出，事故发生单位无证无照非法经营、基层监管部门监管不力是酿成深圳市龙岗区“9·20”特大火灾事故的重要原因，同时暴露出深圳等一些地方安全生产工作仍存在严重的漏洞和薄弱环节。

佟星要求，各地、各部门要认真贯彻落实全国和全省安全生产工作电视电话会议精神，深刻吸取深圳“9·20”事故的惨痛教训，提高对做好安全生产工作极端重要性的认识，把防范和遏制重特大事故作为当前安全生产的重要工作，以深入推进隐患排查治理为重要抓手，以铁的手腕抓好安全生产工作。一要把严厉打击无证无照经营的娱乐场所作为打击非法经营的重点，公安消防、工商、文化、安全监管等部门要迅速开展联合执法行动，对证照不全或无证照的生产经营单位，特别是违规经营的歌舞厅、俱乐部等人员密集场所，予以严厉打击和查处。严厉打击非法偷采矿山和非法建筑施工等非法生产和建设行为。二要迅速组织开展安全生产百日督查专项行动“回头看”，特别要把对各类生产经营单位的消防隐患排查治理作为重点，全面排查整治人员密集场所消防安全隐患。继续督促指导企业抓好自查自改工作，重点排查整改落实监管责任；坚持狠抓重大隐患的整改，进一步提高隐患整改率；加强预报预警，落实防范措施，及时消除可能引发事故的重大隐患，严防自然灾害引发事故灾难。三要迅速落实行动，继续强化重点行业和领域的专项整治。在消防安全、危险化学品安全、非煤矿山安全、道路交通安全、建设安全、民暴安全等方面开展专项督查。四要严肃查处事故，严厉追究相关责任人的责任，按照“四不放过”原则和法定权限进一步加强事故调查处理工作。

佟星还对国庆期间的安全生产工作作了部署，要求进一步强化政府行政首长负责制和企业法定代表人负责制，强化安全措施的落实和安全监管、应急管理到位，加强值班工作，确保广大人民群众过一个平安、欢乐、祥和的国庆节。①

11. 龙岗区区长张备就“9·20”火灾事件向全市人民公开道歉

9月21日，深圳市龙岗区举行新闻发布会，就“9·20”火灾事故情况进行通报。龙岗区区长张备在发布会上向死难者家属和受伤人员表示歉意，并向全市人民公开道歉。

张备不仅公布了截至9月21日上午11时“9·20”特大火灾导致的人员伤亡数据（死亡43人、住院治疗59人、留院观察6人），还承认了自身工作的不到位，他说：“这次特大火灾事故给人民群众的生命财产安全造成了重大的损失，在社会上造成了严重的不良影响。我们负有监管不到位、隐患排查不力、工作不实、执法不严之责，我们深感痛心和内疚。在此，我们向死难者家属和受伤人员再次表示深深的歉意，向全市人民公开道歉，向市委、市政府作深刻检讨，诚恳接受上级事故调查组的调查和媒体的监督。”

张备称，目前龙岗区已经行政拘留涉案人员12人，案件仍在扩线追捕之中。对该场所相关财产，也已进行了控制。

张备表示，龙岗区将坚决贯彻落实中央、省、市各级领导的指示精神，全力做好“9·20”特大火灾事故的处理和善后工作，配合做好事故原因调查，一定严肃查处相关责任人，向中央、省、市，向全市人民，向死伤者及家属作出公正合理的交代。

张备称，对于事故的具体原因以及更详细的情况，目前国家安全监管总局、公安部、省公安厅和相关部门联合调查组正在调查，结果将及时公布。②

---

① 广东省应急网．省政府召开深圳“9·20”特别重大火灾事故分析会，http：//www.gdemo.gov.cn/gzyw/200809/t20080925_68331.htm，2009－02－26

② 中国新闻网．深圳龙岗区长就“9·20”特大火灾事故向市民公开道歉，http：//news.ifeng.com/mainland/200809/0921_17_795683.shtml，2009－02－26

（二）事故调查

1. 国务院安委会初步调查

对于深圳“9·20”特大火灾事故的性质鉴定，国务院安委会初步调查后，报告如下：

2008年9月20日22时49分，位于广东省深圳市龙岗区龙岗街道龙东社区的舞王俱乐部发生火灾事故。据初步勘察，起火建筑为一栋四层半综合楼，该楼房一层为旧货市场，二层为茶馆，三层为该俱乐部，四层及楼顶半层为办公室及员工宿舍。该俱乐部于2007年9月8日擅自开业，无营业执照，无文化经营许可证，未经公安消防部门验收。事发时在场人员400余人。经公安消防部门勘察分析，事故的直接原因为该俱乐部演职人员使用自制礼花弹手枪发射礼花弹，引燃了天花板的聚氨酯泡沫。有关事故详情正在进一步调查之中。

事故发生在人员密集的公共场所，伤亡惨重，影响恶劣，教训深刻。暴露出的主要问题：一是有关单位对违法违规经营行为查处不力，监督管理工作存在漏洞；二是该场所的消防安全设施和消防安全管理存在严重隐患；三是从业人员和公众缺乏基本的安全意识和必要的自救能力，生产经营单位应急处置不力。[①]

2. 对涉嫌职务犯罪人员的调查

2008年11月26日，深圳市检察院召开新闻发布会，向外界通报了深圳“9·20”特大火灾事故中的涉嫌职务犯罪问题。龙岗区公安分局副局长陈旭明、龙岗区公安分局同乐派出所所长杨周武等7人有涉嫌职务犯罪事实，已被提起公诉。该市检察院同时表示，社会上流传的陈旭明家中搜出现金千万等信息没有事实根据。

深圳市检察院新闻发言人、副检察长唐泰来介绍，龙岗区龙岗街道舞王俱乐部发生特大火灾事故后，国务院成立事故调查组，并邀请最高人民检察院参与调查。最高人民检察院同时成立了深圳“9·20”特大火灾事故调查组，同步介入调查事故中的涉嫌职务犯罪问题，调查组在调查中发现杨周武等7人有涉嫌职务犯罪事实，指定深圳市检察院立案侦查。目前已侦查终结

① 新华网．国务院安委会初步调查情况，http：//www. gdemo. gov. cn/zt/shenzhen/shigudiaocha/200809/t20080924_ 68269. htm，2009－03－05

并提起公诉。

经调查，龙岗区公安分局同乐派出所所长杨周武涉嫌玩忽职守罪、徇私枉法罪、受贿罪三项罪名，龙岗区公安分局副局长陈旭明涉嫌玩忽职守罪、受贿罪两项罪名，龙岗区同乐派出所民警刘力飚涉嫌玩忽职守罪、徇私枉法罪两项罪名，龙岗区公安分局消防大队一中队中队长陈峰、龙岗区龙岗街道综合执法队一中队龙东社区巡察组组长黄忠、龙岗区文体局文化市场行政执法大队大队长王津、龙岗区龙岗街道龙东社区工作站副站长刘新华等4人均涉嫌玩忽职守罪。除陈旭明被指定由盐田区检察院提起公诉外，其他6人均被指定由龙岗区检察院提起公诉。

3.7名涉嫌职务犯罪人员简况

陈旭明：龙岗区公安分局副局长，涉嫌玩忽职守罪、受贿罪。

犯罪嫌疑人陈旭明任龙岗区公安分局副局长并兼任查处整治歌舞娱乐场所专项行动工作领导小组组长期间，玩忽职守，徇私舞弊，放任舞王俱乐部无证无照经营和毒品及色情交易等诸多违法行为，纵容其在开业一年时间内就发生各类治安和刑事案件24宗，直至发生特大火灾事故。陈旭明曾两次接受舞王俱乐部负责人王静的宴请，并分三次收受王静的好处费共计人民币6万元。其行为涉嫌玩忽职守罪、受贿罪，现已指定盐田区检察院对其提起公诉。

杨周武：深圳市龙岗区公安分局同乐派出所所长，涉嫌玩忽职守罪、徇私枉法罪、受贿罪。

犯罪嫌疑人杨周武利用职务之便，多次收受舞王俱乐部负责人王静的贿赂共计人民币30万元，在明知舞王俱乐部无证经营并存在治安隐患的情况下听之任之，致使发生特大火灾事故。同时，在收受好处费之后，杨周武违反规定，越权处理舞王俱乐部的聚众打架斗殴事件。其行为涉嫌玩忽职守罪、徇私枉法罪、受贿罪，现已指定龙岗区检察院对其提起公诉。

刘力飚：深圳市龙岗区同乐派出所民警，涉嫌玩忽职守罪、徇私枉法罪。

犯罪嫌疑人刘力飚在负责辖区娱乐场所监管和社区治安防控等工作中，收受舞王俱乐部好处费3 000元，并对该俱乐部无照经营、买卖毒品、组织卖淫等行径视而不见，严重渎职。同时，在调查杨周武涉嫌徇私枉法一案中，刘力飚极力混淆视听，为杨周武开脱卸责，其恶劣行为已构成徇私枉法共犯嫌疑。其行为涉嫌玩忽职守罪、徇私枉法罪，现已指定龙岗检察院对其提起公诉。

陈峰：深圳市龙岗区公安分局消防大队一中队中队长，涉嫌玩忽职守罪。

2007 年 10 月以来，龙岗消防大队先后部署近十次消防安全专项检查活动，陈峰在明知舞王俱乐部没有通过消防验收和开业前检查的情况下，未履行检查职责，促成舞王俱乐部长期非法经营，致使特大火灾发生。其行为涉嫌玩忽职守罪，现已指定龙岗区检察院对其提起公诉。

黄忠：深圳市龙岗区龙岗街道综合执法队一中队龙东社区巡察组组长，涉嫌玩忽职守罪。

犯罪嫌疑人黄忠任职期间，严重渎职，怠于履行对无证经营娱乐场所发现和查处职责，促成舞王俱乐部长期无证经营并最终酿成特大火灾。其行为涉嫌玩忽职守罪，现已指定龙岗区检察院对其提起公诉。

王津：深圳市龙岗区文体局文化市场行政执法大队大队长，涉嫌玩忽职守罪。

犯罪嫌疑人王津在担任龙岗区文体局文化市场行政执法大队大队长期间，怠于履行对无证无照经营行为的稽查监督职责，促成舞王俱乐部无证经营并最终酿成特大火灾事故。其行为涉嫌玩忽职守罪，现已指定龙岗区检察院对其提起公诉。

刘新华：深圳市龙岗区龙岗街道龙东社区工作站副站长，涉嫌玩忽职守罪。

犯罪嫌疑人刘新华在龙岗街道办“扫雷”行动中，指示下属隐瞒舞王俱乐部“雷情”，帮助舞王俱乐部逃避各种检查，以致最终酿成特大火灾事故。其行为涉嫌玩忽职守罪，现已指定龙岗区检察院对其提起公诉。①

（三）事故处理

1. 深圳市委市政府作出一系列决定

9 月 21 日晚，深圳市委市政府召开市委常委会和市政府常务会议，本着对人民负责的精神，根据有关规定，作出一系列处理决定：

第一，责成市司法机关对此次火灾事故的违法经营者和参与者依法追究刑事责任。

第二，对此次火灾事故的有关责任人员作出如下处理：

（1）提名免去龙岗区人民政府副区长黄海广的副区长职务；

---

① 南方日报网络版．深圳通报“9·20”特大火灾涉嫌职务犯罪人员调查情况，http：//www.gdemo. gov. cn/zt/shenzhen/shiguchuzhi/200811/t20081127_ 74233. htm，2009 - 02 - 27

(2) 免去龙岗公安分局消防大队大队长蒋伟标的大队长职务；

(3) 免去龙岗区龙岗街道办事处主任黄勇的办事处主任职务；

(4) 免去龙岗区龙岗街道办事处副主任谢少辉的办事处副主任职务；

(5) 免去龙岗区龙岗街道综合执法队队长巫胜龙的综合执法队队长职务。

以上处理按法定程序和干部管理权限办理。

第三，责成龙岗区委、区政府就此次火灾事故作出深刻检讨，并全力做好善后工作。

第四，待国务院“9·20”事故调查组作出调查结论之后，再对相关责任人员依法依纪进行处理。[①]

2. 事故善后处理

2008年9月28日，深圳市政府新闻办公示，深圳市龙岗区舞王俱乐部“9·20”特大火灾44名死难者的家属全部与当地政府签订了垫付赔偿协议，死难者善后工作全部处理完毕。

“9·20”火灾共造成44人死亡，其中包括5名香港人。深圳市龙岗区事故处理领导小组结合本地实际情况，并参照国内一些地方对突发事件遇难者的赔偿标准和办法，不分死难者的所属地域和身份，向每一位死难者的家属统一垫付25万元的赔偿金。

对死难者家属提出的其他要求，深圳市相关部门则引导他们在事故处理后，通过法律途径向事故责任单位追偿，深圳市龙岗区承诺将在追偿上给予全力配合。

据了解，死难者家属对龙岗区所做的处理工作表示满意。[②]

3. 事故处理领导小组总结事故处理工作

2008年10月24日下午，深圳市“9·20”特大火灾事故处理工作领导小组召开会议，传达贯彻中央和省领导的重要批示精神，全面总结事故处理工作，研究部署进一步做好全市安全生产和食品药品安全的工作。省委副书记、市委书记、市“9·20”特大火灾事故处理工作领导小组组长刘玉浦主持会议。会议强调，要在事故处理工作完成阶段性任务的基础上，认真吸取教训，

---

① 深圳新闻网. 深圳市委市政府严惩“9·20”特大火灾责任人，http://bbs.anquan.com.cn/viewthread.php?tid=122589，2009-02-27

② 新华网. 深圳龙岗特大火灾死难者善后工作处理完毕，http://www.gdemo.gov.cn/zt/shenzhen/shiguchuzhi/200809/t20080928_69500.htm，2009-02-27

痛下决心，标本兼治，全力做好深圳市生产安全和食品药品安全工作，坚决杜绝类似事故再次发生，努力建设平安深圳。

会议传达了中央和省委省政府领导近期对深圳安全生产工作作出的重要指示。刘玉浦在会上讲话。市委常委、秘书长戴北方作了《关于市领导包点基层抓信访维稳和安全生产工作的通知》的说明。龙岗区、市纪委、市检察院、市公安局、市安监局、市法制办、市委宣传部等部门的负责同志分别汇报了有关情况。

会议指出，“9・20”特大火灾事故发生后，在国务院事故调查组的指导下，在省委省政府的领导下，深圳市委市政府将全力以赴做好善后处理工作，严肃追究火灾事故相关责任人，严查事故中存在的违法乱纪行为，全力配合国务院事故调查组开展工作，全市深入开展安全隐患百日大排查行动和干部思想作风大整顿活动，并宣布时至当日，已经完成了阶段性任务。

截至10月24日，“9・20”特大火灾事故死者善后处理工作已全部办结。公安机关已将事故中27名涉案犯罪嫌疑人全部抓获，其中批捕17人，取保候审10人。按照国务院事故调查组的要求，市纪委、市检察院共对10名在事故中有失职渎职和腐败行为的公职人员进行了查处，其中7人涉嫌渎职犯罪，已被检察机关立案侦查；3人涉嫌违纪，被纪检监察部门立案调查，将依法依纪严肃追究责任。会议强调，对此次火灾事故中其他涉嫌违法违纪的公职人员，有关部门在下一阶段要继续加大办案力度，对他们进行依法依纪严肃处理。

会议指出，中央和省领导同志的重要批示，为“9・20”特大火灾事故处理工作指明了方向。深刻反思事故带给我们的警示，重大事故的发生绝非偶然，其中牵涉到领导干部的思想和作风问题、政府工作的力度问题、责任经营者的良心和态度问题等。正如事故的发生，事故的解决绝非可以一蹴而就，而是要痛下决心，表里兼行，标本兼治，数管齐下方能确保不再发生类似事故，从基础上摘除滋养此类危机的“病灶”。这为接下来要开展的深圳市生产安全和食品药品安全工作提供了有益的指导。痛定思痛下，我们要将经验转化为力量和信心，切实抓好六个方面的工作，努力建设和谐深圳。

一是进一步抓好干部思想作风整顿工作。要紧密结合深入学习实践科学发展观活动，深入查摆、严肃整顿干部队伍中思想作风和工作作风上存在的突出问题，牢固树立宗旨意识、大局意识、忧患意识、责任意识，形成敢抓敢管、敢于负责、真抓实干、奋发有为的良好精神风貌，为做好深圳的安全生产工作和其他各项工作打下坚实基础。

二是进一步抓好安全隐患排查整治工作。要在巩固前一阶段工作成效的基础上，把安全隐患排查整治行动向纵深推进，切实做到不放过一处死角、不留下一个隐患；要始终保持高压态势，采取有效措施，加强督促检查，切实推进安全隐患整改工作，坚决防止死灰复燃。

三是进一步完善工作体制机制。建立行之有效的部门联动机制、综合执法机制和责任追究制度，建立完善的群众举报制度，构建上下联动、密切配合、齐抓共管的安全生产工作新格局。建立健全责任明确的工作责任体系，细化落实责任追究制度，实行领导分区分片包干，进一步加强对安全生产工作的协调指导和督促检查。

四是进一步健全法律法规。尽快出台安全管理方面的法规，特别是针对历史遗留的违法建筑处理问题和违规出租业主的责任追究问题，尽快作出法律层面的规定，为深圳的安全生产工作提供强有力的法律武器。

五是进一步加强基层基础工作。进一步健全基层安全生产监管和执法机构、改善基层工作条件、加强基层干部队伍建设，切实扭转一些基层单位对安全生产重视不够、投入不足、工作不力，以及一些基层从业人员安全意识淡薄的局面，努力把安全隐患消除在基层，筑牢安全生产的“第一道防线”。

六是进一步加强安全教育工作。要在加强监管的同时，全力做好安全教育工作，不断提高市民的安全防范意识和自救技能，努力使人人受到安全教育、人人具备安全意识、人人掌握自救技能。①

三、案例评估与分析

（一）娱乐场所管理的法律思考

1. 娱乐场所管理有法可依

2006 年 3 月 1 日，国务院修订颁布的《娱乐场所管理条例》（以下简称《条例》）正式施行。《条例》共 6 章 58 条，其中对娱乐场所经营业主和政府监管部门的权力和责任进行了详细清晰的规定。

① 深圳新闻网．深圳“9·20”火灾 27 名疑犯落网，10 公职人员被查处，http：//www.gdemo.gov.cn/zt/shenzhen/shiguchuzhi/200810/t20081027_ 71415.htm，2009－03－05

《条例》中所指的娱乐场所，是指以营利为目的，并向公众开放的歌舞、游艺等场所。

根据条例规定，县级以上人民政府文化主管部门负责对娱乐场所日常经营活动的监督管理；县级以上公安部门负责对娱乐场所消防、治安状况的监督管理。而且明文规定，与国家机关工作人员、文化主管部门和公安部门的工作人员有夫妻关系、直系血亲关系、三代以内旁系血亲关系以及近姻亲关系的亲属不得开办娱乐场所，也不得参与或者变相参与娱乐场所的经营活动。

《条例》规定，开办娱乐场所需持许可证。设立娱乐场所，应当向所在地县级人民政府文化主管部门提出申请；设立中外合资、合作经营的娱乐场所，应当向所在地人民政府文化主管部门提出申请，提交投资人员、拟任的法定代表人和其他负责人无条例所禁止情况的书面声明。

申请予以批准的，颁发娱乐经营许可证，并依规定核定该娱乐场所容纳的消费者数量；不予批准的，申请人将收到说明理由的书面通知。娱乐场所改建、扩建，或者变更场地、主要设施设备、投资人员，只要是变更娱乐经营许可证载明事项的，经营责任人应当向原发证机关申请重新核发娱乐经营许可证。

《条例》规定，为防止扰民，娱乐场所的边界噪音应当符合国家规定的环境噪声标准。娱乐场所不得设在下列五类位置：居民楼、博物馆、图书馆和被核定为文物保护单位的建筑物内；居民住宅区和学校、医院、机关周围；车站、机场等人群密集的场所；建筑物地下一层以下；与危险化学品仓库毗连的区域。

《条例》还明确，除国家法定节假日外，游艺娱乐场所设置的电子游戏机不得向未成年人提供服务。如有违反，则由县级人民政府文化主管部门没收违法所得，违法所得超过人民币 1 万元的，处以违法所得 1 倍以上、3 倍以下的罚款；没有违法所得或者违法所得不足 1 万元的，处以 1 万元以上 3 万元以下的罚款；情节严重的，责令停业整顿 1 个月至 6 个月。

娱乐场所也不得招用未成年人。如招用未成年人，由劳动保障行政部门责令改正，并按照每招用一名未成年人处以每月 5 000 元罚款的标准给予处罚。

《条例》明确指出，任何人不得非法携带枪支、弹药、管制器具或者携带爆炸性、易燃性、毒害性、放射性、腐蚀性等危险物品和传染病病原体进入娱乐场所。

《条例》规定，娱乐场所及其从业人员不得为进入娱乐场所的人员实施下列行为提供条件：提供、贩卖毒品，组织、强迫、教唆、引诱、欺骗、容留他人吸食或注射毒品；组织、强迫、引诱、容留、介绍他人卖淫嫖娼；制作、贩卖和传播淫秽物品；提供或者从事以营利为目的的陪侍、赌博；从事邪教、迷信等其他违法犯罪行为。

2. 有法不依，酿造火灾惨案

尽管《条例》已施行两年多，全国各地娱乐场所因违法造成各种事故的现象还是时有发生。此次的舞王事件就是典型的有法不依终酿大祸的例子。

深圳龙岗舞王俱乐部特大火灾的调查结果表明，该俱乐部于 2007 年 9 月 8 日开业，无营业执照，无文化经营许可证，消防验收不合格，属于无牌无照擅自经营。

深圳市有关部门多次对娱乐场所进行“严格”的检查，诸如“扫雷”行动、“地毯式”检查等，遗憾的是，舞王俱乐部竟然能躲过这些检查持续非法经营。特别不能让人理解的是，当年 2 月 27 日，深圳市南山区南方金属公司厂房内燃起的一场大火致使 15 人葬身火海。事后，深圳市消防部门在全市范围内掀起力度空前的排查消防隐患风暴。但在消防部门推出的春夏两季度的重大消防隐患“黑名单”中，舞王俱乐部均未在列。这座在当地远近闻名、生意火暴的俱乐部地处深惠路交通要道，十分惹人注目，稍加留意就可以轻而易举地发现其逃生通道狭窄、应急灯不亮、装饰材料易燃等隐患，可舞王俱乐部居然一次次地逃过了消防部门的检查。对娱乐场所的管理涉及多个部门，从经营许可、消防安全、内部设施与结构以及卫生环境等各方面都能躲过检查，实属不易，但舞王俱乐部做到了。其中问题令人费解，却又昭然若揭。

（二）“三问为什么”带来的思考

9 月 21 日，国家安监总局副局长赵铁锤在面对深圳龙岗区舞王俱乐部“9·20”特大火灾事故时愤然诘问：“为什么这样一个无牌无照、擅自经营的单位能够长期存在？为什么这样一个非法经营的歌舞厅，百日督查专项行动中都没有发现？为什么我们要把决心下在事后的处理上，而不是重视事前的预防呢？”

三个“为什么”几乎囊括此类安全责任事故的全部疑点，同时也暴露了相关职能部门缺失责任感的严重问题。归根结底，在于管理的缺位和监管的乏力。那么，管理的缺位和监管的乏力又是怎样造成的？

对娱乐场所的管理涉及多个管理部门，如何协调各管理部门，实现协调互补式的统一管理存在一定的难度。各自为政、泾渭分明的管理部门炮制出多个责任盲区。比如舞王俱乐部利用了龙岗区文化局与工商局之间的责任盲点，安然无照经营，这说明在管理分割时，各部门往往不是合力监管，而是都放手不管，致使监管不到位。

早在2006年新的《娱乐场所管理条例》出台后，就有很多人表示，条例执行难题在于真正实现各部门齐抓共管。歌舞娱乐场所长期存在的问题，如治安安全、色情陪侍、毒品交易等，条例对此虽然作了明确规定，但仅靠文化部门落实却相当困难。而在面对多头执法、多重管理的市场时，一个本该由上级政府出面组成的联合执法机构以及早应该形成的长效执法机制却迟迟得不到实现，最终导致监管缺位。另外，还有一个不能忽略的问题：现行《条例》对有关部门的职责和任务都作了较详细的规定，但实际上这些部门未必都做到了各尽其职，部门协调是要建立在各部门能够尽心尽力履行各自职责的基础上才能实现的。

（三）是火灾，还是人祸？

应该说，今日之祸源于往日之疏。人命大于天，监管难题再大，也绝不能够成为开脱责任的说辞。面对无辜逝去的生命，我们能够做的只有重新反思和总结管理的疏忽和漏洞，痛定思痛，建立健全监督执法的长效机制，避免悲剧再次发生。

协调各部门，做好对娱乐场所的管理工作，其成果优劣，主要取决于管理者的素质和态度。作为管理者，第一，要有扎实的知识基础和与时俱进的管理观念，并对自身事业有着充分的、正确的理解；第二，要严格履行管理职责，树立高度的责任意识；第三，要不断提高自身管理水平，掌握先进的管理策略和技能；第四，要牢固树立“执政为民”的信念，杜绝腐败和以权谋私现象。在管理制度建设上，则要积极建立层级管理、通力协作制度。各监管部门要担负起各自的管理职责，同时要有部门对这些监管部门实施监督和检查，防止出现漏洞和缺位。

四、思考与讨论

1. 根据案例和事实，结合我国目前娱乐场所管理的现状，你认为我国在公共场所的管理中存在哪些问题？产生问题的根源是什么？如何解决这些问题？

2. 结合案例，根据应急管理基本原理，你认为应如何实施公共危机管理，例如危机预防与预警，危机反应与处理，危机后的恢复与重建？

3. 谈一谈你对国家安监总局副局长赵铁锤在面对深圳龙岗区舞王俱乐部“9·20”特大火灾事故时提出的三个问题的思考。

第三节　三鹿奶粉事件

一、三鹿奶粉事件始末

（一）三鹿集团股份有限公司简介

石家庄三鹿集团股份有限公司是集奶牛饲养、乳品加工、科研开发为一体的大型企业集团，是中国食品工业百强、中国企业500强、农业产业化国家重点龙头企业，也是河北省和石家庄市重点支持的企业集团。该企业曾先后荣获全国“五一”劳动奖状、全国先进基层党组织、全国轻工业十佳企业、全国质量管理先进企业、科技创新型星火龙头企业、中国食品工业优秀企业等200余项省级以上荣誉。2006年，集团实现销售收入与2005年同比增长16.5%，利税同比增长9.6%。

三鹿集团前身是1956年2月16日成立的“幸福乳业生产合作社”，经过几代人半个世纪的奋斗，在同行业创造了多项奇迹和“五个率先”：1983年，率先研制、生产母乳化奶粉（婴儿配方奶粉）；1986年，率先创造并推广“奶牛下乡、牛奶进城”城乡联合模式；1993年，率先实施品牌运营及集团化战略运作；1995年，率先在中央电视台一频道黄金时段播放广告；1996年，率先在同行业导入CI系统（企业形象识别系统）。

三鹿奶粉产销量连续14年实现全国第一，酸牛奶销量进入全国前二名，液体奶进入全国前四名。三鹿奶粉、液态奶被确定为国家免检产品，并双双再次荣获“中国名牌产品”称号。2005年8月，“三鹿”品牌被世界品牌实验室评为中国500个最具价值品牌之一，2007年被商务部评为最具市场竞争力品牌。“三鹿”商标被认定为“中国驰名商标”，产品畅销全国30多个省、市、自治区。2006年位居国际知名杂志《福布斯》评选的“中国顶尖企业百强”乳品行业第一位。经中国品牌资产评价中心评定，三鹿品牌价值达149.07亿元。

三鹿集团通过了ISO9001、ISO14001认证，GMP审核和HACCP认证，获国家实验室认可证书、国家认定企业技术中心称号。2008年，拥有在饲养奶牛80万余头，日产鲜奶6 800吨，奶牛饲养辐射130个县、5 500多个村，带动6万多农户发展奶业，通过延伸产业链吸纳80余万农村剩余劳动力，极大地带动了周边经济的发展和人民生活水平的提高。

2006年6月15日，三鹿集团与全球最大的乳品制造商之一新西兰恒天然集团的合资公司正式运营。①

（二）三鹿奶粉事件的产生与发展过程

1. 事件的由来

三鹿事件的关键词——三聚氰胺（$C_3H_6N_6$），是一种常见的塑料化工原料，灭鼠药的主要成分，氮元素含量高。其本是化工领域的专有名词，在三鹿事件爆发后，竟以臭名昭著的杀人凶手之“形象”，成为街头巷尾的口中谈资。三聚氰胺，这个在3年前还鲜为人知的化工专业术语，如今已成为人们耳熟能详的词汇，并且与牛奶紧密地联系起来。这样一种化工原料是如何被掺加到原奶中去的？又是如何进入奶制品加工环节的？

食品工业检测中，采用“凯氏定氮法”推算蛋白质的含量，因三聚氰胺的氮含量高，故而被添加进人类食品、宠物食品、家畜饲料中，让产品披上蛋白质含量丰富的伪装，吸引消费者购买。因家畜与成人体积较大，肾功能完全，具有一定的新陈代谢能力，故未发生因三聚氰胺引起的群体事故。在后来，引发群体事故的有2007年的宠物饲料与2008年的三鹿奶粉事件。

---

① 百度百科．石家庄三鹿集团有限公司，http：//baike.baidu.com/view/2154221.htm，2009－04－18

河北省曲周县的张玉军在2007年7月前一直在当地从事养殖业。在养牛过程中，他经过多次试验，“发明”了将三聚氰胺和麦芽糊精按一定比例配制“蛋白粉”的方法，据称此“发明”“能够提高牛奶中的蛋白质含量，而且不易挥发，更不易被检查出来”。

张玉军最初在自己的养牛场少量配制，并从中牟取到丰厚利润。2007年11月，他前往山东省济南市历城区党家庄，化名“张海涛”，通过互联网从河南省濮阳市等地购进三聚氰胺，从济南市购进麦芽糊精，以生产涂料黏合剂为名批量生产所谓的“蛋白粉”。

据张玉军在法庭上的供述，往原奶中掺“蛋白粉”已是圈内人所共知的“秘密”，这样既可以增加原奶重量，又可以提高蛋白质含量，所以深受一些奶站欢迎，市场销售的潜力巨大。警方初步查明，2007年9月到2008年8月，张玉军总共生产“蛋白粉”600多吨，非法获利50多万元。

三鹿集团一位质量检查员透露，过去奶站为增加重量而往原奶中兑水，后来收奶时检测日趋严格，一些不法奶站开始追求“技术含量”，往原奶中掺加一些混合物以增加蛋白质含量，做这种事情的人越来越多，手段也越来越高明，用三聚氰胺与麦芽糊精按一定比例配置“蛋白粉”是最为普遍的方法。①

2. 零散发病，矛头指向三鹿

2008年3月以来，三鹿集团先后接到消费者投诉，有婴幼儿食用三鹿婴幼儿奶粉后，出现尿液变色或尿液中有颗粒现象。6月中旬以后，三鹿集团又陆续接到婴幼儿患肾结石等病状去医院治疗的信息，但送测未发现问题。

3月，南京出现全国首例肾结石婴儿病例。

6月，国家质检总局网站接到关于问题奶粉的投诉。

6月28日，甘肃出现省内首例患儿。

7月，广东出现疑似因食用三鹿奶粉引发肾结石的病例；长沙、南京、北京多名婴儿家长投诉三鹿。

7月16日，甘肃卫生厅接到多起患病报告。

3. 病例增加，社会关注

8月1日，三鹿查明不法奶农掺入三聚氰胺的事实，但未对外公布消息。

---

① 新华网．解读三鹿奶粉案：掺含三聚氰胺蛋白粉成潜规则，http：//news. sina. com. cn/c/2009 -01 -04/084916973100. shtml，2009 -04 -18

9 月 1 日，豫、赣、鄂等多省发现类似病例。

9 月 9 日，一则标题为“14 名婴儿同患‘肾结石’”的报道出现在《兰州晨报》上，报道中有“长期食用某品牌奶粉而导致 14 名不满周岁婴儿患肾结石”的消息，这是首次有关“结石奶粉”的公开报道，旋即在网络世界被疯狂转载。

随后，《东方早报》率先将矛头指向“三鹿”奶粉；紧接着，湖南、湖北、山东、安徽、江西、江苏等地相继有媒体传出消息，称当地出现疑似案例。

9 月 10 日，陕甘宁再现 6 例，南京出现 10 例结石病例。

9 月 11 日，甘肃报告 59 名婴儿患病，1 名死亡。

9 月 11 日上午，三鹿称奶粉质检合格、没有 18 元价位的奶粉，晚间又改口，承认 700 吨奶粉受污染。

9 月 12 日，南京 15 名患儿出院，截至当时江苏省共收治 20 名患儿。

9 月 12 日，三鹿集团辩称不法奶农掺入三聚氰胺，三鹿受污染奶粉致婴儿泌尿系统结石事实初步认定。

截至 9 月 15 日 8 时，全国医疗机构共接诊、筛查食用三鹿牌婴幼儿奶粉的婴幼儿近万名，临床诊断患儿 1 253 名，其中 2 名已死亡。

到 9 月 17 日 8 时，中国各地共报告临床诊断患儿 6 244 例，其中 4 917 例患儿症状轻微，生命体征稳定，正在进行院外随访治疗或已治愈。仍留院观察治疗的患儿有 1 327 人。此时已举国惊骇，民声滔滔。

9 月 16 日，质检总局公布专项检查结果，22 家企业的 69 批次产品检出了不同含量的三聚氰胺。

4. 事件调查与处理

9 月 12 日，石家庄警方传唤 78 名涉嫌生产问题奶粉嫌疑人。

据新华社 2009 年 3 月 20 日报道，中央纪委监察部对三鹿奶粉事件中负有重要责任的质检总局、农业部、卫生部、工商总局和食品药品监管局的有关人员作出处理，处理决定如下：

给予质检总局执法督查司司长王步步撤销党内职务的处分和撤职的行政处分。

给予工商总局食品流通监督管理司副司长卢艳刚撤职的行政处分。

给予农业部畜牧业司司长王智才降级的行政处分。

给予质检总局食品生产监管司原副司长鲍俊凯、农业部总经济师张玉香、卫生部食品安全综合协调与卫生监督局局长赵同刚记大过的行政处分。

给予工商总局消费者权益保护局局长孙文序、食品药品监管局食品安全协调司司长孙咸泽记过的行政处分。

2009 年 1 月 22 日，石家庄市中级人民法院对三鹿问题奶粉系列刑事案件中的数名被告人作出一审判决：

被告人张玉军犯以危险行为危害公共安全罪，被判处死刑。

被告人张彦章犯以危险行为危害公共安全罪，被判处无期徒刑。

被告人高俊杰犯以危险行为危害公共安全罪，被判处死刑，缓期两年执行。

被告人薛建忠犯以危险行为危害公共安全罪，被判处无期徒刑。

被告人张彦军犯以危险行为危害公共安全罪，被判处有期徒刑 15 年。

被告人肖玉犯以危险行为危害公共安全罪，被判处有期徒刑 5 年。

被告人耿金平犯生产、销售有毒食品罪，被判处死刑。

被告人耿金珠犯生产、销售有毒食品罪，被判处有期徒刑 8 年。

被告单位石家庄三鹿集团股份有限公司犯生产、销售伪劣产品罪，被判处罚金 4 937 万余元。

被告人、三鹿集团原董事长田文华犯生产、销售伪劣产品罪，被判处无期徒刑，并处罚金 2 000 万多元。

被告人、三鹿集团原高管王玉良犯生产、销售伪劣产品罪，被判处有期徒刑 15 年。

被告人、三鹿集团原高管杭志奇犯生产、销售伪劣产品罪，被判处有期徒刑 8 年。

被告人、三鹿集团原高管吴聚生犯生产、销售伪劣产品罪，被判处有期徒刑 5 年。

二、三鹿集团应对危机的表现

（一）三鹿集团的三次会议跌破了道德底线

三鹿集团曾经成功处理过“阜阳奶粉事件”中被列名于质量不合格名单的紧急情况，应该说有一定的危机处理经验。遗憾的是，在这一次的危机中，三鹿多次选择了错误的应对措施，最终导致一个仅品牌价值就近 150 亿元人民币的大型企业霎时间灰飞烟灭。

第一次会议：5 月会议，意识到出事了。

2008 年 3 月始，南京鼓楼医院泌尿科外科医生孙西钊陆续接到南京儿童医院送来的 10 例泌尿结石样本，这种饮用三鹿奶粉导致结石的婴儿在北京一家医院中已很常见。此时，三鹿前副总经理王玉良刚刚获悉此事。从 2007 年底三鹿就开始接到消费者类似投诉。发现问题的三鹿一直“悄悄”和消费者沟通，在三鹿集团向法庭出示的证据中发现，其共付出 118 万元用作患儿检查费用。这并不是真相大白于天下后三鹿赔偿给患儿的医疗费用，而是事发前用来封消费者口舌的钱款。

不过，当时的形势并没有让三鹿意识到危机之巨，因为直到 2008 年 5 月中旬，这一问题才提交到三鹿经营班子会议上。据田文华回忆，当时参加经营班子会议的人有很多，总经理、副总经理、部分董事以及两个顾问都有到场。会议决定成立几个小组，王玉良负责质量排查，三鹿前副总经理杭志奇负责加强奶源监管。会议要求各小组立即展开工作，每两周召开一次会议，听取各小组的汇报，有问题的要立即解决。

另外，还有两名副总负责与消费者和媒体沟通，用广告削弱媒体影响等。一名副总在证言中说：“田文华对我说，媒体出问题，就是我的问题。”另一副总刘承德在证言中承认自己负责法律事务的事实。

几个月后才真相大白，与三鹿负责人的掩耳盗铃策略直接相关，杭志奇这样回忆当时三鹿高层的应对心态：“其实这时候作为厂里的领导都明白，是奶粉质量出了问题，但不知道具体原因，我们主要考虑企业的发展和影响，所以即使明白是质量出了问题，也没有及时停产并召回相关产品。”

此后，三鹿开始施行“人盯挤奶厅”，用广告掩盖媒体报道和质量排查的真相。

7 月后，“结石宝宝”病例报告进入高发期，这才引起越来越多的重视。7 月中旬的一个晚上，三鹿一位高管受到一位知名技术专家的质问——甘肃的事情是不是三鹿添加了什么东西导致的？可他的回答是：大企业都不会。

随后，各地病例报告越来越多，甘肃 1 个病例报告死亡。没有指名的相关报道也开始出现在媒体中。

2008 年 7 月 26 日，经过初步检测发现确实含有三聚氰胺，李朝旭将此消息告知王玉良。31 日检验报告已正式形成，不过检验方要求提供产品生产者名称等信息，否则不予报告。经过一番协调，三鹿 8 月 1 日才拿到检测报告。

第二次会议：8 月 1 日会议，这是大事，要保密。

8 月 1 日 18 时，在田文华的主持下，三鹿集团会议室中经营班子扩大会议开始进行。王玉良通报了检测报告，并将自己在网上搜索到的资料告知大家，了解了三聚氰胺是一种怎样的物质，有怎样的危害，多日谜团才终于揭开，这个消息不知在与会者中引起多大反响，此次会议直至次日凌晨 4 时才结束。可叹的是，此次会议决定封存库存产品，以换货形式，用不含三聚氰胺产品召回问题产品。同时，田文华还明确要求，“这是大事，要保密”。因此，在接下来的一段时间，三鹿很多中层干部也只知道“非乳蛋白氮”或“A 物质”，直至 9 月 11 日晚公开曝光后，才知道“A 物质”和三聚氰胺是一回事。

杭志奇也回忆说，“当时这件事要求严格保密，越少人知道越好，混过去就是对我们集团最好的保障方法”。

8 月 2 日 9 时，三鹿董事会召开会议，因为几名外方董事远在上海，会议采用电话会议形式。据与会者回忆，经营班子会议决议被通报给新西兰董事会成员，他们表示同意这些措施并形成决议。在此次会议上，杭志奇还特意提到田文华不让做会议记录的细节，并宣称“她就是怕秘密泄露出去”。

第三次会议：8 月 13 日会议，跌破道德底线。

8 月 13 日，三鹿集团召开经营班子扩大会议，会议参加者包括十几名三鹿高层，并确定换货方案，即用三聚氰胺含量较低的产品换较高的产品。

8 月 15 日，三鹿召开董事会会议。田文华供述称，外方没有要求公开曝光，只是有些担心。此时一位董事提出一个理由，得到董事会成员正面响应，田文华还认为，外方完全参与三鹿奶粉事件管理，应当承担责任。

8 月 18 日，三鹿集团下发召回通知，短时间内，他们从消费者手中回收价值 1 795 万元的奶粉，从经销商那里回收价值 2.6 亿元的产品。在不断曝出的“结石宝宝”案例面前，三鹿一直编造着谎言来掩盖一切。直到 9 月 11 日上午，三鹿相关人士还表示自己的产品合格，拒绝透露 40 多天以前就知晓的三聚氰胺真相。

8 月 2 日之前，三鹿集团已经意识到奶粉存在问题，但他们没有当即停止销售、公布信息和回收产品，8 月 2 日确认了问题所在后，仍然要求地方政府帮助封锁信息。面对公众的质疑，三鹿集团一直言之凿凿，狡辩称“所有产品都没有问题”，拒绝供述事实。在卫生部已经明确表示对三鹿奶粉“高度怀疑”后，三鹿集团才承认了奶粉受污染的情况，同时又将责任推给“不法奶农”，道歉信毫无诚意，这种出尔反尔的态度自然引起了公众的不满，这样的不满通过网络放大，产生了惊人的影响力，三鹿集团最终走向末路。

（二）事发后的初期反应：否认和掩盖

2008 年 9 月 11 日凌晨 3 时，三鹿作为毒奶粉的始作俑者，被新华网曝光，社会一片哗然。同时，7 名患儿的父母联名起草申诉书，上书甘肃省卫生厅，要求彻查病因。

10 时，三鹿集团通过人民网公开回应：三鹿是奶粉行业品牌产品，严格按照国家标准生产，产品质量合格，目前尚无证据显示这些婴儿是因为吃了三鹿奶粉而致病。如果真的有这样的问题，相信质检部门会查个水落石出。三鹿集团委托甘肃权威质检部门对产品进行了检验，结果显示质量是合格的。同时，三鹿表示，造成婴儿肾结石的原因是多方面的，自己的产品绝不是其中的一个。遗憾的是就在第二天 21 时 10 分，甘肃省质量技术监督局召开新闻发布会，声明该局从未接受过三鹿集团的委托检验。

13 时，中国西部天地商贸有限责任公司（三鹿集团合作公司）周浩义董事长信誓旦旦地对记者说：“1 个月前，我们听到了一些情况反映，也是消费者反映，他们的孩子食用了我们的奶粉后身体不舒服，因此，我们主动找到省卫生厅，通过省卫生厅上报卫生部，把我们所有流放市场的系列产品送样进行了检测，结果是我们的产品没有一样不合格。因为我们的产品都是严格按照国家标准生产和检测的，我们的态度也是对消费者高度负责的。我们可以肯定地说，我们所有的产品都是没有问题的。”

19 时，三鹿集团传媒部部长崔彦锋回应：“作为具有 60 多年历史的国家知名企业，三鹿几乎成了我国奶粉的代名词，因此我们具有极高的社会责任感，婴儿奶粉是专门为婴儿生产的，在生产中对理化、生物、卫生等标准也是完全按照国家配方奶粉的标准执行并接受全面检测的。我们可以肯定地说，我们所有的产品都是没有问题的。”

“我们可以肯定地说，我们所有的产品都是没有问题的！”成为危机之初三鹿各方回应事件的统一口径。

20 时 50 分，中国卫生部发布消息：经调查，高度怀疑石家庄三鹿集团股份有限公司生产的三鹿牌婴幼儿配方奶粉受到三聚氰胺污染。三聚氰胺可导致人体泌尿系统产生结石。“没有问题”的谎言终于被戳穿。

（三）事实面前：承认奶粉污染，避重就轻

9月11日21时30分，三鹿集团股份有限公司发布产品召回声明，称经公司自检，发现2008年8月6日前出厂的部分批次三鹿婴幼儿奶粉受到三聚氰胺的污染，市场上大约有700吨。

9月12日14时，三鹿集团发布消息，此事件是由于不法奶农为获取更多的利润向鲜牛奶中掺入三聚氰胺。并宣称通过对产品大量深入地检测排查，在8月1日就得出结论——是不法奶农向鲜牛奶中掺入三聚氰胺造成婴儿患肾结石，不法奶农才是这次事件的真凶——并将结论立即上报，而且通过卫生部发布召回婴幼儿奶粉的声明。

此时，三鹿完全以事故的“受害者”自居，仿佛自己是“不良奶农”的陪葬品，在惊觉产品存在问题后，大义灭亲，主动上报，并惺惺作态，表示会极力挽回“不良奶农”炮制的恶劣后果，显露着一副贼喊捉贼的无耻嘴脸。但是，既然8月1日就得出结论：自己的奶粉中有三聚氰胺，为何要召回8月6日前出厂的奶粉？这就是说，在明明知道自己在生产毒奶粉之后，三鹿还继续生产了至少5天毒奶粉，产量以千吨计。疲于演戏使他们心神俱瘁，很快便露出马脚，谎言不攻自破。

15时，三鹿集团品牌管理部苏长生发布消息，奶农确有在供给三鹿的奶源中添加三聚氰胺的行为，但由于目前并没有乳品氮含量检测规定，三鹿集团从未对此进行过检测，因此，事前也并不知道奶农的违法行为。

9月15日，在河北省政府举行的新闻发布会上，三鹿集团副总裁张振岭宣读了《石家庄三鹿集团股份有限公司致社会各界的公开信》，全文如下：

> 三鹿牌婴幼儿配方奶粉重大安全事故，给众多患儿及家属造成严重伤害，我们非常痛心！三鹿集团向你们表示最诚挚的道歉！
>
> 9月15日上午9时，我公司从河北省公安厅的新闻发布会上获悉，涉嫌向我公司原奶中添加三聚氰胺的案件已经取得重大进展，19名嫌疑人已经被刑事拘留，其中两人被依法逮捕。我公司真诚感谢公安部门夜以继日、不辞辛苦地快速侦破案件。
>
> 我公司郑重声明，对于8月6日以前生产的产品，我们全部收回，对8月6日以后生产的产品，如果消费者有异议、不放心，我们也将收回。同时，我们将不惜代价积极做好患病婴幼儿的救治工

作。最后，再次向广大消费者和患病婴幼儿及家属真诚道歉！

三、政府部门的应对措施

（一）国务院及其他部委的应对措施

1. 国务院的应对措施

9 月 12 日，三鹿受污染奶粉致婴儿泌尿系统结石事实被初步认定后，国务院于 9 月 13 日上午对三鹿牌婴幼儿奶粉重大安全事故的应急处置问题进行了专题研究，并作出了一系列重大决定：

第一，立即启动国家重大食品安全事故一级响应机制，成立应急处置领导小组，由卫生部牵头，国家质检总局、工商总局、农业部、公安部、食品药品监管局等部门和河北省人民政府参加，共同做好三鹿牌婴幼儿配方奶粉重大安全事故处置工作。

第二，切实加强医疗救治。加强有关健康宣传，引导结石病患儿及时就诊。组织专家到农村等偏远地区进行查访，收治患儿，集中到医院进行有效治疗，务求患儿尽快恢复健康。国务院还决定，对因服用三鹿牌奶粉而患结石病的患儿实行免费治疗。据专家介绍，只要及早发现患病儿童，及时到医院接受有效治疗，治愈后情况良好。

第三，对全国婴幼儿奶粉生产企业全面开展质量检查，并及时公布检查结果。对发现有质量问题的奶粉要立即全部召回，坚决停止销售，宁可遭受一些经济损失，也要保护人民健康。对质量合格的奶粉要积极组织货源，保证市场供应。

第四，尽快查明真相，依法依纪处理。对证据确凿的人为添加三聚氰胺的违法犯罪分子要依法严惩，对失职的工作人员要严肃追究责任。

第五，及时公布有关信息。对这起重大安全事故的调查进展情况、患病儿童的医疗救治情况、其他品牌婴幼儿奶粉的质量检查情况等信息，要按照公开、透明、及时、准确的原则向社会公布，并向有关国际组织通报。

第六，认真总结经验教训。有关部门密切配合，建立起规范高效的食品安全监管机制，保护合法经营，打击非法经营，让人民放心。

在事件处理期间，胡锦涛总书记、温家宝总理、李克强副总理、王岐山副总理多次作出重要指示和批示，对处置工作和加强奶制品监管提出了明确要求。9 月 19 日，国务院下发了《国务院办公厅关于进一步做好婴幼儿奶粉事件处置工作的通知》，对进一步做好婴幼儿奶粉事件处置和奶制品行业开展全面整顿进行了部署。

通知要求，各地、各有关部门主要负责同志要把处理婴幼儿奶粉事件作为当前的一项重要工作，亲自抓、负总责。各地都要建立领导机构和工作机制，及时解决有关问题，稳妥地做好婴幼儿奶粉事件的处置工作。

要加强对患病婴幼儿特别是农村和边远地区患病婴幼儿的筛查，对因食用含有三聚氰胺婴幼儿奶粉患泌尿系统结石症的婴幼儿给予免费检查、治疗，务求使患病婴幼儿尽快恢复健康。免费治疗所需费用由同级财政预拨垫支，中央财政对确有困难的予以适当支持。事件责任查明后，再按有关法律法规由责任企业赔付。卫生部门要统筹安排好医院检查力量，加强技术指导，保证诊断检查和医疗救治的需要。

质检部门要对奶制品进行全面检查。对检查不合格的奶制品，企业应当主动召回，各级工商部门负责组织全部下架、召回和封存。消费者要求退货的，按照原购买价格给予退货，并如实登记，对合格的奶制品允许继续销售。

要对奶制品行业开展全面整顿。质检总局会同工业和信息化部、农业部、工商总局等部门负责部署，具体整顿工作由地方政府负责组织实施，要通过全面整顿，使奶制品生产和市场秩序有一个根本性的改观。地方政府要帮助奶农扩大销售渠道，要求生产企业按合同收购。农业部、财政部要研究对奶农的扶持政策，确保奶农利益不受大的影响，促进奶制品行业健康发展。

要确保奶制品质量安全。质检部门要向所有奶制品生产企业派驻监管人员，监督企业对进厂原料奶质量和各生产环节进行严格的检查，对每一批出厂成品进行严格检验，对进出口奶制品严格执行检验检疫制度，确保所有奶制品符合质量标准。

要保证奶制品市场供应和价格稳定。各地政府要组织企业扩大质量合格的奶制品的生产，增加货源投放市场。商务部要会同各地加强对奶制品市场的每日监测，做好产销衔接和区域调剂，确保奶制品供应，满足群众需求。

要依法严肃处理相关责任人。对查出的奶制品质量安全问题，要彻底查明原因，依法惩处违法犯罪分子，对负有责任的企业、监管部门和地方政府领导干部严肃追究责任。

要加强宣传引导工作。充分利用各种新闻媒体，及时、主动、准确发布相关信息，让群众了解真实情况。

要切实维护社会稳定。严密防范、及时发现、严厉打击扰乱市场秩序和危害社会治安等违法犯罪活动。

9 月 18 日，国务院办公厅发布《关于废止食品质量免检制度的通知》。

9 月 20 日，中共中央政治局常委、国务院副总理李克强专程来到河北省定兴县，深入医院、患儿家庭和商场，代表党中央、国务院看望三鹿婴幼儿奶粉事件中患病儿童，并考察患儿救治工作和奶制品市场情况。

9 月 22 日，国家处理三鹿牌婴幼儿奶粉事件领导小组事故调查组公布调查结论：三鹿集团公司主要负责人涉嫌犯罪，石家庄市委、市政府主要负责同志对三鹿牌婴幼儿奶粉事件未及时上报，处置不力。同日，国务院发布任免决定：同意李长江辞去国家质量监督检验检疫总局局长职务。任命王勇为国家质量监督检验检疫总局局长。

10 月 9 日，国务院发布《乳品质量安全监督管理条例》。

2. 卫生部的应对措施

9 月 11 日，卫生部网站发出消息，消息指出，“近期甘肃等地报告多例婴幼儿泌尿系统结石病例，调查发现患儿多有食用三鹿牌婴幼儿配方奶粉的历史。经相关部门调查，高度怀疑石家庄三鹿集团股份有限公司生产的三鹿牌婴幼儿配方奶粉受到三聚氰胺污染”。卫生部的这一表态使一直坚持“产品没有任何问题”的三鹿集团不得不承认奶粉受污染的事实。

卫生部随即下发通知要求各地立即统计辖区内医疗机构接诊的患病婴幼儿有关情况，并于 12 日 17 时前上报。同时在其网站发布“有三鹿牌婴幼儿配方奶粉喂养史患泌尿系统结石婴幼儿有关情况统计表”，表内须如实填写患病婴幼儿姓名、性别、年龄（月龄）、就诊机构、诊断、并发症、是否仍在院治疗、备注等信息，以便尽快掌握患儿的发病及救治情况，及时有效地开展诊疗工作。

11 日当晚，卫生部会同其他相关部门组成的联合调查组赶赴奶粉生产企业所在地，会同当地政府查明原因，查清责任，并表示将严肃处理有关责任人。联合调查组由卫生部带头，由农业、公安、质检、工商、食品药品监管等部门及相关专家组成。

12 日，卫生部还会同中华医学会组织专家制定了《与食用受污染三鹿牌婴幼儿配方奶粉相关的婴幼儿泌尿系统结石诊疗方案》，从临床表现、诊断要点、鉴别诊断、治疗、随诊等方面，为患儿的诊疗救治工作提供指导。

同日，卫生部召开食用三鹿牌奶粉导致婴幼儿泌尿系统结石医疗救治工作紧急视频会议，向各省、自治区、直辖市卫生厅局主要相关负责同志提出了医疗工作要求，并组织相关专家对各地儿童医院、综合医院以及妇幼保健院的儿科、影像科医生进行相关诊疗业务的即时培训。9 月 15 日，卫生部再次召开视频会议，组织部级诊疗专家组集体培训。

9 月 13 日，卫生部组织成立了以儿科、小儿肾内科、超声科、放射科等专业的国内权威专家为成员的部诊疗专家组，协助各地医疗机构开展医疗救治工作。同时，要求各省级卫生行政部门成立诊疗专家组，负责指导本辖区内各医疗机构的医疗救治工作。此后，各级诊疗专家组持续密切关注患儿的临床全过程，尽一切可能将毒奶粉对患儿健康的影响降到最低。

同时，根据国务院的决定，卫生部要求医疗机构本着对患儿高度负责的态度，积极对患儿进行诊治。对因服用奶粉而患结石病的患儿实行免费治疗。

9 月 14 日起，卫生部要求各省级卫生行政部门成立针对食用含三聚氰胺奶粉导致婴幼儿泌尿系统结石的诊疗专家组，并每日上报新增病例情况，病例上报实行零报告制度，彻底防止恶意阻塞信息的行为。

卫生部要求承担患儿诊断筛查工作的医疗机构应当为设有儿科的二级以上的综合医院、儿童医院或市级以上的妇幼保健院。并提醒各地加强对医疗机构相关患儿诊疗工作的指导，对疑难、重症病例及时组织会诊、抢救，必要时安排转诊。重大诊疗问题须及时上报卫生部医政司，卫生部将根据情况派出诊疗专家组提供指导。

3. 质检总局的应对措施

质检总局 9 月 9 日得到信息后，立即派出工作组到河北石家庄进行实地调查。

9 月 10 日，总局紧急部署，开始对全国所有乳制品进行全国专项检查，还先后派出 33 个检查组和工作组，分赴乳制品企业比较集中的省份督促检查。北京、上海、天津、广州、南京、宁波、长沙等地的三鹿奶粉下架。

此次行动对全国生产婴幼儿奶粉的 109 家企业进行了排查，共检验了这些企业 491 批次的产品，结果有 22 家企业的 69 批次产品检出了含量不同的三聚氰胺。9 月 16 日，质检总局向全国公布了检查结果。

9 月 16 日晚，国家质检总局召开全国质检系统加强乳制品生产监管紧急电视电话会议。会议提出，从总局抽调人员组成加强乳制品监管工作组，深入各地质监局和各直属检验检疫局，并抽调人员组成驻厂监管组，深入企业开展监管工作。按照总局部署，所有监管工作组成员在 9 月 17 日悉数到达目的地。

9 月 18 日，质检总局废止《产品免于质量监督检查管理办法》。组织全国 150 个国家级食品类质检中心和实验室对全国液态奶生产企业进行抽样检查，检查结果经国家重点实验室和国家重点检验机构进行了确认。共检出 24 批次液态奶含有三聚氰胺，其中伊利、蒙牛、光明等知名品牌赫然在列。

9 月 30 日，质检总局又组织对普通奶粉和其他配方奶粉进行了三聚氰胺专项检测。检测结果显示，乳制品内含有超量三聚氰胺的情况涉及 20 家企业的 31 个批次产品，分别占检测企业和检测批次的 13.0%、11.7%，三鹿奶粉依然在列，且高居榜首。

9 月 14 日以后，所有乳制品都要接受检验，产品必须符合三聚氰胺临时管理限量值的规定。

（二）地方政府的应对措施

三鹿集团经过自检发现问题后，于 8 月 2 日向石家庄市政府提交了《关于消费者食用三鹿部分婴幼儿配方奶粉出现肾结石等病症的请示》。市政府就请示提出的严查原料奶质量等要求作了处理，包括责成公安机关组织对奶站、奶厅涉嫌非法添加三聚氰胺行为进行调查；由主管副市长带队的工作组赶赴三鹿集团，帮助企业进行事故的处理；督促三鹿集团投资 500 多万元进口专用检测设备进行专项检测；回收市场中的三鹿婴幼儿配方奶粉等。但石家庄市政府迟迟未向河北省委、省政府作任何报告，更未上报国务院及有关部门，违反了有关重大食品安全事故报告的规定。直到 9 月 9 日，拖延了 38 天之久，石家庄市政府才向河北省政府报告。

8 月 12 日，在卫生部等多部门组成的联合调查组进行调查期间，石家庄市政府对记者宣布：经调查了解初步认定，石家庄三鹿集团股份有限公司所生产的婴幼儿“问题奶粉”是不法分子在原奶收购过程中添加了三聚氰胺所致。

9 月 30 日，石家庄市政府发言人王建国代表市政府向公众道歉并总结陈词，总结称：“我们从思想上查找根源，深刻认识到这次三鹿牌婴幼儿配方奶粉重大食品安全事故，我们有不可推卸的责任。一是政治上敏感性差，站位不高，只是就事论事，就请示说请示，没有上升到事关全局的、事关人民群众生命健康的高度去认识、去看待三鹿集团反映的问题。二是认识不到位，后果估计不足。错误地认为采取了必要的措施，提高了产品质量，就能够挽回影响，减少损失，以至于在国内外造成了重大不良影响。三是对企业考虑信任支持的多，主观上认为三鹿为农业产业化龙头企业，涉及职工、农户众多，支持企业、为企业创造一个良好的环境，是政府应尽的职责，结果客观上使企业不但没有认识纠正自身存在的严重问题，而且给职工、奶农以及广大消费者带来不可挽回的损失，特别是由于信息的迟报，贻误了上级机关处理问题的最佳时机，给群众生命安全造成重大危害，严重影响了党和政府的形象。”①

此外，新西兰总理克拉克在新西兰电视台的《早餐》节目中声明，作为三鹿集团股东的新西兰乳业巨头恒天然公司在 8 月 2 日了解到奶粉受污染的事实后，曾极力敦促其尽早将市场上的产品全面召回，但是该建议被中国地方政府官员阻止了。她说：“在地方层面……我想一开始的意向是试图压住此事，然后不采取公开召回的方法来处理。”克拉克本人于 9 月 5 日了解到这一事故，决定绕过地方政府，直接与中央政府联系。

河北省政府在 9 月 9 日接到石家庄市政府的报告后，迅速展开了调查，后将事件定性为重大食品安全事故，此时国家质检总局已经到达，省政府也没能按照《突发食品安全事故应急预案》要求在两个小时内上报。

从 9 月 18 日起，河北省在全省范围内开展打击在原奶中掺杂三聚氰胺等有毒有害物质违法犯罪专项行动。据河北省公安厅新闻发言人史贵中的介绍，这次专项行动将以县市区为单位，在全面澄清底数的基础上，统一组织警力，会同卫生、质检、工商、农业、商务等有关部门，对辖区内所有奶牛养殖单位和专业户、集中采奶场站以及奶制品生产企业开展突击检查，坚决依法打击在乳制品中添加三聚氰胺等有害物质的违法犯罪行为，消除食品安全隐患，保障人民群众的生命财产安全。

事实上，奶源的安全问题 2005 年已经暴露，河北省也意识到了问题的严重性。在事发前的 2008 年 7 月 18 日，河北省人大立法通过《河北省奶业条例》，并定于 2008 年 10 月 1 日起施行。针对现行法律对奶站的监管规定职责不清的问题，条例首次明确畜牧部门为奶牛养殖、奶站运营的监管单位；乳企直营奶站要在畜牧部门备案；私人若有意开办奶站，要先到工商部门注册，然后在畜牧部门备案；畜牧部门要组织独立的第三方，在奶站收购过程中监测奶源质量（方式是不定期抽查）。并且，每个奶站都要有一名畜牧员专职监

① 人民日报. 三鹿奶粉事件为何迟报，2008 - 10 - 01

督。该《条例》同时赋予质监部门新的责任，即其要负责检验进入乳企的奶源质量，也要用第三方检测的方式进行。质监部门还负责乳企生产直至产品出厂的质量监测。遗憾的是，这个《条例》尚未实施，巨祸已经暴发。

四、案例分析与评述

三鹿集团公司，国内最大的奶粉生产企业之一，是国内第一批获得“免检”的奶粉，中国名牌产品、免检产品。然而正是有着如此耀眼光环的企业和产品，在神州大地上制造出了血泪惨剧。700 吨毒奶粉，山一样沉重地压向中国老百姓。我国在食品生产方面存在的危机，也压出了我国企业在社会、安全、法律等各方面所存在的严重的责任问题。

（一）生产企业是食品安全第一责任人

三鹿集团副总裁王玉良说：“多年来，三鹿集团一直以高度的责任感、使命感，确保每一袋产品安全、优质。”讲得好听并不表明三鹿公司真的践行了。这不得不引起我们的思考，确保食品生产安全是不能靠心理上的认同与信任的。食品安全关乎人民基本权利，其管理标准必须更新了。于乳品生产领域来说：

1. 作为奶产品的制造者应该承担奶源质量检测责任

我国《消费者权益保护法》第十八条明确规定：“经营者应当保证其提供的商品或者服务符合保障人身、财产安全的要求。”所以，三鹿公司在生产的过程中，为了保证出厂产品的质量符合食品安全标准，应当对原材料进行安全检测，也应当在产品出厂时对成品质量进行检测。但是，三鹿公司没有履行这个“经过 1 100 多项检测才能出厂”的义务，却想把本属于它的责任推给奶农、“奶霸”，奶农送的牛奶原料即便存在质量问题，也不是造成消费者权益受损的直接原因，导致悲剧的，是包装盒上印有“三鹿”字样的成品。三鹿集团作为此次食品安全事故的第一责任人，在自己的产品出了如此严重的质量问题后，只是一味地蒙蔽事实、推卸责任，而不是积极承担事故责任，这不能不让我们感到愤怒！

2. 责任主体应在问题暴发后主动承担起应有的社会责任和法律责任

从案例中我们得知，三鹿公司早就发现了毒奶粉的问题，他们对此作出的“积极”反应是找媒体危机公关、找政府公关危机；对受害者作出“积极”反应——给他几箱奶粉，让他闭嘴。总之，他们被利欲蒙蔽了双眼，侵蚀了良心，忘记了一个大企业应当承担的社会责任。三次会议证明它已跌破了应有的道德底线，完全丧失了企业家的良心。

全国人大常委会副委员长成思危说：“中国企业正面临企业社会责任的挑战性考验。那种资本无道德、财富非伦理、为富可以不仁的经济理论和商业实践，不仅国际社会难以接受，中国社会也已经不能容忍。”虽未指名道姓，但这番推心置腹的言语是直接抛向三鹿集团的。

当前，除了三鹿公司，还有我们的一些特大型企业，也依靠自己垄断或是准垄断的地位，肆无忌惮地造假，污染生态环境和社会环境，传播黄、赌、毒，甚至给国外反华势力作宣传工具，不仅威胁到老百姓的生活安全、经济安全，甚至威胁到国家安全！他们将道德责任、社会责任、法律责任一并抛弃，是要遭到严厉制裁的。

把问题转化为机会是企业管理的精髓所在，也是企业家的职能所在，彼得·德鲁克指出，把社会问题转化为企业发展的机会可能不在于新技术、新产品、新服务，而在于社会问题的解决。一个长期奉公守法、善待社会、勇于承担社会责任的企业不仅可以提升自己的形象，还可增加无形资产。从这一角度来看，三鹿一直在自掘坟墓，与真理背道而驰。

（二）政府部门在食品安全方面的责任

1. 政府是食品安全的第二责任人

我国《消费者权益保护法》第二十七条规定：各级人民政府应当加强领导，组织、协调、督促有关行政部门做好保护消费者合法权益的工作。各级人民政府应当加强监督，预防危害消费者人身、财产安全行为的发生，及时制止危害消费者人身、财产安全的行为。这就明确表示，在我国现行法律制度规定下，政府是食品安全的第二责任人。在三鹿毒奶粉事件中，政府工作人员是否渎职，这得由我国检察机关、司法机关来依法认定。实际上，三鹿的“免检”资格在2006年就已到期，之后的质量检测应该是政府职能部门的职责，出现如此严重的质量问题，政府难逃“渎职”的嫌疑。但是，某些人员却想把责任完全推给企业或是奶农、“奶霸”，这同样会令公众再次对政府感到失望。

2. 政府应当负责落实企业承担的安全责任、社会责任、法律责任

免检产品一次又一次给公众带来灾难。作为企业，它生产的产品获“国

家免检”本来是一项荣誉，是行政机关及消费者对它的产品质量充满信任的标志，企业应该更加珍惜这项“荣誉”才对，而事实却是，好多企业在争取到“国家免检”资格后，却利用它来为企业谋利，不惜“造假”、“掺假”。这样，“国家免检”反而成了企业掺假的保护伞。另一方面，“国家免检”也同样成了某些政府部门推卸其责任的挡箭牌。在某些人眼中，把检测这个程序免了，等于企业不用履行保障食品安全的义务了，政府摆脱了作为食品安全第二责任人的监督责任。

我们看到，三鹿毒奶粉问题出现以后，有很多人利用很多途径，向很多的“有关部门”反映、投诉，但是都没有得到重视，甚至可以说，没有得到任何回应。有些地方、个别职能部门的个别人，对自己的工作不上心，而上心的是自己的利益。把自己的权力当作赚取金钱和利益的工具，企业给他好处，他就很自然地成为企业的保护人，怠慢自己的职责或者按企业的意愿履行“职责”。

（三）公众积极参与能够促进企业和政府承担责任

责任重于泰山，安全责任、社会责任、法律责任就是企业和政府头顶上的三座泰山。若要企业稳步发展、社会政局稳定，企业和政府就得勇敢地承担责任。

在三鹿毒奶粉事件中，受害人大多是普通公民。公众对企业安全生产的要求，对政府保障食品安全的要求最为迫切。事实上，食品安全本来就是公共安全的一部分。当然，仅仅依靠企业、政府来保障我国食品安全还是不够的。我们非常清楚，像三鹿公司这样的大企业，政府对它监管比较容易，可对遍布在集市、街道等处的小食品加工、销售企业的监管才是盲点、难点；而且，基层政府客观上也没有动力、能力、精力去监管。毋庸置疑的是，这里的安全隐患是非常大的，随时都有出现重大食品安全问题的风险。老百姓吃的不安全，会影响一代甚至是几代人的身体健康和智力发展。正因为公众对食品安全情况的迫切关注，政府就更应该充分保障民众的知情权，听取公众对食品安全问题甚至政府工作不善的抱怨与不满，从中发现并总结存在的问题。要相信群众的智慧和力量，给群众参与解决食品安全问题的权利，同时集合媒体等其他社会团体，共同参与、通力合作，在确保自身责任的基础上，共同肃清社会浊流，实现良性发展。

（四）三鹿奶粉事件中食品安全监管存在的主要问题

1. 分段监管造成的管理真空

2004年9月，国务院下发《关于进一步加强食品安全工作的决定》，按照分段监管、专项专管的原则，《决定》规定了食品安全领域内各环节的责任归属对象，具体分工为——食品原料的种植养殖环节由农业部门负责，生产加工环节由质检部门负责，原由卫生部门承担的生产加工环节的卫生监管职责划归质检部门，流通领域由工商部门负责。另外，餐馆、食堂这些公共饮食场所的卫生监督交由卫生部门负责，同时国家食品药品监督管理局还有实施查处重大事故的职能。现行分段监管模式在我国比较有可行性，但也存在一定问题：尽管分工明确，责任明晰，但食品链条长且复杂，既可能出现交叉，又可能形成空白，工作上的迂回重复及盲点比比皆是。

目前，我国食品安全监管体系实行几个部门分段管理的模式：分管农业、质监、工商以及卫生等的部门各自有对食品生产、流通、消费等环节的监管职责。在这种监管模式下，很容易出现问题管理真空或各部门往往相互推诿的现象。例如在三鹿奶粉事件中出问题的关键环节就是奶站。这个奶站既已脱离农业部门管辖的范围，又没有进入生产领域，得不到相应部门的监管，这样就出现了执法的漏洞。

2. 食品免检制度存在的问题

免检制度是在2000年由原国家质量技术监督局设立的，“凡获取了免检证书的产品在免检期内，国家各级政府部门以及流通领域均不得对其进行质量监督检查”。早期的免检制度是为了促使企业提高产品质量，扶优扶强，引导消费而设立的。然而，部分企业正是利用这一制度来逃避法定检查监督，藏污纳垢，非法攫取黑心财富。严格地说，食品质量免检制度是与法治相悖的。然而，产品质量国家免检制度的完善并没有杜绝那些“免检”企业非法生产伪劣产品。从产品质量国家免检制度设立之日起，所谓免检的企业生产的产品出现质量问题的事件就不断出现，国家免检制度在消费者心中也日益失去信任。几年前，曾经有一批经济学家、法律学者对产品质量国家免检政策提出质疑，并向法院提起诉讼，要求取消产品质量国家免检制度。

随着三鹿奶粉事件的曝光以及蒙牛、伊利、光明、雅士利这些“免检”企业接连出现的问题，消费者无不处在惊恐之中，对产品质量国家免检制度的质疑声浪一时冲上云霄，人们纷纷要求废止产品质量国家免检制度，从根本上解决产品安全制度根源性的问题，保障民众的生命安全。9 月 17 日，国家质量监督总局紧急命令停止食品免检，宣布以前确定具备免检资格的食品企业不再享有免检的权利，以前发出的免检标志不再具有效力。9 月 18 日，国务院作出决定，废止 1999 年国务院颁布的《国务院关于进一步加强产品质量工作若干问题的决定》中一些品牌食品质量属国家免检的规定，国家质量监督总局命令废止《产品免于质量监督检查管理办法》。

3. 市场监管的错位

地方政府原本应该是市场规则的维护者和监管者，应当是超越于市场的独立公正的第三方。但是，从三鹿奶粉事件的各个环节来看，石家庄市政府及相关主管部门却没有能够履行其监管者的职责。资料显示，在原奶中添加“蛋白粉”等添加剂的行为自 2005 年以后在牛奶行业十分普遍，已经有一些媒体进行过报道，但当地技术监督局却声称他们不清楚有这样的事实，一直未予查处。在 2008 年 8 月 2 日得知奶粉被污染的事实后，地方政府仍然全盘接受三鹿集团的主张，对外封锁信息，也没有及时向上级报告。9 月 12 日，在三鹿集团承认奶粉有问题的第二天，石家庄市政府急忙召开新闻发布会，说此案为少数不法分子所为。但随后的媒体调查证明这不是“少数不法分子所为”，而是波及整个乳制品产业的大事件，政府的诚信降到了最低点。石家庄市政府在 12 月给三鹿提供担保，帮助它从银行获得了 9.02 亿元的贷款用于支付受害者的赔偿金。随着三鹿的破产，这笔贷款很可能无法归还了。不难看出，石家庄的主管部门更多的是作为三鹿集团的保护者而不是监管者出现的，巨额的利税或其他难以明确的原因使地方政府角色发生了严重的错位，这种情况在全国都具有代表意义。

另一个可能承担起监管责任的主体是行业协会。遗憾的是，对于乳业长期以来普遍存在的三聚氰胺问题，中国奶业协会一直无所控制。到 9 月 12 日凌晨，三鹿集团承认奶粉受三聚氰胺污染的事实后，中国奶业协会常务理事王丁棉说，三聚氰胺一般是来源于奶粉的包装材料，例如铁罐、软包装等。此次事件应该从原料、环境、生产工艺等环节层层筛查。而且，在一定条件下，如婴儿体重偏小、喝水少等情况下，奶粉的包装毒料也会导致磷酸钙形成并沉积在肾脏。[①] 行业的偏袒在此表态中不言而喻。

---

① 凤凰网．三鹿集团董事长：事件发生前已检测出相关问题，http：//news. ifeng. com/mainland/special/sanlu/news/200809/0913_ 4646_ 782625. shtml，2008 - 09 - 13

四、思考与讨论

1. 三鹿集团应对奶粉污染事件的措施存在哪些问题？你认为三鹿集团应该怎样应对这场危机？

2. 分别对各级政府及相关部门在三鹿奶粉事件中的应对措施进行简单评价。你认为有哪些需要改进的地方？

3. 我国的食品监管体制存在什么问题？

4. 以三鹿事件为蓝本，对2009年3月制定的《中华人民共和国食品安全法》进行简要评述。

本章学习要点

本章选编的案例主要是生产安全事故与产品质量危机事件。案例不仅反映了生产主体单位在抓好生产安全和严格把握产品质量方面的问题，更重要的是反映出政府相关部门在生产安全和产品质量监管、检查方面的漏洞和问题，以及在处理类似事故中的应急反应和处理过程中存在的不足和需要改进的地方。案例可以带给我们更多深层次的思考和反思。通过这些思考和反思，我们可以对加强应对生产安全事故的应急管理能力有足够的认识。通过本章的学习，可以掌握以下要点：

1. 应急管理基本概念和原理在生产安全事故与产品质量危机处理中的应用，建立危机预防意识和预警制度的意义。

2. 培养和建立安全意识和安全责任心的重要性，加强安全意识和责任心教育，树立法律意识和道德理念。

3. 生产安全事故与产品质量危机的原因分析和判断方法。

4. 构建和建立生产安全事故与产品质量应急管理体系与基本框架的方法。

关键术语

生产安全　事故　产品质量　危机应对

补充读物

生产安全事故和产品质量安全的应急管理相关知识有：

1. 相关法律知识:《中华人民共和国安全生产法》、《突发事件应对法》、《环境保护法》、《国家突发环境事件应急预案》、《消防法》、《娱乐场所管理条例》、《中华人民共和国消费者权益保护法》。

2. 应急管理的基本理论与原理知识。

3. 安全生产与产品质量管理方面的基本知识。

参考案例

1. "11·13"吉林石化爆炸、水污染事故
2. 衡阳"11·3"火灾
3. 密云"2·5"踩踏事故

第三章　公共卫生

本章概述

本章收集了广东和北京地区抗击SARS和防治禽流感过程中的三篇案例。通过本章的学习，可以了解公共卫生突发事件的特点和发展规律，掌握运用应急管理基本原理应对公共卫生危机的策略和方法。

第一节　广东地区抗击“SARS”纪实

一、广东地区SARS疫情暴发与发展[①]

（一）初发阶段

据现有的资料看，我国第一例SARS（severe acute respiratory syndrome，即严重急性呼吸综合征，俗称非典型肺炎）感染病例应是2002年11月佛山市第一人民医院收治的庞佐尧，遗憾的是这一病例当时并没有报告。[②]

2002年12月15日，患者黄杏初到广东省河源市人民医院就诊，17日，因病情急剧恶化被转至广州军区总医院抢救。2003年1月2日，河源市将此

① 此节内容主要来源于2003年5月17日广东省政府新闻办公室召开的关于“非典”的新闻发布会会议纪要，见http：//gb2. chinabroadcast. cn/773/2003－5－18/119@236732. htm。

② 佛山弼唐乡：迄今发现的广东第一例的医学调查. 21世纪经济报道，2003－05－21

情况向广东省卫生厅报告，从而使黄杏初成为非典型肺炎的第一例报告病例患者。

2003年1月2日至31日，广东省6市报告病例101例，死亡3例，日均新发病例3.37例，其中，广州市报告病例25例，无死亡病例；佛山、河源、中山、深圳、江门5市共报告病例76例，死亡3例。

（二）高发阶段

2003年2月的第一个星期，广东省非典型肺炎的发病数量迅速增加，发病率从每天不到10例急剧上升到40至50例。2月6日，农历正月初六，广东的“非典”进入发病高峰期。这一天全省共发现218个“非典”病例，比前一天增加了45例，大大超过此前单日新增病例数。这些病例主要集中在广州，相当一部分是医务人员和病人亲属。

2月1日至28日，广东省7个市共报告病例688例，日均新发病例25例，占总报告病例数的45.47%，其中医务人员发病201例；治愈出院404例，其中医务人员出院114例；死亡28例，其中医务人员死亡2例。这一阶段的主要特点有三：一是新发病例多，平均每日报告新发病例25例，最高峰为2月14日达到的56例；二是医务人员感染发病多；三是病例主要集中在广州市，一共报告病例655例，占这一阶段病例总数的95.2%，死亡24例，占这一阶段死亡病例总数的85.7%。

（三）平缓阶段

2003年3月1日至31日，广东省10个市共报告病例364例，平均每日报告新发病例12例，占总报告病例数的24.06%，其中医务人员新发病例86例；治愈出院507例，其中医务人员出院162例；死亡9例，其中医务人员1例。这一阶段的主要特点有四：一是平均每天新发病例比上月下降52%；二是出院病例数大于新发病例数；三是医务人员感染病例比上月减少57.21%；四是死亡人数比上月减少了67.86%。

（四）有效控制阶段

2003年4月1日至4月30日，广东全省共报告病例259例，死亡11例，其中医务人员34例，平均每日报告新发病例8.6例。

5月1日至15日，全省共报告病例101例，医务人员4例，平均每日报告新发病例6.7例，死亡5例。5月13日，广东新发“非典”病例首次为零。

5月23日，世界卫生组织解除到广东旅行警告。[①]

之后，至2003年6月6日上午10时止，广东省连续20天无新发病例报告，达到了世卫组织解除“近期本地有SARS传播的地区”的警戒线。至此，全省累计报告非典型肺炎病例1 511例，累计治愈出院1 447例，死亡57例。[②]

7月2日，广州医学院第一附属医院的最后3个“非典”病人，即内蒙古两姐妹王晓丽、王晓慧和市中医院医生杜文坚治愈出院，从此，广东省实现了“非典”住院病例为零的可喜成果。[③]

二、广东地区抗击SARS的过程

广东地区抗击SARS的过程与疫情的发展过程有着密切的联系，但不是简单的一一对应关系。危机应对的发展过程一方面与危机本身的发展过程相关，另一方面也受相关公共管理部门认识程度和应对能力的影响。广东地区抗击SARS经历了一个比较复杂和曲折的过程，其中既有骄人的成绩，也反映出一些问题。具体地说，我们可以以2月11日这一重要节点为界，将广东省抗击SARS的过程分为三个阶段。

（一）初发阶段的处置与应对（2002年11月至2003年2月10日）

1. 医疗卫生部门的处置措施

2002年11月至2003年2月10日，是广东省“非典”疫情的初发阶段，这一阶段内，全省上下管理职能部门作出快速反应，并施行了有效的管理和控制措施。

2003年1月2日上午，广东省卫生厅接到河源市不明原因肺炎报告，于当日下午立即派出专家组赶赴河源进行调查取样。

---

① 人民网．世卫解除赴香港和广东旅行警告，http：//www.people.com.cn/GB/paper39/9250/858593.html，2003－05－23

② 新华网．广东连续20日无新病例　已达“传播区”除名标准，http：//news.xinhuanet.com/newscenter/2003－06/07/content_907944.htm，2003－07－02

③ 新华网．广东最后3名“非典”患者出院，http：//news.xinhuanet.com/zhengfu/2003－07/02/content_950682.htm，2003－07－02

1 月 8 日和 10 日，广州医学院第一附属医院陆续收治了两例从其他医院转入的不明原因肺炎的广州市患者，经抢救，病人 5 天后成功脱离呼吸机，分别于 1 月 30 日、31 日康复出院，他们成为广州市最早的“非典”治愈成功病例。

1 月 19 日，接到中山市病例报告后广东省政府再次组织专家组赶赴中山市进行现场调查。在中山市专家组就该病的流行病学特征、临床症状、治疗手段和预防措施等写出调查报告，这次专家组首次指出，此次肺炎暴发的原因不明，为病毒感染的可能性大。

1 月 23 日，省卫生厅向全省各医疗卫生单位下发调查报告，要求各市卫生行政部门和各级各类医疗卫生机构高度重视，立即组织医疗卫生人员认真学习《调查报告》，掌握治疗手段及预防措施，加强 ICU 建设和管理，发现病人要及时隔离治疗，及时报告。

1 月 31 日，正值农历马年除夕之夜，广州市卫生局下发《关于做好不明原因肺炎病人处理工作的紧急通知》，指定四间医院作为专门收治“不明原因肺炎”的医院。

2 月 2 日，省卫生厅与广州市卫生局联合召开紧急会议，研究广州市“非典”的防治措施。

2 月 3 日，省卫生厅向省委办公厅、省政府办公厅和卫生部递呈《关于我省发生不明原因肺炎情况的报告》，紧急报告近一个月来，河源、中山、佛山和广州先后发生的非典型肺炎情况。同时下发《关于做好不明原因肺炎防治工作的通知》，成立了省“非典”防治协调小组及办公室、省医疗救护专家指导小组、省流行病学调查指导小组、省病原学检测技术指导小组，并要求各市迅速成立相应的防治小组，做好病人的治疗、抢救和疫情报告工作。同时提出，暂时按《传染病防治法》中的乙类传染病对“不明原因肺炎”病例进行管理，实行病例日报告制度和没有病例也要上报的零报告制度。

2 月 11 日，卫生部组织在全国范围内开展 SARS 监测防治工作，向全国下发了非典型肺炎临床诊断标准和防治的有关技术方案。

2. 疫情信息发布与市民反映情况

直至 2003 年 2 月 10 日，一直没有媒体对此事予以公开报道，消息首先是以医院内部员工给亲友的提醒短信的方式流出，然后又由这些亲友传递给更多的人，继而广为散布。2 月 8 日，广州市民正式上班，关于非典型肺炎有极强传染性的传闻迅速蔓延，群众产生了恐慌情绪。据广东移动通信的短信流量统计，2月8日到10日的短信流量与腊月三十到正月初一期间的拜年短信流量相差无几。借助于这些短信，小道消息已经是铺天盖地，人们对这个来路不明的怪异“幽灵”做着种种恐怖的猜想。很快，在各大药店门口出现了由恐慌的人们排起的长队。多数人并不清楚该买些什么药，只是跟风抢购一些抗病毒药品。不久，此类药品脱销，买不到药的人更加恐慌，晚上药店关门时还在排队。耸人听闻的传言最终演变为一场遍及珠三角地区的抢购风潮，板蓝根、食醋、口罩等商品价格大幅上涨。与此形成鲜明对照的是，街道呈现出一片萧条景象，酒店、餐馆及各种娱乐场所很少有人光顾。各种消息通过私人渠道传播，出现了各种耸人听闻的传言。

2月10日，香港的《星岛日报》在头版以“珠三角爆夺命肺炎”为题，报道已有29人死于传染病。2月11日，《东方日报》头版以“夺命肺炎恐慌袭港”为大标题，整版报道广东的“非典”消息。

2月10日，广州的各大媒体同时发布了一篇名为“初春谨防感冒肺炎，专家提醒广大市民注意”的新闻，文中隐晦地写道：“记者昨天从广州各大医院了解到，近期广州患感冒和肺炎的病人增多，专家提醒广大市民，春季容易滋生细菌，市民要避免到人群密集的地方活动，预防方法包括在家里煲醋杀毒和服食预防性抗病毒药物。”

（二）暴发阶段的处置与应对（2003年2月11日至2003年4月16日）

1. 疫情信息发布情况与社会管理措施①

2月11日，广州市政府召开新闻发布会，并予以现场直播。广州市卫生局局长黄炯烈就非典型肺炎病例的情况向传媒通报：截至2月10日下午3时，广东发现305例非典型肺炎病人，59人康复出院，死亡5例。其中医护人员感染发病共105例。病例主要在广东省内的广州、中山、佛山、江门、河源、深圳六个地市出现。其中广州226例，中山28例，佛山19例，江门15例，河源11例，深圳6例。广州市副市长陈传誉表示，广州有信心应对任何疾病的挑战。

从2月11日起，广州各报刊开始对非典型肺炎进行大篇幅报道。

有关部门向广东省投入大批抗病毒药物，整治乱涨价，控制口罩、药品

① 清华大学新闻网．抗“非典”记事，http：//www. tsinghua. edu. cn/ docsn/ shxx/ site/chinac/ liudb/ sars/ lanmu/jishi/，2003－05－20

被投机分子漫天要价的势头，抢购风潮基本平息。令人头痛的是，板蓝根和白醋的抢购风潮刚过，12 日下午又出现了抢购米和盐的第二波风潮。当天深夜，广州市委、市政府召开紧急会议；次日凌晨，13 个联合执法组开赴全市的农贸市场和超市，对食盐、大米等进行检查。米、盐供应随即恢复正常。

2 月 12 日，中国疾病预防控制中心负责人在接受记者采访时，作出“全国近期内不会发生大范围呼吸道传染病流行”的错误预测。

2 月 17 日，广州 129 万名中小学生、26 万名幼儿园小朋友按时正常返校上课。

2 月下旬开始，媒体报道的重点放在了“两会”上，“非典”从公众的视野中消失了。

3 月 5 日，出席十届全国人大一次会议的广东代表提出议案，呼吁全国人大对重大疫情的预警和应变防范工作进行立法，支持在不影响国家安全的前提下，对重大疫情的控制可以考虑寻求国际援助的论题。《南方都市报》就此问题采访了广东省非典型肺炎防治指导小组组长钟南山院士和副组长黄文杰博士，随后，于 6 日发表了一篇题为“广东非典型肺炎寻求国际合作已邀专家介入研究”的新闻。这是这段时间平面媒体仅有的透露 SARS 治疗情况的报道。

3 月 10 日，省委省政府决定斥巨资进口 400 多套防护面罩，同时积极采取防护措施，使医护人员受感染的情况得到有效控制。①

3 月 12 日，世界卫生组织（WHO）发出疫情全球警报；3 月 15 日，WHO 将疫情称为严重急性呼吸系统综合征（SARS）。专家组随后到达北京，继而赶赴广东调查疫情。

3 月 19 日，卫生部前部长张文康在会见 WHO 代表马文华时表示：“目前疫情已得到有效控制，绝大部分患者已经陆续康复痊愈。”

4 月 3 日，世界卫生组织一行 5 位专家终于抵达广州。广东省省长黄华华、广州市市长张广宁分别于 4 月 5 日和 4 月 7 日会见了世界卫生组织的专家。

4 月 6 日，为显示广州疫情已经得到有效控制，聚集在广州市天河体育中心的两万名群众在市委书记等主要领导的带领下开始了“广州市春季健身万

---

① 南方日报．中流砥柱抗“非典”——广东省委省政府指挥抗非斗争纪实，http：//www. southcn. com/news/gdnews/hotspot/zb/zl/200306171147. htm，2003－06－17

人长跑”活动。

4月10日，世界卫生组织网站上公布了专家组的考察报告。宣布至4月10日，全球共有2 781例“非典”病例，其中111例死亡。世卫组织对广东省的SARS防治工作予以充分肯定和高度评价，宣布中国广东已控制疫情。同时暗示：“其他卫生体系不够完善的省份，无法像广东省那样迅速和有效地面对SARS的挑战。”

4月11日，中国工程院院士、广东省非典型肺炎防治指导小组组长钟南山在国务院台湾事务办公室举行的“关于SARS的新闻发布会”上坦率质疑了“有效控制”说。他表示：“在医学方面的角度来看，这个病并没有得到有效的控制。我们不要用‘控制’这个词，应该用比较客观的‘遏制’这个词，因为这个病本身病源都没搞清，不可能控制它。”①

2. 病原体之争②

2月11日下午，广东省卫生厅厅长黄庆道在第一次新闻发布会上宣布，经省疾控中心和国家疾控中心实验室检验，“非典”疫情的病原体已经排除炭疽、鼠疫、禽流感。同时，钟南山作为专家组的组长，对记者介绍了这次疫情的病因、诊断、治病与预防措施等情况，指出该病属“非典型肺炎”，病因不明，但从临床迹象来综合考虑，病毒性感染的可能性较大。钟南山强调，没有找到病原体不等于这种疾病没得治，因为引起肺炎的病原体很多，很多病人治好了也不知道到底是被什么感染的。

2月18日，新华社发布了一条消息，称经中国疾控中心和广东省疾控中心的共同努力，“非典”的致病因素可基本确定为衣原体。这个结论来自两份死亡病例的尸检肺标本，报告称标本“肺细胞浆内衣原体颗粒十分典型”。

当晚，卫生厅紧急召集广东省不明原因肺炎医疗救护专家指导小组和广东省疾病控制中心有关专家连夜闭门讨论。专家们认为，这次非典型肺炎的传播、发病特征和临床治疗经验都不支持“衣原体”感染的诊断。在两例死亡病例的肺组织中找到衣原体，只能证实这两个病人携带了衣原体，并不能证实衣原体是致病原因，更不能代表广东全部305个病例（当时公布的最新

---

① 清华新闻网. 国务院台办有关SARS新闻发布会实录，http：//www. tsinghua. edu. cn/docsn/shxx/site/chinac/liudb/sars/lanmu/qingkuang/fabuhui/taibanxin，2003-04-11

② 廖怀凌. 诚实的胜利——“非典”病原体确认为冠状病毒始末，http：//news. sina. com. cn/c/2003-05-16/14011065902. shtml，2003-05-16

病例数是305例)。有的专家还尖锐地指出，中国疾病控制中心没有征询广东省临床专家意见就急于宣布结论，科研态度是非常草率的。专家们认为，要确认全省305例病例的病原体都是衣原体，则要取所有病人的血液、痰液，接种到小鼠腹腔或鸡胚卵黄囊内进行病毒培养，在实验动物发病死亡后取标本，通过显微镜观察，找到该病原体，也可以检测病人血清中的衣原体抗体，取发病初期和晚期两份血清检测，晚期抗体效价比初期增高4倍以上才可以确诊。有的专家明确表示："如果按这一结论（衣原体致病）制订治疗方案，可能会造成可怕的后果！"

广东专家的意见并没有得到充分传达，第二天，全国各大媒体均打出了"非典锁定真凶——衣原体"的标题，中国疾控中心的李立明主任也在央视亮相，就"非典"的各种信息向观众作了解释，信誓旦旦地咬定衣原体致病论，只有《南方日报》、《南方都市报》几家报纸如实反映了广东专家的疑问，指出"非典"病源目前还存在争议。

2月19日中午，中央电视台播出了对国家疾病控制中心主任李立明的访谈，他推荐了几种对衣原体有效的抗生素，并强调对这种衣原体肺炎的全程治疗要使用足量抗生素。

广东专家经历了一次重大的考验，他们最后决定，为了对病人负责，适当调整治疗方案，在维持原来的治疗原则的基础上，同时对病人使用四环素和红霉素类的抗生素治疗。简单来说，就是"大包围"，使用针对细菌、病毒、衣原体的多种药物齐头并进疗法。

广东省疾病控制中心则在排除了鼠疫、肺炭疽、钩体病、出血热、禽流感等病原体后，继续对衣原体等进行排查。

3月1日，广东省临床和流行病学专家经过讨论，一致认为本次非典型肺炎是病毒感染的可能性大。衣原体不是肇事的司机，它只是车上的一个乘客。

3月4日晚上，钟南山在广州医学院接受记者采访时，再次表达了此次疫病"属病毒感染引起的肺炎"的看法。钟南山不是广东医疗界唯一持"病毒致病"观的专家，当时基本上所有的临床专家都根据经验判断是病毒性肺炎，但钟南山以工程院院士之位，敢于站出来反对国家疾病控制中心的权威说法，给广东医疗界打了一支强心针。

3月25日，美国疾病控制中心和香港大学微生物系宣布，"非典"病原体是来自猪的"冠状病毒"。不久，世界卫生组织的多个实验室也陆续找到冠状病毒。

4 月 10 日下午，在北京市外事办公室举行的有关非典型肺炎的防治知识介绍会上，中国疾病预防控制中心病毒形态学研究室主任洪涛院士说，一个来自流行病源学、传染学、病毒学、免疫学等学科的 25 名专家组成的“防治非典型肺炎”攻关小组已于 8 日成立，专家组调查研究后，认为目前两种主要致病病毒已找到，衣原体培养已获成功，现正处于动物试验阶段。但目前哪种病毒为主要致病病因尚不清楚，洪涛倾向于两种病毒联合发生作用。国家疾病控制中心终于也找到了冠状病毒，但洪涛院士仍然对自己最早报告的“衣原体说”情有独钟。

4 月 12 日下午 3 时，广州市呼吸疾病研究所和香港大学联合举行新闻发布会，会上宣布：他们在病人的分泌物中已经成功分离出冠状病毒。

当天晚上，中央电视台《新闻联播》报道了卫生部的最新决定——不以卫生部非典型肺炎防治领导小组名义发布的任何病源研究的信息，属个人行为。

直到 4 月 16 日，广东省专家对衣原体说的异议才得到最权威的承认。当日，世卫组织宣布，经过全球 13 家研究室的共同研究，确定“非典”元凶为“冠状病毒”。因为把病人身上分离出来的冠状病毒接种到猩猩身上，猩猩发生了和人一样的非典型肺炎。动物实验是证实病原体的绝对标准，世界卫生组织表示说，病原体的确定是全球发生“非典”疫情以来取得的最有价值的阶段性成果。至此，病原体之争终于盖棺定论了。

（三）疫情平缓阶段的坚持

2003 年 4 月 17 日至 2003 年 6 月 13 日，是广东省“非典”疫情的平缓阶段。

4 月 17 日，中共中央政治局常务委员会召开会议，听取有关部门关于广州市防治非典型肺炎的汇报，并对如何进一步做好这项工作进行了研究和部署。这标志着国家已经充分意识到 SARS 的严重程度和潜在威胁，开始全力以赴应对。此后，社会各方面的力量逐步动员起来，各部门采取了一系列紧急措施，相关新闻报道大量增加，工作重点开始从消除因 SARS 引发的恐慌转移到应对疫情发展本身。

此时，广东的疫情已进入有效控制阶段，每日新增病例基本在个位数。尽管如此，广东仍没有松懈，还是积极落实中央各部门制定的防治措施。

4 月 15 日至 4 月 30 日，第 93 届广交会隆重举行，共有来自 167 个国家和地区的 23 128 位客商与会，累计出口成交 44.2 亿美元，在主办方周密细致的防范措施下，与会人员无一感染“非典”。

4 月 30 日，广州市政府发布关于《加强传染性非典型肺炎防治工作的决定》，目的在总结经验，巩固成果，防止疫情反弹，保障人民群众身体健康。

6 月 13 日，世界卫生组织宣布广州不再归入“近期本地有 SARS 传播的地区”。广东创造了全球最低的“非典”死亡率（3.5%），远低于世界卫生组织 5 月 7 日公布的 14% ~15% 的全球平均数，也低于香港的 20% 和加拿大的 10%。[①]

三、案例评估与分析

根据危机事件的定义，分析非典型肺炎事件的整个过程，我们可以认定，它不仅仅是一场疫情，也是一次危机事件。该事件具有较明显的危机事件特征，即突发性、不可预测性、严重的危害性和舆论的关注性。首先，它的突发性表现在该病出现时没有任何先兆，人们对它毫无警惕，没有认识到它的严重性，加上医务人员起初的轻视，对疫病缺乏足够的防范。其次，当人们意识到它的危害性后，由于一时找不到病原和有效的治疗方案，该事件就表现出它的不可预测性。而严重的危害性不但作用在对人们身体健康的危害，更严重的是它扰乱了人们的正常生活和社会秩序，使人们的精神和心理受到极大的伤害。政府和有关部门在处理该事件中的行为受到诸多非议，执政形象在不同程度上受到影响。事件发生后立即受到媒体的关注，而且媒体的表现也颇受公众的注意。综合上述，这一次非典型肺炎事件是一次公共卫生突发事件。

总体来说，面对 SARS 突如其来的袭击，在其发病机理和传播途径尚不清楚，又缺乏有效的预防和治疗手段这样的情况下，广东省积极探索，从容应对，创造了治愈率全球最高，死亡率全球最低的纪录，取得了对抗疫情的最后胜利，其成绩是有目共睹的。但这一过程也暴露出我国公共卫生应急管理方面的一些不足之处，我们有必要认真总结广东地区抗击 SARS 的经验和教

① 南方新闻网. 粤“非典”病死率全球最低 20 境外媒体联合采访广东，http://www.southcn.com/news/gdnews/hotspot/gdfk/tt/200306130221.htm，2003-06-13

训，为将来我国公共卫生应急管理提供一些经验和参考价值。

（一）广东地区抗击 SARS 的主要经验

1. 积极的内部防控措施，为抗击 SARS 奠定基础

纵观广东地区抗击 SARS 斗争的全过程，从发现第一例 SARS 病例开始，广东省卫生管理部门就给予了高度重视，不仅及时派专家组开展现场调查，撰写并下发《调查报告》，而且要求各医院组织医护人员学习《报告》，密切关注病情发展情况，提出初步的处理原则和方案。同时，卫生管理部门还下发了《关于做好不明原因肺炎病人处理工作的紧急通知》，并指定专门的医院收治类似病情的病人。广东省卫生厅还及时将情况上报给省委、省政府和卫生部，引起上级部门的重视和关注。于是，卫生部在 2003 年 2 月初及时在全国范围内开展了对 SARS 的监控和防疫工作。

另外，广东省卫生管理部门还及时成立了省“非典”防治协调小组及办公室、省医疗救护专家指导小组、省流行病学调查指导小组、省病原学检测技术指导小组，并组织业内权威共献良策。广东省政府要求各市迅速成立相应的防治小组，做好病人的救治和疫情报告工作，规定报告必须及时真实，恪守病例日报告和零报告的规则，不漏过一个病例。在 SARS 初发阶段，病情信息不完整，发展势态不明确，病因尚未找到的情况下，广东省在短短的一个月内采取了以上几项内部监控和防治措施，加强了内部的沟通，协调各医疗部门之间的工作，应对措施应该讲是非常有效、及时、有力的，为后面 SARS 病情的控制和治疗奠定了基础。

2. 坚持科学态度，实事求是追求事件真相

从案例中，我们了解到在抗击 SARS 的过程中发生了关于 SARS 病原体的争论。广东省的专家们在权威和众多舆论跟风的压力下，坚持科学的态度，实事求是，敢于提出自己的见解，并坚持实践与探索，终于澄清了 SARS 病原体的真相。另外，在对病情是已受控制还是遏制的争论上，广东的专家们坚持“遏制说”，有力地驳斥了“控制说”。他们这种坚持真理、严谨求学的科研态度和实事求是、敢于挑战权威的精神，在抗击 SARS 过程中，赢得了公众的信任，增强了人们抗击 SARS 的信心。

3. 疫情信息公开，有效遏制谣言散布

在 SARS 事件的处理过程中，人们最为关注的就是信息发布和公共沟通的问题。无论是媒体的报道还是公众的议论，出现频率最高的词汇恐怕就是

“知情权”和“透明度”。2月11日，广州市政府召开疫情通报新闻发布会，并由电视直播，这是1989年《传染病防治法》颁布以来，首次由政府正式发布此类新闻，会议还罕见地邀请了外国驻穗领事馆官员参加。政府主动向社会公布疫情，有效减轻了公众的恐慌心理，赢得了市民对政府的信任，为稳定社会秩序起到了至关重要的作用。

4. 积极推动突发公共卫生事件应急管理体制的建立和完善

5月12日《突发公共卫生事件应急条例》的颁布，为各地建立突发公共卫生事件的应急管理体制奠定了良好的法律基础。在抗击SARS取得阶段性成果后，广东省认真总结经验教训，推动地方应急管理体制的建设和完善。

8月7日，广东省委、省政府召开防治“非典”工作会议。省长黄华华宣布：用3年时间，建立健全突发公共卫生事件应急机制、疾病控制体系和卫生执法监督体系，用更长一段时间，完善广东省公共卫生体系、城市基本医疗服务体系、环境卫生体系和财政经费保障体系，全面提高广东省疾病预防控制和突发公共卫生事件应急能力。[①]

同一天，广东省政府召开全省卫生工作会议，重点议题是加强公共卫生体系建设和应急机制建设。会议提出的大手笔投入引人注目：拨出4.4亿元加强市、县疾病预防控制中心改造建设；拨出5亿元易地新建省疾病预防控制中心，并安排4 800万元为该中心添置和更新专业设备；拨出3 000万元建设省级疫情信息处理系统和信息平台；投入2亿元，建设一所传染病应急后备医院；安排1.3亿元装备定点医院重症病房、救护车及床边X光机；投入1.5亿元与广州市共建在抗击“非典”中立下汗马功劳的广州医学院第一附属医院呼吸疾病研究所。[②]政府对公共卫生建设如此慷慨，在我国还是不常见的。

与此同时，地方立法工作也卓有成效。省政府在7月4日的第16次常务会议上审议讨论《广东省突发公共卫生事件应急办法》（草案），并于同年10月向社会公开征求意见，11月27日，广东省第十届人民代表大会常务委员会第七次会议审查通过了这一地方性法规。

这样的应急体制为广东省应对2005年的禽流感、2009年的甲型H1N1流感发挥了重大作用。正是在这个意义上，我们更深刻地体会到恩格斯的名言：

---

① ②南方网. 揭开抗非背后的“秘密”　2003广东纪事之抗非篇，http://news.21cn.com/domestic/guoshi/2003/12/10/1373840.shtml，2003-12-10

"没有哪一次巨大的历史灾难，不是以历史进步为补偿的。"

（二）对广东地区抗击 SARS 的反思

1. 危机意识薄弱，疫情监测预警机制不足

SARS 的出现是出乎我们意料的。以前从来没有见过这类病，因此被称为"不明原因肺炎"。无论是卫生管理部门还是医疗机构，都未对这种疾病危害的严重性有所了解，因此，在起初阶段都没有给以足够的认识和防范，更别说鲜有医学知识的人民大众。从案例中我们也能看到，在开始诊治阶段，多数被感染者是医护人员和家属。从突发公共卫生事件的管理方面来看，当时并没有什么应急预案和应急管理的规范措施，对疫情的观测和预警基本上是缺失的。

观测和预警是有效应对公共卫生突发事件的第一个关键步骤。高效完成此步骤的重要基础则是拥有有效的疫情监察网络和信息整合系统。遗憾的是，由于应急机制和危机意识的双重缺位，我们的监察预警没能起到应有的作用。

我国现行的公共卫生体系带有浓厚的计划色彩，政出多门，机构重叠，职能交叉，效率不高，导致公共卫生事故突发后反应不灵，行动迟缓。从佛山的第一例病例到河源市第一例上报病例，之间几乎有一个月的时间差，贻误了宝贵的预警期。疫情发展后很长一段时间内，管理部门对危机严重程度的认识仍不到位，病人及与病人的密切接触者没有被隔离；传染病的特点没有向公众通报；有关地区与部门的协查、协防工作没有人去做；对医护人员没有进行必要的培训与提示；疑似病人没有被记录、留观；大量的病源携带者在公众不知情的情况下，随意迁移、走动；由于没有必要的告诫、提醒和防范措施，疫区的人们照常外出，其他地方的人也照常出入疫区。可以说，由于预警不善，为疫情在更大范围内传播打开了方便之门。

2. 公共沟通的信息渠道不畅

从全国抗击 SARS 的整个过程来看，与国内其他省市相比，广东省在抗击 SARS 过程中的信息收集和公开工作还是积极和卓有成效的。广东省从 2 月 3 日就实行了病例的日报告和零报告制度，没有出现其他省市那样的统计混乱。2 月 11 日开始主动向社会公布疫情，有效减轻了公众的恐慌心理，赢得了市民对政府的信任。尽管如此，广东的信息公开方面的工作还是有值得反思改过之处。

从1月2日省卫生厅接到第一例病例报告，到2月11日的新闻发布会，中间间隔一个多月，在这一个多月里，疫情迅速发展，公共媒体却一致保持沉默。权威信息的缺乏致使谣言四起，加剧了公众恐慌情绪，进而引发了多年未见的药品和日用品抢购和涨价风潮。

对传染病的防控工作仅仅在卫生医疗系统内部开展是远远不够的。要及时向公众发布真实的信息，提醒公众注意，组织公众参与传染病的防控工作，才能达到预防和监控的最佳效果。正是由于公众信息发布的时机错位，引发了短时间的信息混乱，才导致社会恐慌一时。

2月11日的新闻发布会取得了明显的成效，但是，从新闻发布会上卫生部门的负责人“从疫情看，发病人数305例病不算多，不公布也说得过去”的表态看，有的政府部门还是没有充分意识到疫情的严重性和信息公开的重要性。危机意识的不足加上“政绩”思想的影响，疫情信息的公开还是有限的，甚至是缺失的。此后的“两会”竟然全面压制了有关疫情发展的信息，后者甚至一度消失了。之后管理部门和新闻媒体都大力宣传疫情已得到控制、不会大范围流行、病源已经找到等“正面新闻”。然而这正是疫情向国内其他地区蔓延的时间段，主流媒体的乐观报道使公众产生麻痹心理，为疫情的扩大埋下了伏笔。据报道，北京的第一例输入性病例患者是一位山西的商人，她到广州出差感染上“非典”。她透露，在出差之前就顾虑到广州正在发生的疫情，还特意找了广州本地人了解情况，得到的答复是“没那么严重”，“已经控制住了”等令人欣喜的说法，这才放心前往，结果将疫情带到了山西和北京。

3. 应对突发公共卫生事件的制度建设不足①

SARS的突然袭击让人意识到了应急预案的重要性，由于缺乏预案，管理部门在应急过程中难免出现偏差。广东省在SARS疫情发生后相当长的一段时间内都将工作的重点放到了消除恐慌、打击涨价等派生问题上，对疫情本身的防治措施就相对比较薄弱。例如，在世界卫生组织已经发出了“禁止入境旅行警告”后，广东省仍然没有停止公众集会，甚至还组织了“万人长跑”等集体活动。直到4月17日政治局常务会议后，才真正将工作重点转移到对疾病本身的应对上来。只有将应急管理制度化，制定详尽的预案，才能改变

① 中国青年报. 华北第一例输入性“非典”患者首次公开个人经历，http：//news.sina.com.cn/c/2003 - 05 - 22/0229143126s.shtml，2003 - 05 - 22

这种单纯依靠上级重视来解决问题的局面。

我国已经制定了《传染病防治法》，但规定过于教条化，操作性不够强。而且，应对突发性公共卫生事故需要调动社会各方面的力量，如人员、物质、设备、资金等的调用，对人身自由的限制、政府公开信息和强制享有私人信息等都亟待法律规范。

（三）反思小结

目前我国对公共卫生突发事件的应急管理的研究还处在刚刚起步阶段，有许多程序还不够成熟，需要进一步摸索和总结经验。但是，在抗击SARS的斗争中，政府和人民受到了锻炼，得到了提高，学习了许多的东西。在今后的公共卫生应急管理中，我们一定会做得更好。为了不再重复过去的错误，能够使我们在面对突发事件时从容应对，顺利处理，我们应该特别注意以下几个问题：

第一，要增强危机意识，提高对危机的敏感度。处理危机事件，关键在于我们必须有很强的危机意识。如果我们不能意识到危机的存在，就根本谈不上危机的处理。日本地震学家有句警语常被公关界引用："大地震经常发生在人们忘记地震的时候。"我们相信，如果我们能够在危机还没有发生时，就意识到危机暴发的可能性，许多危机是可以避免或得到更好的处理的。

第二，明确危机管理与公共沟通的关系，认识信息沟通在处理危机事件中的重要性。在处理危机事件的过程中，每一个环节都离不开沟通。沟通在处理危机事件中的作用，怎样强调都不会过分。我们在建立危机管理机制的同时，还应该建立一套与此机制相一致的危机管理沟通机制。这个机制包括组织内部沟通机制和组织外部沟通机制。同时还要根据危机管理的不同阶段，确立沟通的目标、任务和沟通方式。

第三，树立高尚的社会道德情操和强烈的社会责任感，以社会和民众的利益为重。国内外的危机管理经验告诉我们，在处理危机事件的过程中，是否保持高尚的社会道德水准，能否以社会和民众的利益为重，是危机管理成败的关键。沟通同样存在着伦理道德问题，比如在信息不对称的情况下，我们如何去面对公众的信息需求，如何去面对我们应该承担的责任，如何去面对我们曾经有过的失误等。

第四，加强心理建设，提高公众特别是组织管理者的心理素质。过硬的心理素质是应对危机的必要准备，因此，对危机管理的心理素质是重要的。

最为迫切的是，要让公众及管理者在思想上正确地认识危机，坚信在政府的有力领导下，危机是可以预防、控制和消除的。树立信心，才会提升管理者之于人民大众的信任感，人民相信政府、配合政府，再大的危机都能渡过。

四、思考与讨论

1. 你认为广东省各级政府在 SARS 发展初期的预警工作有什么不足之处？
2. 结合广东省抗击 SARS 的过程谈谈信息公开的意义。
3. 广东省在防治 SARS 的过程中有什么成功和不足之处？
4. 结合广东省抗击 SARS 的情况，分析《广东省突发公共卫生事件应急办法》的特点。

第二节　北京地区抗击“SARS”纪实

一、北京地区 SARS 疫情的发展过程①

北京地区 SARS 疫情的发展大致经历了以下五个阶段：

第一阶段：输入期，自 2003 年 3 月 1 日至 3 月 21 日。输入期的主要特点是外地“非典”病例的输入，引起了病人的陪护人员、就医者及部分医务人员感染，并造成小范围内的北京居民发病（出租司机及家属）。截至 3 月 31 日，共发病 51 例。

第二阶段：扩散期，自 2003 年 4 月 1 日至 4 月 15 日。由于信息不畅以及对密切接触者管理不力等造成了疫情扩散。部分医院出现交叉感染和家庭聚集性传播，波及所有的城区，医务人员和学生发病比例较大，但农村地区尚无发病。日发病数从 10 例快速上升至 49 例，在此期间共出现病例 254 例。

第三阶段：高峰期，自 2003 年 4 月 16 日至 5 月 8 日。高峰期的特点是疫情波及 18 个区县，全市 200 余家医院都有病例报告。医生、学生、干部、职

---

① 北京中医药信息网. 北京“非典”疫情回头看，http：//www. bjtcm. gov. cn/front/wsxw/wsxw-Detail. jsp？ jump =344，2003 －06 －26

员、离退休人员等在每日病例中所占比重虽有波动，但总体趋于平均，病例报告当天确诊比例较高。出现了多起民工聚集性暴发情况，病例报告时限明显缩短。疫情在全市蔓延迅速，平均日新增报告病例在100例以上，4月29日更是高达152例。

第四阶段：缓降期，自2003年5月9日至5月25日。病例波及的范围明显缩小，局部仍时有暴发，大部分病例聚集性已经不明显，有密切接触而染病的比例进一步下降。医务人员、学生比例明显下降，离退休人员比例相对上升。个别地区出现疫情反弹，隔离的密切接触者发病比例相对较高。5月9日，新增报告病例48例，与5月8日的94例相比有了大幅度下降，5月25日降为13例，这一时期累计发病363例。

第五阶段：终止期，自2003年5月26日至6月11日。病例中有密切接触致患病的比例明显下降，病例患者职业分布趋于平均，疫情呈高度散发状态，病例报告的范围明显缩小，报告病例中符合临床诊断标准的比例较小，日新增报告病例降至个位数，此阶段内共发病22例。6月11日最后一例病例报告后，SARS疫情流行宣布终止。

二、北京地区抗击SARS过程

（一）预警和初步应对阶段（2003年3月1日至4月11日）

在北京发现输入性病例时，SARS在广东已经流行了两个多月，对疫情已经有了一定的了解，应该说北京和其他内地城市完全可以借鉴广东的经验和教训，对疫情进行检测和预警。实际上，在2003年2月12日，也就是广东省卫生厅召开新闻发布会后第二天，北京市已经在11家三级医院设立“非典型肺炎”监测点，3月初又在全市各级各类医疗机构建立了监测点，进行疫情监察并规定监测点应定时向卫生防疫部门报告监察情况。遗憾的是，这些监测点并没有发挥应有的作用。

在疫情发生的最初一个月里，北京市政府没有向公众通报情况。3月12日，世界卫生组织派发布了第一个全球SARS警告，国内媒体没有报道这个信息。

3月19日，前卫生部部长张文康在会见WHO代表马文华时表示：“目前疫情已得到有效控制，绝大部分患者已经陆续康复痊愈。”

3 月 23 日，世界卫生组织专家组到北京展开调查，24 日，专家组拜访了卫生部，并开始了长达一周的会议。

此间，有关传染疫情的信息开始在网上流传，但大多数人视之为谣言。

3 月 26 日，据新华社报道，北京市卫生局新闻发言人称：北京输入性非典型肺炎得到有效控制，病源没有向社会扩散，本地没有发现原发性“非典”病例。这是首次有关北京非典型肺炎的官方报道。

3 月 27 日，北京被世界卫生组织确定为“非典”疫区。

从 4 月 1 日起，卫生部开始向世界卫生组织每天报告疫情，但对国内仍是 5 天公布一次。

4 月 2 日，前卫生部部长张文康接受中央电视台的专访，首次披露中国的疫情：“截至 3 月 31 日，中国的内地总共发病 1 190 例，现在已经出院 934 例，死亡 46 例。”接着，张文康又接受新华社记者采访，采访中他说道：“截至 3 月 31 日，北京发现 12 例输入性病例，北京市卫生行政部门已及时采取措施，病源没有向社会扩散，也没有发现原发性病例。

4 月 3 日，在国务院新闻发布会上，张文康宣布：中国局部地区发生的非典型肺炎已得到有效控制，在中国工作、生活、旅游都是安全的，并宣称世界卫生组织已取消了北京作为疫区的通报。

同日，国务院总理温家宝主持召开国务院常务会议，研究非典型肺炎防治工作。会议决定：把控制疫情作为当前卫生工作的重中之重，由以卫生部部长为组长的非典型肺炎防治工作领导小组负责指导非典型肺炎防治工作；国务院副秘书长组织并召开了部际联席会议，协调解决有关问题。

4 月 6 日下午，卫生部和北京市卫生局联合举行新闻发布会，透露了一则令人震惊的消息：国际劳工组织官员派克·阿罗（Pekka Aro）患“非典”在北京去世。据介绍，阿罗先生 3 月 23 日搭乘泰航班机抵京。3 月 28 日出现发热、干咳后即去诊治。4 月 2 日由国际救援中心以疑患非典型肺炎之由转入北京地坛医院。4 月 3 日病情加重，确诊为重症非典型肺炎。4 月 5 日病情恶化终致不治。

4 月 7 日，北京市委、市政府召开专题会议，研究 SARS 防治工作。

4 月 8 日，北京市开始启动公共场所卫生消毒工作。同日，美国《时代》周刊发表解放军总医院的蒋彦永医生的来信，来信声称他所知的一家军队医院的患者就超过官方公布的人数，批判卫生部门隐瞒疫情。这一信件引起了国际社会的广泛关注。

4月10日，卫生部副部长马晓伟在国务院新闻办的记者招待会上强调，中国通报的非典型肺炎疫情报告是可信的。他强调了一个概念，北京公布的22例“非典”病例“是现在能够确诊的病人”。卫生部疾病控制司司长齐小秋也解释说：“根据世界卫生组织的要求，把非典型肺炎诊断分为诊断病例、疑似病例和医学观察的对象。”未及确诊，是不能算作患病病例的。

4月11日，世界卫生组织专家组再来北京，重新考察北京SARS病例的申报问题，并重新将北京定为“疫区”。由此，中国政府的公信力受到严峻挑战。

（二）积极应对阶段（2003年4月12日至4月19日）

4月12日，中国卫生部、财政部、铁道部、交通部、民航总局联合发出通知，要求有关部门严格预防通过交通工具传播传染性非典型肺炎。随即，教育部、旅游部、交通部等各部门都下发文件，要求从自己领域出发，协调全局，抓好防治“非典”工作。

4月13日，北京市成立防治“非典型肺炎”工作领导小组，各区县和市级卫生系统、教育系统也成立了由主要领导挂帅的工作领导小组，因此，抗击“非典”的工作已经在全市全面铺开。

同日，北京市启动一级疫情控制措施，动员全市各方力量，全力以赴开展“非典型肺炎”防治工作。市卫生局制定了《北京市应对“非典型肺炎”工作预案》以及《北京市防治“非典型肺炎”工作指引》。

针对药品抢购和哄抬价格的现象，北京市药监局也在4月13日发出紧急通知，要求不得哄抬相关药品价格、乱涨价，严格执行物价管理部门有关药品价格的政策规定。同时还要加强药品广告的监督，任何企业和个人不得发布引导有关药品使用的任何非广告信息。

4月15日，北京建立对困难SARS患者的社会救助机制，以保证全市“非典”患者能得到及时和有效的救治。同日，市卫生局公布了《对非典型肺炎比例和密切接触者进行调查处理的实施办法》。

4月17日，中共中央政治局常务委员会召开会议，听取有关部门关于广州防治非典型肺炎的汇报，并对如何进一步做好这项工作进行了研究和部署。

4月19日，北京市委书记刘淇主持召开全市医院院长会议，他要求：北京各医院对具有“非典”症状的患者必须实行首诊负责制，绝不能以任何理由拒收患者，否则将坚决追究其责任。

（三）全力应对阶段（2003 年 4 月 20 日至 4 月 30 日）

4 月 20 日是北京市应对 SARS 过程中的重要转折点，这一天，中共中央决定免去张文康卫生部党组书记职务，免去孟学农北京市委副书记、常委、委员职务。张文康的卫生部部长职务、孟学农的北京市市长职务也随即被按程序解除。同时，卫生部常务副部长高强在新闻发布会上宣布，北京市的“非典”病例飙升至 339 例，几乎是 5 天前公布数字（37 例）的 10 倍，至此，真实的疫情信息终于向公众公开了。

同日，北京市召开领导干部大会，指出前期 SARS 防治工作的不足，同时部署了下一步工作。

4 月 21 日，北京确定首批 6 家“非典”定点医院。

4 月 22 日，王岐山任北京市代市长。北京市急救中心开通 10 条“非典”咨询热线。当天，北京共发现“非典”病例 588 例，死亡 28 例，疑似 666 例。

4 月 24 日，北京市西城区决定于 4 月 5 日零时对人民医院实行整体隔离。这是全市第一家实行整体隔离措施的单位。北京市中小学开始停课。

4 月 25 日，对北方交大、中财大学生宿舍楼实行隔离控制措施。

4 月 26 日，北京市委、市政府发布《关于保障医务人员全力以赴做好防治非典型肺炎工作的若干决定》。

4 月 27 日，北京市委、市政府发布《关于加强防治非典型肺炎工作的决定》。《决定》公布北京将全面建立“非典”患者的社会救助机制。同时，北京市决定暂停娱乐场所经营，并开始公布各区县疫情和隔离区信息。

同日，北京市政府发布《关于做好“非典”患者密切接触人员医学观察的通告》和《关于加强北京防治非典型肺炎工作的决定》。

在疫情公布之初，社会上出现了恐慌情绪，流言四起，甚至出现了“封城”的谣言，随之而来的是集中采购现象，部分生活必需品价格急速上涨。北京市政府一方面辟除谣言，一方面调进大批商品并投入市场以稳定物价。

4 月 25 日，部分商品价格回落。4 月 24 日，北京市开通首条心理咨询热线，并多次召开新闻发布会，对媒体、公众关注的问题给予正面回答，此举动有效地减除了市民的恐惧。

（四）巩固与恢复阶段（2003年5月1日至6月24日）[①]

5月1日，经过7天7夜的奋战，小汤山“非典”定点医院正式竣工启用，首批共156名患者顺利入住。

5月2日，北京市发布了《关于进一步加强民工和建筑工地防控非典型肺炎疫情的紧急通知》。

5月6日，第一家三级甲等医院——宣武医院开始收治“非典”病人。北京为中小学生开设了“空中课堂”。发热门诊被整顿整改，确保其运营规范，同时，保留63家条件较好的医院发热门诊。

5月7日，北京所有“非典”确诊病人分别被转移到16家定点医院，实现了确诊患者随诊随收，集中治疗的阶段目标。

5月8日，三级甲等医院中日友好医院作为“非典”定点医院投入到抗击“非典”的前线上来。

5月9日，北京市日新增病例数首次低于50例。北京市颁布《关于进一步控制“非典”传播建立发热排查机制的指导性工作规范》。

5月10日，6名外籍“非典”患者全部痊愈出院。

5月13日，北京市防治非典型肺炎工作组设立了物资保障组。

5月15日，北京市出台《关于中医药参与SARS医疗工作的意见》。同日，小汤山“非典”定点医院的第一批“非典”患者共7名病人痊愈出院。

5月18日，北京市疾病控制中心正式运行，北京市疫情网络监控系统初步形成。

5月22日起，北京8万名高三年级学生开始返校进行考前复习，其他年级的中小学生也陆续分期、分批、分区域复课。

5月24日，北京向陕西、四川、甘肃、重庆、湖北、黑龙江等11省市捐赠了一批急需的防治“非典”物资。

5月30日，刘淇宣布：北京防治“非典”“五月攻坚战”取得阶段性成果。

5月31日，中共北京市委常委、宣传部部长蔡赴朝在新闻发布会上表示，随着疫情的初步遏制，北京市的“非典”定点医院数量将从16家减少到

---

① 新华网. 抗击“非典”大事记，http://news.xinhuanet.com/ziliao/2003-04/15/content_833229.htm，2003-04-15

7 家。

6 月 1 日，首都高校出现首批返校的应届毕业生。

6 月 2 日，北京“非典”疫情出现三个“零的突破”：当日零收治确诊病例、零疑似病例转确诊病例、零“非典”死亡病例。

6 月 5 日，北京最后一处疫情工地解除隔离。

6 月 7 日，北京 8 万余名考生参加“非常”高考。北京部分室内体育场馆开始恢复对外开放。

6 月 9 日，北京大学人民医院重新向社会开放。

6 月 20 日，北京市发布《关于做好下一步防控传染性非典型肺炎工作的意见》。

6 月 23 日，北京住院“非典”确诊病例仅剩 46 例，北京市已完全达到世界卫生组织有关取消旅行警告和从“非典”疫区名单中删除的条件。

6 月 24 日，世界卫生组织宣布撤销对北京的旅行警告，并将北京从“非典”疫区名单中删除。

三、对北京地区抗击 SARS 的反思

SARS 是一场突如其来的重大灾难，不仅严重威胁人民的生命健康，也影响国家的经济建设和社会稳定。北京抗击 SARS 的成败，不仅关乎北京地区的局势，也关系全国的大局，关系到国家形象。在抗击 SARS 的三个月时间里，北京市各政府部门、人民军队、企事业单位等和广大群众群策群力，通力合作，取得了抗击“非典”斗争最终的胜利。特别是小汤山“非典”医院的迅速投入使用，成为北京抗击 SARS 走向成功的标志性事件。这不仅是因为小汤山地处偏远，有利于切断病毒的传播和患者的疗养，集中治疗也有利于综合性医院恢复正常工作，满足人民群众日常医疗保健要求。更重要的是，只用 7 天就建成一所医院的惊人速度和“零感染”的“小汤山奇迹”，充分表明了在北京市这场“抗战中”，政府的决策之果敢和管理之高效。有力的管理极大地鼓舞了公众的信心和参与意愿，为抗击 SARS 的成功奠定了良好的基础。可以说，在应对 SARS 危机的过程中，我国的各级政府在危机管理理念和能力上都有了明显的进步，政府和人民在危机中得到了共同成长。

不过，北京在应对 SARS 过程中所暴露出来的问题也是不容忽视的。前面的案例中，我们在对广东省抗击 SARS 的反思中所列举的问题，如危机意识淡

薄、预警机制失灵、信息渠道不畅等在北京也同样存在。而且，作为首都，旧体制对北京的影响更为明显。总的来说，北京市抗击 SARS 过程中存在的不足主要有以下九点：

1. 公共卫生管理机制不顺

长期以来，大卫生观念只是停留在口头上。中国的公共卫生工作实际上几乎仅由卫生行政主管部门一家承包，政府的作用、各部门的职能以及如何协调并不清晰明了，甚至处于无序的状态。中国医疗预防体制中医防分家、条块分割、部门封锁的特点，使得医疗预防资源、信息不能整合。以北京市为例，北京市的各区驻有许多中央或市一级的医疗机构，但并不由所在区直接管辖，突发事件的信息不能及时反映到区里，区里也无法利用其资源。

中国曾在国际上被视为在公共卫生方面最成功的国家之一。然而，在实行市场经济的过程中，中国的疾病预防和控制服务的公益特性逐渐削弱，政府“市场化”和“营利性”的政策导向，更使国家的疾病预防体系软弱无力，农村的疾病预防体系则更是漏洞百出。

2. 信息收集、处理与发布等环节管理不当

由权威的卫生机构及时发布准确、明晰的相关信息，对于指导公众应对疫情、稳定人心至关重要。可更多的情况是，有关部门视疫情为机密，不允许对外公布，对外公布的疫情也是经过“技术”处理的。因此，基层医疗卫生部门不能及时获得准确信息，遇有疫情不知如何处理，应急处理机制和措施不能及时启动，延误了良好时机。

北京市“非典”暴发、流行的最大问题就是在最初阶段封锁消息、隐瞒疫情，致使医务人员不能得到及时、准确的相关信息，不能进行及时有效的防护工作，对公众方面来说，公众得不到有关信息，造成人心不稳，带来的教训十分深刻。

3. 预防观念薄弱，预防措施不足

“预防为主”是中国卫生工作的基本原则，但实际工作中却未见其行。预防不力集中表现在对预防的经费投入、人员培训，以及技术、房屋、设备、装备等问题的关注不够，投入更是微小。

突发性事件在很多情况下具有不可预见性，但绝非完全不可预防的。如果全社会始终如一地遵循“预防为主”、“常备不懈”的方针，一旦遇到突发事件，也能迅速启动应急处理机制，使疫情得到及时控制。特别是北京地区抗击 SARS 的初期，是在广州地区 SARS 出现之后才开始的，本应该做好做足

预防工作，而且比广州地区做得更好。但真实的情况令人非常失望，预防不足或根本就没有预防是其主要原因。

4. 缺乏预警措施，没有行之有效的预警预案，预警能力差

早在1980年，中国即出现了以被动监测为主的基本疾病监测机制与设备，如传染病监测、部分医院门诊的流感哨点监测、部分重点人群的艾滋病哨点监测，但缺少主动检测和突发事件后的跟踪监测。因此，也就无法对各类可能发生的情况进行预测分析，没有针对性地制定应急处理预案，采取相应的预防措施，防范其发生。在预警方面，西方发达国家有着一套成熟体制，比如要进行日常性的监测，甚至在商场或超市内都建立了“症状监测”流程，以利于及时发现苗头及其发展趋势，为人们赢得时机。当突发事件发生时能及时启动预案，实施应对措施，减少突发事件造成的危害，并对突发事件进行跟踪监测，掌握其变化情况，对可能出现的问题及趋势及时发布预警。因此，监测与预警是否成熟有效，关系到突发事件应急处理的成败。

5. 各项应急准备不充分

突发事件应急预案是经过一定程序制订的处理突发事件的事先方案（预案），是建立统一、高效、权威的突发事件应急处理体系的基础。由于认识上的差距，加上投入的不足，中国以往对突发事件的应急处理限于纸上的预案，缺乏思想上、技术上、物质上的准备以及储备物资的妥善管理，也未经演练实习。因此，一旦发生疫情，大抵会措手不及。例如北京市一些医院在发生医院内感染时，连急需的手套、口罩、防护服也供应不上，致使医务人员得不到充分保护，造成医院内感染的加剧。

6. 公共卫生投入不足

中国的卫生资源稀缺问题由来已久。据世界卫生组织2000年的报告，中国政府的人均卫生投入在全球191个国家中名列倒数第四位，仅高于罗马尼亚、埃及和尼日利亚。公共卫生建设要靠国家财政拨款，但政府财政保证不了卫生防疫系统的建设与规律运行。在发达地区，国家的拨款只够发放防疫部门离退休人员的工资。在贫困地区，公务员的工资都不能按时发放，更别说卫生防疫部门的工资。因此，卫生防疫部门只能自筹资金，依靠有偿服务创收来弥补经费的不足，工作重点转向创收服务，极大地影响了卫生防疫系统处理重大疫情和对突发事件的应变能力。

7. 专业人才队伍缺乏

由于公共卫生工作不受重视，人员待遇低，人才流失严重，现在在岗的

公共卫生人员，特别是基层的疾病预防控制中心的人员数量少、素质偏低。据统计，2001 年全国有卫生技术人员约450 万人，其中防疫技术人员仅22 万多人，占4.9%。

另外，中国公共卫生研究力量分散，专家作用发挥不够。一些医务人员缺乏传染病防治知识和防护意识，甚至不能有效地保护自己，更缺乏应对突发应急事件的准备。这次“非典”流行中，许多综合医院非传染科的医护人员被调去“非典”病房或发热门诊工作，但他们连如何正确穿着隔离服都不知道，一个闪失便造成自身及他人的传染。

8. 传染病防治被忽视

在大城市，由于传染病的减少，医务人员对传染病、感染的概念和认识淡漠，加上耐药菌增加，稍不注意，便会造成院内感染发生。

综合医院，特别是医学院校的附属医院处在与传染病斗争的最前沿，也就成为传染病输入的门户，对遏制传染病流行具有关键作用。如果医护人员缺乏传染病防治意识，缺乏传染病相关知识，在应对突发性传染病大肆流行时就会力不从心，甚至自身成为疫源地，造成医护人员、病人之间的交叉感染。

9. 判断错误，错失良机

成功遏制传染病的关键是一个“早”字。2003 年 1 月下旬至 2 月中旬，卫生部和国家疾病预防控制中心曾三次到广东省调查，对“非典”疫情似乎很重视。但是，由于没有从流行病学的基本原理考虑问题，没有充分发挥各方面专家的作用，再加上科学态度和实事求是精神的缺失，造成业务指导乏力，形成“外松内也松”的局面，以至于没有及时采取有效措施，失去了控制流行的最佳时机。

四、思考与讨论

1. 对比广东地区抗击 SARS 案例，你认为北京抗击 SARS 过程中，从预防预警到应对危机，再到后期恢复管理，有哪些不同，有哪些失误和不足？有哪些值得借鉴的经验？

2. 政府部门在公共卫生应急管理方面应该发挥怎样的作用？如何领导和协调处理危机事件？

3. 我国目前在公共卫生应急管理方面主要的工作重点是什么？

第三节 我国2005年禽流感防控纪实

一、2005年禽流感疫情简介[①]

流行性感冒是一种高传染性呼吸道疾病，病毒由空气传播，其具体分为A、B、C三种，其中A型病毒能感染鸡、鸭、猪和人类，最为危险。一般情况下，禽流感是A型流行性感冒的一种。人不容易感染禽流感，因为人体内不具备禽流感病毒的特异性受体，禽流感病毒在人体内复制比较困难。但在1997年香港的禽流感中，首次出现了人禽流感病例，共18例病人，死亡6例。这证明禽流感的病毒似已变异，对人类的威胁大为增加。

2004年，亚洲多国发生了禽流感，近2亿家禽被扑杀，造成了巨大的经济损失。2005年1至2月，越南新发13例人感染禽流感病，其中12人死亡，此后，全球关于人感染禽流感的报道层出不穷。周边国家疫情的发展使带毒候鸟的威胁加大。中国家禽以散养为主，不利于控制，致使我国高致病性禽流感预防工作形势严峻。

2005年5月4日，青海省刚察县发生H5N1亚型疫情，截至5月26日，已有本科斑头雁、鱼鸥在内的超过1 000只候鸟死亡。

10月19日，经国家禽流感参考实验室确诊，位于内蒙古自治区呼和浩特市赛罕区巴彦镇腾家营子的一个珍禽养殖场发生禽流感疫情，此次疫情共造成2 600只羽禽死亡。至此，2005年禽流感在我国开始暴发。

10月24日，安徽省天长市发生疫情，500多只家禽死亡。

10月26日，辽宁省黑山县八道壕镇江台村发生疫情，8 940只鸡死亡。

我国共有11个省区、23个地市、30个县（市区）、55个乡镇、112个村涉及禽流感疫情，共发生30起高致病性禽流感。

经过上下一致的努力，截至2005年12月13日，已连续15天没有接到新发疑似高致病性禽流感的疫情报告，随后23个疫区解除封锁，禽流感疫情暂

① 下文数据若非特别注明，均来源于2003年至2005年全球人感染禽流感事件回顾，http：//www. chinacdc. net. cn/n272442/n272530/n273736/n273781/n305111/n3138373/11965. html

告结束。

根据世界卫生组织的统计记录，截至2006年3月，中国共有人感染禽流感报告病例15例，死亡10例。

农业部兽医局副局长李金祥将2005年的禽流感疫情与2004年的进行了比较，认为2005年的疫情有以下特点：

第一，2004年的疫情全部都是发生在孤立的点上，疫情区分布呈散发状，而2005年则是局部地区连片发生。

第二，2004年的疫情有一个很明显的特征，即疫情发生时间相对比较集中，不到2个月发生49起，而且季节性比较强。而2005年5、6、8、10、11月份都有疫情发生，如野草般无法彻底肃清。而且禽流感病毒的破坏力在增强，主要表现在引起了候鸟的大量死亡。

第三，国外的研究资料表明，2004年的水禽带毒不发作，但是2005年发生的30起疫情中，有9起疫情都有鸭子和鹅等水禽死亡。

第四，2004年只是禽只感染，2005年是候鸟、留鸟和禽只交叉感染。

第五，2005年有人发病，2004年没有。①

二、中国内陆应对禽流感的过程

（一）预警与初步应对

2004年1月，广西隆安县报告了中国内地首例疑似高致病性禽流感案例。禽流感的防治工作由此受到了空前关注。科技部很快决定：在原有“十五”计划项目的基础上，再调整安排1亿元专项经费，用于防治高致病性禽流感科技攻关。针对我国高致病性禽流感防治的需求，按照“立足当前、兼顾中长、突出重点、解决急需”的指导思想，把专项经费重点用于特效疫苗研制和应用、快速检测和诊断技术及产品开发、病毒变异与病原分析等几个方面。②

---

① 健康报网．中国2005年禽流感疫情呈现五个特点，http：//hk.jrj.com.cn/2006/01/26000053358.shtml，2005－12－01

② 搜狐商业网．国家斥资1亿元进行高致病性禽流感科研攻关，http：//business.sohu.com/2004/02/12/18/article219051863.shtml，2005－02－01

2004年2月，国务院办公厅发布了《全国高致病性禽流感应急预案》。

2004年，农业部参照联合国粮农组织指导原则和世界动物卫生组织有关要求，制定了《全国高致病性禽流感监测计划》，指导各地开展禽流感监测工作。

2005年5月，青海疫情发生后，国家禽流感参考实验室即前往调查，并于5月18日从青海刚察县死亡候鸟体内分离到H5N1病毒。5月27日，中国国家首席兽医官、农业部兽医局局长贾幼陵在中外记者会上介绍了疫情，并说明："候鸟带毒是经常发生的，但出现这样大批的死亡，应该说在中国和国际上都比较罕见，以前也没有听说过。"不过，贾幼陵同时表示，青海的候鸟疫情应该不会影响到中国的内地，青海也没有人受到感染。①

2005年10月14日，内蒙古出现疫情后，农业部办公厅新闻办即发出警示，我国高致病性禽流感预防工作形势严峻，并解释了困难原因，即周边国家疫情明显扩大；带毒候鸟威胁很大；中国家禽以散养为主，不利于控制。②

随后，卫生部、农业部决定建立"人畜共患传染病防治合作机制"，以加强人畜共患传染病防治工作，加强部门协调和配合。此外，卫生部还先后与国家质检总局签署《质检总局与卫生部应对口岸公共卫生事件合作机制》，与香港特区政府卫生福利及食物局、澳门特区政府社会文化司共同签署《关于突发公共卫生事件应急机制的合作协议》，以共同应对禽流感传播。

（二）疫情蔓延阶段的应对措施

1. 中央政府的应对措施

2005年10月20日，国务院副总理回良玉主持召开"国务院防控高致病性禽流感"工作会议，提出了五项防控措施：

一要完善各级突发疫情应急预案，健全突发疫情应急机制，落实各项应急保障措施。一旦发生疫情，务必做到早发现、快反应、严处置，坚决把疫情扑灭在疫点上，严防其扩散蔓延。

二要强化疫情监测，健全预警预报机制，切实加大免疫力度，加强养殖

---

① 中华网. 农业部介绍内地亚洲Ⅰ型口蹄疫和青海候鸟禽流感疫情，http：//www. china. com. cn/zhibo/2005 -05/27/content_ 8784711. htm？ show = t，2005 -05 -27

② 搜狐新闻网. 布防禽流感，中国在行动，http：//news. sohu. com/20051025/n227294660. shtml，2005 -10 -25

环节防疫管理和检疫监督。特别是要加强对大中城市及其郊区、边境地区、候鸟栖息地、发生过疫情的地区、养殖大省、大型养殖场和育种繁种基地等重点地区的免疫和监测。

三要进一步完善对突发人感染禽流感疫情的应急预案和有关防治方案，加强医学监测和预防工作，坚决防止疫病向人群传播。

四要加强科技攻关和关键技术的储备研究，重点做好诊断试剂、新型高效疫苗和治疗药物的研制和推广工作，加强流行病学的研究。

五要加快推进动物防疫体系建设和兽医管理体制改革，抓紧实施动物防疫工程，大力提高动物疫病防控能力。

10 月 21 日，卫生部新闻发言人进一步发出警示，我国禽流感引发流感大流行的危险是存在的。针对目前现实，卫生部正在加大对人的监测力度，加强对境外疫情的监测。

10 月 28 日，农业部兽医局局长贾幼陵在新闻发布会上向媒体通报我国内蒙古、安徽、湖南等省区的高致病性禽流感疫情，指出 2005 年 1 月到 8 月，我国共监测了 2 879 个养禽场，810 个活禽交易市场以及 7 231 个养禽农户，196 个猪场和 176 个野鸟栖息地。

11 月 2 日，国务院总理温家宝主持召开国务院常务会议，分析研究当前高致病性禽流感疫情形势，部署进一步加强防控工作。会议强调，要坚持以人为本，坚持预防为主，严格执行《中华人民共和国动物防疫法》和《中华人民共和国传染病防治法》，认真贯彻“加强领导、密切配合，依靠科学、依法防治，群防群控、果断处置”的方针，采取综合措施，切实加强高致病性禽流感防控工作。会上提出了 12 项具体的防控措施：

（1）加强疫情监测，密切跟踪和及时掌握疫情动态，切实做好疫情预警预报。建立严格的疫情报告制度，做到早发现、早报告、早处置、早控制，对瞒报、漏报和缓报的责任人要依法严肃处理。

（2）完善突发疫情应急机制和应急预案，落实各项保障措施，不存侥幸，不留死角。根据疫情发展态势，适时分级启动应急预案。

（3）坚决控制和扑灭新发疫情。一旦有新的疫情发生，要采取果断措施进行扑杀、消毒和隔离，坚决把疫情扑灭在疫点上，严防疫情扩散和蔓延。认真落实对疫区家禽扑杀和受威胁区强制免疫实行合理补偿补助的政策。

（4）严防禽流感对人的传播。这要作为防控工作的重点。完善突发人感染禽流感应急预案和防治方案，搞好医学监测和预防工作，加强活禽交易市场监管。

（5）继续加大免疫力度，重点做好边境地区、养殖密集区和水网地区的免疫工作，切实加强水禽和散养家禽的免疫。安排好疫苗生产和供应，满足免疫需要。

（6）开展防控科技攻关，重点做好诊断试剂、新型高效疫苗和治疗药物的研制和推广。

（7）抓紧实施动物防疫体系建设规划，增加防疫基础设施建设投入。推进兽医管理体制改革，加强对基层兽医人员的培训，提高基层动物防疫工作能力。

（8）改善家禽防疫条件，推进饲养方式转变，引导和支持标准化养殖、清洁养殖和集约化养殖，促进家禽养殖业持续健康发展。

（9）建立信息发布机制，及时、准确、客观报道疫情。普及科学防疫知识，增强公众自我保护意识和防疫能力。

（10）积极参与国际合作，及时向有关国际组织和有关国家、地区通报情况，加强配合和技术合作。

（11）中央财政从当年预算总预备费中安排20亿元，设立高致病性禽流感防控基金。

（12）立即启动全国防控高致病性禽流感指挥部工作，加强防控工作的统一领导。

11月3日，全国防控高致病性禽流感指挥部启动。

11月7日，由世界卫生组织、联合国粮农组织、世界动物卫生组织和世界银行联合会举办的“禽流感问题国际会议”在日内瓦召开，包括中国政府在内的100多个国家参加会议。大会提出了五个方面的行动步骤，以指导各国防控禽流感的工作。会议还通过了一项总额达10亿美元的抗击禽流感全球行动计划。

11月13日和15日，农业部先后发布了《高致病性禽流感疫情处置技术规范》和《农业部门应对人间发生高致病性禽流感疫情应急预案》。

11月15日，农业部兽医局局长贾幼陵做客“强国论坛”，就做好禽流感防控工作与网友进行了交流。

11月18日，国务院发布《重大动物疫情应急条例》。同日，国务院办公厅发布《关于扶持家禽业发展的若干意见》，规定对家禽免疫和疫区家禽扑杀给予财政补贴，对按规定扑杀禽只造成的养殖者损失，国家给予一定的补偿。

“强制免疫和扑杀所需资金由中央财政和地方财政共同负担，中央财政按东部地区20%、中部地区50%、西部地区80%的比例负担（对国家扶贫开发工作重点县提高10个百分点）。要认真落实补偿与补助政策，尽快把补偿补助资金足额发放到位，对重点疫区可预拨资金，疫情结束后再进行结算。”同时通过减免税费、促进融资、救济困难农民等措施，维护家禽业稳定发展。

11月20日，国家主席胡锦涛与前来中国访问的美国时任总统布什举行会谈，就加强禽流感防控双边合作的倡议达成一致意见。

11月29日，农业部畜牧业司副司长张仲秋先生做客“新华访谈”，就高致病性禽流感疫情发生后，广大消费者对消费禽类产品的担忧，以及畜牧业生产方式和城乡居民生活方式等问题，与网友进行了在线交流。

12月7日，中国农业部发起亚洲禽流感防控合作部长级会议，会议达成了共同防控禽流感的基本共识，发表了《亚洲禽流感防控合作昆明倡议》。

同日，由中国农科院哈尔滨兽医研究所最新研制的禽流感重组新城疫病毒载体活疫苗，经过国家农业转基因生物安全委员会的评审，获得一级安全证书。这种疫苗价格低廉，使用方便，对我国禽流感防控工作起到了重要作用。

中国政府实施了积极的禽流感免疫政策，加强对水禽及边境地区、养殖密集区、水网地区和候鸟密集活动区域家禽的免疫工作，逐步对家禽实施全部免疫接种。据统计，2005年初至12月中旬，共实现免疫家禽68.5亿羽，其中10月至12月中旬超过50亿羽，家禽平均实现免疫密度在全国80%以上。

12月14日下午3时，国务院新闻办公室举行新闻发布会，邀请中国国家首席兽医官、农业部兽医局局长贾幼陵介绍近期中国内地高致病性禽流感防控工作各方面的情况。贾幼陵宣布已有23个疫区解除封锁，我国防控禽流感工作取得了初步成效。

2. 地方政府的应对措施

在禽流感防治过程中，中央政府的工作是统筹全局、高屋建瓴地提出工作目标和工作方法，并予以检查监督。各地方政府则要将上级的命令付诸实践，在疫区扑杀、焚烧、深埋带病家禽；对于非疫区的地方政府，则将工作重心放在监测、强制免疫和拦截病毒输入及输出等方面。下面我们来看一些典型的例子：

（1）北京市。

早在2004年，北京就制定了《北京市高致病性禽流感应急预案》，提出了明确的防控措施：未发生疫情时，各级指挥机构按照“关口前移、重心下移”的原则，做好各项免疫、消毒、监测、边境控制、物资储备等工作，采取适当的措施保护各种禽场和大型禽类养殖企业。发现疫情时，按照“早、快、严”的原则坚决扑杀，彻底消毒，严格封锁，强制免疫，坚决防止疫情扩散。在有可能的情况下，采取科学的措施，对疫区内特有的珍禽及有价值的种禽进行抢救。随后，北京市又成立了“高致病性禽流感应急指挥机构”，下设综合协调组、流行病学调查和疫情确认组、疫情处理组、医疗卫生组、法律保障组、政策研究组、应急保障组、督察组、文秘信息组、宣传组和后勤保障组，具体负责各项防控措施的落实。

为了预防禽流感疫情的发生，北京市从2005年10月开始全面监测候鸟迁徙状况，并于城郊设立了57个候鸟监测点，监视越冬候鸟状况，其中有16个市级监测点，还有41个区县自设监测点，分布地区包括密云水库、官厅水库、延庆野鸭湖、怀柔水库、玉渊潭公园在内的京城14个大水库和水面较大的公园。另外，这57个监测点都配备了专业的高倍率望远镜。监测人员每天都会严密监视迁徙候鸟，详细记录候鸟的种类、活动时间、地点以及鸟粪情况。一旦发现迁徙候鸟的异常变化，将在第一时间上报动物防疫监督机构，而防疫部门则将启动预案，对有异样的候鸟进行检查、化验和处理。此外，市林业局此前还对参加监测的50多名一线监测人员进行了培训，使其了解观察、识别野生鸟类的方法及相关防疫知识等。

北京市要求各居委会对辖区内所有饲养家禽，包括饲养信鸽的住户登记备案，每天监测住户和禽类的健康状况，将第一手资料及时报告。

同时，北京各医院全面实行人禽流感病毒排查。凡体温高于37.5℃，并伴有咽痛、咳嗽等症状的患者都需先到发热门诊进行排查。

（2）安徽省天长市。

2005年10月18日，安徽省天长市便益乡梁营村出现零星不明原因的死鹅，10月20日经诊断为疑似禽流感。当地政府随即按照《高致病性禽流感防治技术规范》，立即启动A级预警。成立了以市长为总指挥，分管副市长和相关部门负责人为成员的应急指挥系统，随后迅速果断采取措施，缓解遏制疫情。当天便紧急调动公安、农委、卫生以及便益乡100多名干部，共计700人次，地毯式、不间断地将疫点存栏家禽和3公里范围内的全部家禽进行地毯式的扑杀、焚烧、深埋和消毒等无害化处理，同时对疫点、家禽饲养处及其活动范围进行了彻底消毒，基本上消除了疫点。

为防止疫情扩散，当地政府对疫区下达了封锁令，在便益乡通往外界的公路两端分别设立2个消毒检查站，在疫区所有出口路设置通行障碍，禁止任何车辆及人员进入，并对疫区内出来的所有车辆及人员进行消毒。彻底清扫、深埋疫区内禽类粪便，对圈舍进行全面消毒。组织兽医对疫区5平方公里内受威胁区家禽实行强制免疫，并对该区域进行消毒等规范化处理。强制关闭了疫区10公里范围内的所有禽类交易市场，严禁活禽交易。此外，便益乡卫生院还设立了3间隔离病房，对家禽密切接触人群进行医学观察。

天长市在全市开展了疫情监测和动物防疫工作，明确规定100只以上的规模养殖户必须对全部家禽进行强制性免疫，严密监测疫情动态，严格实行日报告和零报告制度。同时加强对流入该市的外来禽类的管理，严格检查，没有免疫证明一律不得进入该市。并要求防控期间，疫区以外的家禽一律实行圈养，以防感染。

（3）辽宁省。

2005年10月26日，辽宁省黑山县八道壕镇江台村养殖户出现8 940只死亡鸡只，有关部门随即报告给辽宁省动物卫生监督管理局。11月1日，辽宁省初步诊断其为疑似高致病性禽流感，并立即采集病料送国家禽流感诊断。11月3日晚接到确诊信息后，辽宁省委、省政府于次日实行十项措施，严防高致病性禽流感疫情的蔓延。这10条措施是：

1）立即启动全省防控高致病性禽流感应急预案，进一步落实防控高致病性禽流感的责任制与责任追究制。

2）进一步加强高致病性禽流感疫区的监控管理，按规定对疫区内的禽类进行强制扑杀，对因此遭受经济损失的群众由财政给予经济补偿。

3）对扑杀的家禽规范实施无害化处理，杜绝人的感染。

4）对全省14个市所有的家禽全部开展紧急免疫。所有的家禽实施100%的紧急免疫，不漏掉一只家禽。

5）立即在全省开展全面疫情普查，不漏掉一村，不漏掉一户，不漏掉一禽。

6）要确保信息畅通。做到早发现，早报告，早处置。

7）要确保防控工作所需人财物的供应，包括各种药品、疫苗和其他防控物品的准备。

8）按照“对内严格防控，对外严密防范”的要求，建立疫区、相邻县、省际、无规定动物疫病的示范区和防控禽人感染的“五道防线”。

9）加强交通和流通管理，严禁有可能被感染的禽、蛋产品流入市场。

10）正确处理好防控疫情和其他各项工作的关系，既要把疫情扑灭，又要保证全面实现年初确定的经济社会发展的各项目标。

11 月 5 日起，辽宁省启动二级疫情应急预案，决定对黑山县实行全县封锁。据辽宁省防控高致病性禽流感指挥部副总指挥周立元介绍，到 11 月 6 日凌晨，禽流感防控工作取得了七项阶段性成果：

一是组织了 300 人的防疫应急预备队，其中 200 人已进入疫区开展工作；

二是向社会公布了全省疫情举报电话；

三是编印并分发了卫生防疫和动物防疫知识宣传单；

四是建立并启动了村级信息员防控工作日报告和零报告制度；

五是在农业部的帮助下，紧急调入疫苗 6 000 万羽份，其中禽流感重组鸡痘病毒载体活疫苗 5 000 万羽份；

六是接到安徽省财政厅紧急拨付的防控资金 8 500 万元；

七是紧急组织人员扑杀疫区的病禽和同群禽 100 余万只。

（三）控制疫情后的巩固

疫情基本消除后，禽流感的防控形势仍然严峻。据贾幼陵所言，严峻的原因有五个方面：一是冬春季节为禽流感疫情高发季节；二是我国 60% 家禽散养，管理粗放，防疫难度大；三是“两节”期间，活畜活禽长途调运销售频繁，容易造成疫情跨区域传播；四是我国南方水网地区候鸟活动频繁；五是亚洲大范围的疫情对我国禽流感防控工作仍然构成严重威胁。贾幼陵同时指出，面对复杂的疫情，对于有效防控其扩大和蔓延，我们有足够的信心和坚定的决心。

12 月 20 日，卫生部宣布将组建人感染高致病性禽流感及传染性非典型肺炎防治卫生应急队伍、不明原因疾病卫生应急队伍、重大中毒事件卫生应急队伍、辐射事故卫生应急队伍，已组建的国家级救灾防病医疗与卫生防疫应急队伍和妇科病医学救援队也将进一步完善。

12 月 29 日，由世界中医药学会联合会呼吸病专业委员会和卫生部中日友好医院联合举办的首届“国家中医药防治流感、人禽流感高层论坛”在北京举行。

此外，我国主动向世界卫生组织下属有关参考实验室提供了多个自主分离的 H5N1 亚型高致病性病毒毒株，公布了 2004 年以来采集到的病毒的基因序列。同时为东盟国家培训兽医专业技术人员，并且主动提供设备疫苗等救援物资，帮助周边国家开展禽流感的防控工作。

三、案例评述与建议

（一）禽流感防控的主要经验

1. 各级领导高度重视，依法防控，严格执法，全面开展禽流感防控工作

在我国出现禽流感疫情后，党中央、国务院、中央各部委及各地方政府高度重视，沉着应对，各地反应迅速，行动及时，成功地打赢了一场扑灭禽流感的阻击战。胜利显示的宝贵经验有三：

首先，依靠法制，扑灭禽流感。依法防控禽流感，不仅是法制国家应尽的义务，更是政府部门开展防控禽流感工作的利器，依法宣传禽流感防治知识、依法补偿受损者利益，在防治工作的胜利中显示了非常重要的作用。

其次，依法实施信息通报制度，及时采取果断措施，防控禽流感蔓延。禽流感疫情同样是一场公共卫生安全事件，在处理这场公共卫生事件的过程中，信息准确、快捷地上传下达至关重要。《中华人民共和国动物防疫法》规定，单位和个人发现患有疫病或者疑似疫病的动物，都应当及时向当地动物防疫监督机构报告。任何单位和个人不得瞒报、谎报、阻碍他人报告动物疫情。瞒报、谎报或者阻碍他人报告动物疫情的，由动物防疫监督机构给予警告，并处 2 000 元以上 5 000 元以下的罚款；对负有直接责任的主管人员和其他直接责任人员，依法给予行政处分。

最后，依照《中华人民共和国动物防疫法》，制定相关法规和条例，为防控禽流感工作提供行动的法律依据，有力地推动了禽流感防控工作的开展和深入。例如，2005 年 11 月 13 日和 15 日，农业部先后发布了《高致病性禽流感疫情处置技术规范》和《农业部门应对人间发生高致病性禽流感疫情应急预案》。11 月 18 日，国务院先后发布《重大动物疫情应急条例》和《关于扶持家禽业发展的若干意见》，规定对家禽免疫和疫区家禽扑杀工作中受损失的人员给予财政补贴，对按规定扑杀禽只造成的养殖者损失，国家给予一定的补偿。

2. 行动迅速、措施得力，防控工作落到实处

在还不知道禽流感是如何传染的情况下，传染病专家认为，最有效的抵御方法是全面宰杀或掩埋受影响鸡只，以及减少人与病鸡的接触。这意味着在疫情刚刚出现时，受影响地区的政府就得及早、透明地公布信息，并果断地采取必要行动，制止蔓延。采取宰杀或掩埋措施不仅是在发现有疫情的地区，而且对周边地区也要采取同样的措施，这就意味着家禽养殖单位和个人将受到影响，在具体执行时可能会遇到阻力和困难。但是，从2005年的禽流感防控工作来看，一切防控工作都进行得非常顺利，这与各级主管部门详尽的行动措施和有效的沟通宣传，以及有力的补偿措施是分不开的。特别是在沟通方面，工作是极为细心和充分的。11月15日，农业部兽医局局长贾幼陵做客“强国论坛”，就做好禽流感防控工作与网友交流。11月30日下午，农业部兽医局副局长李金祥做客中国政府网谈防控禽流感事件。[①] 这种平等的对话活动，不仅提高了人们对禽流感防控工作重要性的认识，更重要的是赢得了人们对禽流感防控工作的支持和理解。

（二）对未来禽流感防控工作的思考

1. 应对禽流感需要持久战，从长计议，绝不松懈

应对禽流感没有一劳永逸的解决方法，它是一项长期工作，需做好打持久战的准备。

世卫组织有关专家认为，禽流感危险将长期持续存在，证据表明H5.1型病毒现已在亚洲一些地区形成地方性流行。首先，野鸟和迁徙鸟类是很难控制的，这些野鸟和迁徙鸟类与家禽接触后，可能导致禽流感在家禽中反复暴发。其次，家鸭可排泄大量高致病性病毒而不显示疾病体征，它们在维持传播方面的隐蔽性使禽类的监控工作变得更加复杂。此外，目前尚未充分了解造成该病毒持续存活的因素，对动物中H5.1型病毒的活动规律同样了解甚少，因此完全消除禽流感对人类的威胁实为不可能，国际社会需要有长期应对的心理准备。

联合国粮农组织首席兽医官多米内奇指出，在消除禽流感威胁的措施中，首要办法是在动物中控制禽流感蔓延，这可以减少人类感染的机会，从而减

---

① 中国政府网．农业部兽医局副局长李金祥做客中国政府网谈防控禽流感事件，http：//www.jbzyw.com/cms/plus/view.php？aid=973，2009-04-12

少大流行性病毒出现的机会。防止人类接触禽流感病毒也是一个重要办法。而实施这两种策略的一个重要前提就是人们要了解禽流感暴发的确切程度和真实信息，而后才可以对症下药。因此，对动物和人类实施长期监测必不可少。他认为，在动物以及人类社会建立疫情预警体系，以及出现疫情后迅速控制局面至关重要。这个体系需要不断完善，而不是一时之功。

总之，对禽流感的防控工作是一项长期的任务。密切监测动物和人类的日常动态是防控禽流感的重要措施。因此，我们各级政府部门和主管单位都应该常备不懈，时刻警惕，一旦发现疫情，随时启动预警措施。

2. 防控禽流感工作的重点在农村

目前，畜禽产品已经成为我国城乡居民的主要食物来源，并成为出口创汇的大宗产品。建立正规高效的动物防疫体系，不仅有利于畜牧业的长期健康发展、促进农民增收，也有利于城乡居民的生命健康，还有利于提高中国的国际形象和国际竞争力。我国已经加入世界贸易组织，提高动物防疫水平，使此项工作与国际接轨是我们面临的必然选择，所以，农村动物防疫的“真空”地带应该尽快消除。

当前我国农村基层动物防疫体系存在以下几个方面的问题：

一是机构残缺不全，乡镇机构改革后，畜牧兽医站被大量削减，许多基层防疫机构已是“线断、网乱、人散”，卫生机构如一盘散沙，形同虚设，更有些基层防疫站被官僚主义改造成营利性的机构，真正的基层医疗设施数量微乎其微，几不可寻。

二是乡镇防疫人员工资待遇低，生活无保障，有的不得不为生计而外出打工奔波，高学识的大学生又不愿下来从事此项工作，基层防疫员青黄不接。

三是由于投入不足，农村动物防疫基础设施不足，疾病诊断、化验设备短缺，疫情监测、通报系统存在漏洞。

四是由于缺乏行之有效的保障措施，动物防疫措施难以落实，一些地方虽然也下达过指令性防疫计划，但谈到落实则无人过问，不少农民防疫意识差，使强制性免疫变成了放任自流，这无疑增加了控制疫病蔓延的难度，加大了我国畜禽市场的风险。

针对以上问题，建议做好下列工作：

一是建立健全和强化农村动物防疫体系，亟须各级政府转变观念，不要把动物防疫看作是可有可无的“软任务”，也不能仅仅看作是应对禽流感的权宜之计，而应将其视作统筹城乡经济社会发展、统筹人与自然和谐发展的基础性工作。要在各级财政预算中增加动物防疫经费，加大投入力度，加强动物防疫基础设施建设，加快建立和完善动物疫情的监测预报系统和应急反应机制，着力建立统一协调的指挥系统，在资源配置上向基层防疫倾斜。

二是要加快推进兽医管理体制的改革，整合现有资源，建立统一的动物防疫机构，配齐人员队伍，理顺体制，明确职责，积极改善基层畜牧兽医人员的待遇，切实保证这支队伍的稳定。积极贯彻落实动物防疫法，完善相关配套法规，对农户及时进行强制免疫法规的教育，进行防疫知识的技术培训和知识普及，使动物防疫工作走向程序化、制度化。

三是要抓紧制定、实施动物防疫体系和防疫队伍建设规划，推动兽医管理体制改革，提高动物疫病预防和应急反应能力。各地要认真落实这一要求，尽快消除农村防疫的“真空”地带，推动我国农村动物防疫工作尽快走上正规化轨道。

四是广泛宣传防控禽流感的基本知识和技术，让农民掌握实用有效的防护措施，提高农民对禽流感的预防能力。农村防疫基础设施薄弱，疫病监测体系不健全。只有使预防措施及早进村到户，充分发挥群防群控的威力，教育动员广大农民增强防护疫情能力，才能防止疫情有机可乘。一旦发生疫情，要努力做到早发现、早报告、早扑杀、早防治。

五是加强法律教育，通俗易懂地宣传《中华人民共和国动物防疫法》和相关政策法规，根据农村的实际和农民群众的特点，有针对性地宣传防控禽流感的基本法律知识，提高农民防控禽流感的意识和自觉性，通过宣传教育，让有关政策和知识家喻户晓，人人明白，让广大农民懂得禽流感可防、可控，消除疑虑，树立信心。

3. 建立和完善应急管理法律制度

在2005年禽流感防控工作中，有一个非常值得注意的内容——国务院办公厅发布的《关于扶持家禽业发展的若干意见》，这个意见规定了通过财政补贴、减免税费、贷款支持等方法扶持家禽业的发展。这对饱受禽流感疫情以及随之而来的防控手段影响的家禽业从业人员来说，无疑是一个福音，而且它的实施效果还是不错的，但是，这个《意见》无论在形式上还是内容上都存在合法性争议。

首先，从形式上看，《意见》的制定者是国务院办公厅。从法律角度讲，国务院办公厅并不是一个独立的行政主体，而是国务院的一个内设机构，它并不具有对外直接行使行政职权的资格，只能发布内部文件。但《意见》的内容明显已经超出了政府内部事务的范围，涉及行政对象的重大利益，以内部规范性文件来规定外部行政管理关系是不符合行政法治原理的。这类文件如以国务院的名义发布，则会更为规范。

其次，从内容上看，《意见》规定的扶持措施包括“免征所得税，增值税即征即退，兑现出口退税，适当减免部分地方税”，这一措施用意虽好，却违反了税收法。《中华人民共和国税收征收管理法》第三条规定：“税收的开征、停征以及减税、免税、退税、补税，依照法律的规定执行；法律授权国务院规定的，依照国务院制定的行政法规的规定执行。任何机关、单位和个人不得违反法律、行政法规的规定，擅自作出税收开征、停征以及减税、免税、退税、补税和其他同税收法律、行政法规相抵触的决定。”显然，国务院办公厅的规范性文件并不具有决定减免税收的法定职权。

此外，《意见》所规定的财政补贴也可能涉及各级政府财政预算的调整，依据《预算法》各级政府的财政预算应由相应的各级人大作出决定；再者，《意见》规定的行政补偿过于模糊，势必造成补偿标准和补偿方式的不稳定，在实践中容易引发纠纷。在2004年的禽流感防控中就出现过养殖户对补偿标准不服提起行政诉讼的案例。

实际上，上述问题并不是一个简单的法治意识问题。在应急状态下，政府的管理职权会比平时有所增强，这是很容易理解的，许多行为可能无法按照常态的程序进行，但这并不意味着政府的应急管理权力没有边界，可以不受监督、为所欲为。这就需要建立和完善应急法律制度，对应急状态下的财政制度、补偿制度等预先作出规定，明确政府的应急处置权归属，并以事后的问责制强化监督，保障政府危机管理权力的有序和高效，也能防止因紧急行政权力过度而侵害公民权利的现象。

四、思考与讨论

1. 与抗击SARS相比，中国政府在防控禽流感的过程中所采取的措施有哪些进步？

2. 请自行搜集香港防控禽流感的资料，分析一下香港与内地的做法有哪些相同和不同之处。

3. 你认为内地在防控禽流感方面还存在哪些不足之处？应该如何改进？

4. 对强制免疫和扑杀造成的损失进行补偿的制度依据是什么？请简单评

述这一制度。

本章学习要点

本章的主题是公共卫生危机管理，所收集的三个案例来源于我国近年来发生的重大公共卫生危机事件，前两个案例以广东和北京两个地区为例分别编写了其抗击 SARS 的全过程。那是一场全国上下戮力同心、抗击疫病的伟大胜利，可是在胜利的喜悦中，我们也应看到一些值得反思和改进之处。广东和北京的 SARS 传播是有时间差的，在本应借鉴现有经验，将后起疫情消灭在摇篮中的情况下，由于我国首次面对如此规模巨大、破坏力空前的一场疫病，还缺乏危机管理方面的经验，疫情无可挽回地暴发了，这不得不让我们重视起“应急管理”这个词眼。后一个案例以 2005 年抗击禽流感事件为背景，描述了这次抗击禽流感的基本过程，从这次抗击禽流感事件中总结经验，为将来我国抗击禽流感的漫长征途提供些许启发和借鉴。本章学习的要点是：

1. 突发公共卫生事件的特点和发展规律。
2. 突发公共卫生事件的预警和防范。
3. 突发公共卫生事件中各部门的协调运作。
4. 突发公共卫生事件应对机制的建立和完善。

关键术语

应急管理　公共卫生　非典型肺炎（SARS）　禽流感

补充读物

1. 公共卫生危机管理方面的法律规章有：《突发公共卫生事件应急条例》、《中华人民共和国传染病防治法》、《国家突发公共事件总体应急预案》、《中华人民共和国动物防疫法》。
2. 突发公共卫生事件应急管理的基本理论、原理和方法。
3. 公共卫生防疫基本知识。

参考案例

1. 香港 2008 年底抗击禽流感记事
2. 香港 2003 年抗击 SARS 纪实
3. 安徽阜阳手足口病事件

第四章　社会安全

本章概述

本章收集了有关社会安全方面的三篇案例，通过本章学习，了解社会安全危机发生的原因和特点，能够运用应急管理基本原理在应对社会安全危机方面的策略和方法。

第一节　美国“9·11”事件

一、“9·11”事件概况①

（一）预警阶段

自2001年伊始，美国政府就频繁收到有关恐怖威胁的报告。在中央情报局向布什总统作简要汇报的《总统每日简报》和向高级官员发放的《高级行政人员简报》中，就有大量关于恐怖分子威胁和策划袭击的报告。2001年1月20日至9月10日，《总统每日简报》上至少有40篇与本·拉登有关的情报文章。不过，大多数情报都是美国领土外的威胁。在8月6日的《总统每日简报》首次出现了题为“本·拉登决意在美国发动袭击”的文章。但美国

① 美国“9·11”独立调查委员会. 9/11委员会报告. 史禹等译. 北京：世界知识出版社，2005

政府没能意识到这些情报的意义，也没有采取预警措施。

（二）爆发阶段

2001 年 9 月 11 日 6：45 至 7：50，19 名恐怖分子分别登上了横穿北美大陆的 4 个航班，即从波士顿出发的美利坚航空公司第 11 次航班和联合航空公司第 175 次航班、从华盛顿杜勒斯机场出发的美利坚航空公司第 77 次航班和从纽瓦克机场出发的联合航空公司第 93 次航班。他们顺利通过了当时美国民航安全系统为防止劫机而设置的所有安全关卡。

1. 美利坚航空公司第 11 次航班撞击世贸中心北塔楼的过程

7：59，美航第 11 次航班从波士顿起飞。

8：14，美航第 11 次航班与地面进行了最后一次常规联络，随后联系中断。

8：19，第 11 次航班的客舱乘务员与美航公司取得联系，报告了机上的突发事件。

8：24，美国航空管理局波士顿中心确认发生了劫机事件。

8：25 至 8：32，波士顿中心管制人员根据联邦航空交通管理局规则，通过其指挥系统通知了第 11 次航班被劫持的信息。

8：46：40，第 11 次航班撞上纽约市世贸中心北塔楼。撞击位置为大楼北方第 94 至第 98 层之间。大楼立即失火，而飞机上的燃料倾倒入大楼，进一步加剧火势，整幢大楼结构遭到毁坏。被撞击楼层以下的人员开始自行疏散，但被撞击楼层以上的人员无法逃离。而世贸中心南塔楼的工作人员很快通告南楼的所有人员，称南塔楼“依然安全”，可正常运作。一些人忽略广播通告依然撤离，一些人继续工作，还有一些人则聚集在位于南塔楼第 78 层和第 44 层的空中大堂。

10：28：31，世贸北塔楼从上到下坍塌，在撞击点以上的楼层无人生还。北塔楼虽然最早遭受撞击，但倒塌时间比南塔楼晚了近 30 分钟。之所以如此，主要有三个原因：①撞击点较高；②飞机速度较慢；③受影响楼层的部分防火系统已经被更新。位于双塔附近的万豪酒店、美国海关、希尔顿酒店等建筑也遭到破坏。

2. 联合航空公司第 175 次航班撞击世贸中心南塔楼的过程

7：58，美联航第 175 次航班从波士顿起飞。

8：42，航班最后一次与地面联络。

8：47，航班运行出现异常，但当时纽约中心管制人员正集中精力搜寻已确认被劫持的第11次航班，没能注意到第175次航班的异常。

8：52至9：00，有两名乘客和一名乘务员分别与地面电话联系，告知飞机被劫持，两名飞行员被杀害，一名乘务员受伤。

8：55，纽约中心管制人员接到报告，美联航第175次航班可能被劫持。该管制人员试图通知区域管制人员，对方告知他们正在讨论一架被劫持的飞机（可能是指美航第11次航班），谢绝干扰。

9：01至9：02，纽约中心向联邦航空管理局总部报告了第175次航班的危险情况，要求军方介入。这是总部接到的第二架飞机被劫持的唯一通知。

9：03：11，第175次班机以大约每小时590英里的时速撞入世界贸易中心南塔楼第78至第84层处。飞机以近乎45度的左倾角度撞上南楼，飞机的部分机身从大楼东侧与北侧穿出，掉到6个街区以外的地方。此时，纽约中心正电话通知东北防空区第二架飞机被劫的消息。

9：59：04，世界贸易中心南塔楼倒塌。

3. 美利坚航空公司第77次航班撞击五角大楼的过程

8：20，美利坚航空公司第77次航班起飞。

8：47，航班与地面失去联系。

8：51至8：54，劫机犯使用刀（一名乘客报告）将乘客（可能还有机组成员）赶至飞机后部（一名飞机乘务员和乘客报告）。与先前的航班不同，据一名乘客报告，劫机犯持有一些美工刀具。最后一位乘客要求“飞行员”发表一项声明，说这架飞机被劫持了。

8：54，飞机偏离预定航向，转向南方。两分钟后无线电发射机应答器被关掉，甚至连飞机的初级雷达波都失去了踪影。印第安纳波利斯空中交通管制中心反复试图联络该飞机，但都失败了。美国航空公司的调度员也试图联络这架飞机，但也没有成功。

9：29，美航第77次班机的自动驾驶仪被中止工作，飞机飞行在五角大楼以西38英里处7 000英尺的高空。

9：32，杜勒斯终端雷达控制所的管理员“观察到一个初级雷达目标高速向东运动的轨迹”，这后来被证明是第77次航班。

9：34，罗纳德·里根华盛顿国际机场警告美国特工处有一架不明飞机正飞向白宫。美航第77次班机在五角大楼西南偏西5英里处突然转向330度。转向完成时，下降到2 200英尺，直指五角大楼和华盛顿市区。

9：35，经情局下令安排副总统火速撤离，特工把副总统从椅子上拉起来，告诉他必须立刻进入地下掩体。切尼副总统于9：37进入地下隧道。

9：36，波士顿中心打电话给东北防空区，传达不明飞机向华盛顿靠近的消息。兰利基地战斗机受命飞往华盛顿哥伦比亚特区。

9：37：46，美国航空公司第77次航班以大约每小时530英里的速度撞向五角大楼。被袭击的部分刚刚翻新过，还没有完全投入使用，但是仍然造成五角大楼西翼百余人丧命。

10：10，五角大楼部分坍塌。

4. 联合航空公司第93次航班坠毁的过程

8：42，美联航第93次航班从纽瓦克机场起飞前往旧金山，比原定起飞时间晚了25分钟。

9：23，第93次航班接到公司的警告消息，告知两架飞机撞击世贸中心，并提醒注意劫机行为。

9：28，劫机者开始行动。航班在俄亥俄东部上空35 000英尺的高空突然下降了700英尺。联邦航空管理局克利夫兰空中交通管制中心接到航班传来的异常信号。

9：34，劫机消息传到联邦航空管理总局。

9：34至10：08，第93次航班向华盛顿哥伦比亚特区飞行，一位指挥中心机构管制人员向联邦航空管理局总部的执行副局长和其他执行官不断提供最新情况。

在此期间，乘客和乘务人员开始给家人、朋友、同事打电话，直到飞机坠毁。这些通话为地面人员提供了第一手的资料，也使机上的人员获得了一些重要消息。至少有5名乘客在通话中了解到两架飞机撞击世贸中心的情况。5个电话讲述了乘客和机组人员试图反抗劫机者。根据其中一次通话可知，他们投票决定是否猛击恐怖分子以夺回飞机，他们作出了反抗的决定并付诸实践。

9：57，乘客开始反击。一些乘客停止了同家人的通话，加入到反抗行动之中。

飞机急剧摇晃，搏斗在继续。据飞机上录音机录下的声音看，乘客的反击持续了5分钟左右，并开始占据上风，很可能是因为乘客的反抗，恐怖分子不得不放弃原来的撞击目标——作为美国象征的国会大厦或白宫，转而以每小时580英里的速度冲向宾夕法尼亚州尚克斯维尔的旷野。

10：03：11，美联航第93次航班在距华盛顿哥伦比亚特区125英里的宾夕法尼亚州坠毁，机上全部人员遇难。

10：17，指挥中心通知总部第93次航班已坠毁。

二、“9·11”恐怖袭击事件中的应对措施

（一）在飞机被劫持的过程中各部门的应急措施

在美联航第11次航班被劫持后，8：37：52，波士顿中心与东北防空区取得联系。这是军方首次接到第11次航班被劫持的消息。东北防空区随即命令距纽约市153英里的奥蒂斯空军基地两架F-15预警战斗机投入战斗。

8：46，F-15预警战斗机紧急起飞，但因为劫机分子已经关闭了飞机的异频雷达，战斗机缺少目标。

8：49，美国有线电视新闻网开始现场直播世界贸易中心的情况，这是全世界第一个报道本事件的新闻媒体。

9：05，纽约中心宣布“禁飞”，没有进一步通知，所有飞机不得离开、到达或通过纽约中心管辖的空域。同时波士顿中心将纽约发生的事件告知其管辖空域范围内所有飞机，并建议飞机加强驾驶舱安全保护措施。波士顿中心还要求总局在全国范围内发布类似警告。

9：08，联邦航空管理局禁止全美所有飞往或经过纽约领空的飞机起飞。

9：08，东北防空区任务组指挥官获悉世贸中心发生第二次爆炸，决定在曼哈顿上空部署战斗机。

9：25，战斗机到达曼哈顿，在纽约上空组成了空中战斗巡逻队。

9：00，美国航空公司执行副总裁杰勒德·阿尔佩得知控制中心已失去了与第77次航班的通信联系。这是第二架美国飞机出了问题。他命令东北地区所有美国航空公司的飞机都留在地面上不得起飞。就在9：10前不久，由于怀疑美联航第77次航班已被劫持，美国航空公司总部推断第二架撞击世贸中心的飞机可能是第77次航班。得知美联航失去一架飞机后，美国航空公司总部将飞机停留在地面不得升空的命令扩展到全国范围。

10：07，克利夫兰中心通知东北防空区关于第93次航班被劫持的消息。此时中心还不知道飞机已坠毁，也未告知军方航班飞行的方向。

10：10后，东北防空区任务组指挥官在情况不明的前提下，明确指示兰

利基地战斗机“不需要命令即可射击”在首都上空的飞机。

9：42，联邦航空管理局赫恩顿指挥中心获悉一架飞机撞击了五角大楼，指挥中心随即要求所有联邦航空管理局命令全部飞机在最近的机场着陆。这样一个史无前例的命令很快得以执行，4 500 架商务和普通飞机安全着陆，航空交通管制系统表现出色。随后，联邦航空管理局宣布禁飞令至少会持续到 9 月 12 日午后。禁飞令最终持续到 9 月 14 日，此期间只有军事及救援飞机被允许起飞。

9：45，白宫与美国国会山庄关闭。

（二）危机发生后美国的应对措施

1. 撞击发生后的疏散与救援

在纽约，承担突发事件救援任务的主要有：纽约市消防局、纽约市警察局、港务局警务处和紧急事件管理市长办公室。在华盛顿，救援工作主要由五角大楼承担。

（1）纽约市消防局的应急反应。

撞击发生后 5 秒钟内，纽约市消防局即作出反应。

8：52，一名消防中队长、2 个云梯小组和 2 个灭火小组赶到北塔楼下。几分钟后，消防局下的曼哈顿中队长赶到，接手工作。

8：57，一个灭火小组和一个云梯小组开始上楼，目标是接近撞击区，勘察现场情况。

9 点前，该科消防局 11 位最高领导中的 7 位、局长及多名副手和助理等纽约消防局高级领导已经开始在位于布鲁克林区的消防局办公大楼中指挥行动。常务局长和行动处处长则赶往现场。根据现场情况，两人当即决定，鉴于火势剧烈，这将是一次营救行动而不是消防行动，应当要求全体人员撤离大楼。他们发布了“5 级警报”，要求更多的灭火小队和云梯小队，以及另外 2 支精锐救援小队赶赴现场。

遗憾的是，生死攸关的撤离决定并没有传达给“911”接线员和消防局的调度员，当受困人员拨打电话求助时，接线员大多按高层建筑火灾的标准操作规范要求周围人员趴在原地别动，等待救援。

第二架飞机与世贸中心相撞后，消防局常务局长立刻发布了第二次“5 级警报”。

截至 9：15，大批消防局人员到达现场，人数远远超过了现场指挥的要求。原因是有许多小队和已下班的消防员都自发赶到现场。

考虑到救援过程中通信的难度，消防局领导曾要求开启大楼里的转发器频道，经过测试发现主听筒无法发送和接收通话信号，所以指挥人员认为该频道无法正常工作，决定弃用该系统。这是一个很令人遗憾的错误判断，无法利用主听筒通话的主要原因其实是测试时没有按下第二个按钮，事实上有一部分消防局的对讲机能使用该系统。

由于对高层情况缺乏了解，消防局的领导难以指挥和控制现场工作。许多小队能做的只是上楼查明情况。营救小队在大楼里爬得越高，其对讲机的联络能力就越弱，这为后来的撤离增加了困难。

9：46，消防局局长再次发布“5 号警报”，又有 20 个灭火小队和 6 个云梯小队被派往世贸中心，结果当时纽约消防局 1/3 以上的消防人员被派往世贸中心。指挥者们没有意识到塔楼有整体坍塌的危险。

南塔倒塌后，北塔大厅指挥部并不清楚南塔的具体情况，但还是在一分钟内下达了全体撤离的命令。但由于通信困难，一些消防员没有接到撤离命令。同时，一些收到命令的消防员为了帮助平民撤离，推迟或停止了撤离。

这一天，纽约消防局死亡 343 名消防员，其中包括常务局长。这是美国有史以来应对机构遭受的最惨痛的人员损失。

（2）纽约市警察局的应急反应。

8：58，纽约警察局常务局长宣布进入 4 级动员状态，将大约 22 名督警、100 名警司和 800 名警员派往世贸中心。

8：50，纽约警察局航空科派遣 2 架直升机飞往世贸中心。直升机飞行员在估测了北塔的楼顶情况后，通知市警察局的紧急事件小组无法实施楼顶救援，因为“楼顶已被火焰和浓烟吞没”。值得注意的是，当天警察局的直升机没有搭乘消防局的人员，这是违反纽约消防局和警察局的规程规定的。而且，警察局并未将无法实施楼顶救援这一情况通知“911”接线员和消防局的调度员，因此当一些位于高层的求助者说要爬到楼顶等待救援时，接线员也无法给予正确的指引。

9：00，常务局长抵达现场。

9 点左右，城市交通官员关闭了世贸中心附近的地铁站，警察组织平民从地铁站疏散。

警察局还封闭了环城交通干道，以便紧急车辆能在第一时间赶往世贸中心。

第二架飞机撞击五角大楼坠毁后，警察局常务局长立即再次发布 4 级动员令，使参加救援的警察达到 2 000 名。

警察局局长下令执行“欧米伽”行动，对纽约市各处敏感目标进行保护，纽约警察局总部采取了安全措施，其他政府机关的人员全部疏散。

警察局紧急事件科先后派遣了五个行动小组到达世贸中心，进入南塔和北塔协助平民撤离。没有人意识到双塔会倒塌。

南塔倒塌后，紧急事件科指挥部命令全体紧急事件小组撤离世贸建筑群。警员们在撤离的过程中帮助平民撤离。

纽约警察局在救援过程中死亡 23 人。

（3）港警处的应急反应。

爆炸发生后，现场值班的警司命令港警处世贸中心指挥部的警员集合。几分钟内，港警处警员纷纷赶到，开始处理险情。另外，从其港警处其他指挥部赶来的警员的对讲机没有能与世贸中心指挥部通话的频道，致使港警处的整体应对工作缺乏全面配合。

9：00，港警处处长和常务局长分别到达事发地点。随即安排警员前往安全楼梯、广场、地下商场、地铁站等协助疏散工作。有些港警处警员接到命令进入塔楼内实施营救。

港警处并没有事先建立一个应对如此严重事件的指挥机构，大量 2 级警监、三级警监和警督在 9：30 左右自发制定现场应对方案。

港警处在这一天的救援中死亡 37 人。

（4）紧急办公室的应急反应。

8：48，位于世贸中心 7 号楼的紧急办公室总部的官员开始召集纽约消防局、纽约警察局、卫生局和大纽约医院协会等机构，“紧急事件行动中心”由此启动。此外，紧急办公室向联邦紧急事件管理局打电话，要求派出至少 5 个“联邦城市搜救小组”。

8：50，紧急办公室一名高级代表赶到北塔大厅。

南塔遇袭后，世贸中心 7 号楼的全体平民已经撤出，但紧急办公室的高级领导仍然决定留下来指挥救援行动。直到一名特工通报了还有几架商用飞机下落不明的消息，紧急办公室才在 9：30 撤离。

朱利安尼市长在警察局长、消防局长和紧急办公室主任的陪同下，在北面的警察学院迅速建立了紧急行动指挥部。

（5）五角大楼的应急反应。

9：41，在美航的第77次航班撞上五角大楼仅4分钟后，事件指挥部成立，并采用了事件指挥系统。这是一套管理紧急事件应对工作的正式体系，避免了多机构协作时固有的混乱局面。根据事件的性质，阿灵顿县消防局承担起“事件指挥”的角色。这又是一起恐怖袭击事件，司法部因此成为联邦层面的领导机构。

9：55，事件指挥官下令，所有人员撤出五角大楼撞击区。

9：57，撞击区倒塌，没有救援人员受伤。

10：15，事件指挥官下令所有人员撤离指挥部，因为联邦调查局转发的一条预警信息称，又有一架被劫持的飞机逼近。这是当天因为接到飞机逼近的报告而进行的3次疏散行动中的第一次。撤离命令迅速清楚地下达给相关人员，并得到了良好的协调执行。

2. 联邦政府的反恐措施

9：03，布什总统在佛罗里达州萨拉索塔市一所小学时，获悉第二架飞机撞击世贸中心南塔楼的消息。此前，美国国家安全顾问康多莉扎·赖斯已告知布什一架商用飞机撞击世贸中心北塔楼的事实。

9：25，布什在小学的一间教室里发表了第一次电视直播讲话，表示美国正遭到恐怖分子袭击，美国政府将对飞机失事原因展开全面调查。另外，他宣布世贸中心遭袭是一个“国家灾难”。在讲话中，布什表示美国政府不会姑息纵容任何恐怖主义行径，同时，他对在此事件中遭受不幸的美国人民和家庭表示沉痛的哀悼。

9：30之前，航空管理局、白宫和国防部召开了多部门电话会议，但会议并未能有效地协调应对劫机的工作。

10：05，白宫、财政部、国务院及其他主要政府机构内的人员开始撤离。

10：13，纽约联合国总部开始疏散人员，上万人受到影响。

10：39，布什总统发布命令，命令表示：在紧急情况下，空军可以击落任何有可能进行袭击的飞机。

10：45，CNN报道华盛顿与纽约市已经开始进行全面疏散工作。联合国总部已经清空。

12：04，洛杉矶国际机场关闭。

12：15，旧金山国际机场关闭。

12：16，美国48个州的机场停止所有商业与私人航班。

12：30，布什作了第二次电视讲话。

13：04，总统布什在巴克斯达尔空军基地宣布全球美军进入高度戒备状态，随后前往位于内布拉斯加州的战略空军指挥部（Strategic Air Command，SAC）。

13：27，哥伦比亚特区宣布进入紧急状态。

15：30，布什在飞回华盛顿途中，通过卫星电视召集了国家安全委员会第一次紧急会议，进行危机部署。

16：00，媒体引述联邦情报机构高级官员的分析，认为本·拉登是最有可能发动袭击的人。

20：30，布什在他的椭圆形办公室再次发表了讲话。

同日，美国联邦航空局宣布关闭美国领空，无数航班被取消。

14 日，布什签署命令，同意征召 5 万名预备役人员；宣布美国进入紧急状态；把 9 月 14 日定为美国的“全国祈祷与纪念日”。

15 日，布什在向全国发表的广播讲话中说，美国“正在直播一场对付恐怖分子的全面战争”，要对恐怖袭击进行报复。同时，布什首次宣布正在阿富汗的本·拉登是这次对美国进行恐怖袭击的“首要嫌疑犯”。

17 日，美国政府公布，世贸大厦遭袭坍塌已经造成 5 097 人失踪。

20 日，布什宣布成立国土安全办公室，专门负责协调在本土防御和打击恐怖主义的活动。

22 日，美国政府宣布悬赏 2 500 万美元捉拿制造“9·11”恐怖事件的凶手。

10 月 2 日，美国陆军第十山地师向毗邻阿富汗的乌兹别克斯坦和塔吉克斯坦境内分别派遣了一支 1 000 多人的部队。这是美国首次在中东地区部署军队。

10 月 7 日，美国和英国对阿富汗塔利班武装实施大规模军事打击。两个多月后，塔利班政府垮台。

12 月 22 日，以卡尔扎伊为主席的阿富汗临时政府成立。

三、案例评估与分析

（一）从“9·11”事件的应对看美国的应急管理

“9·11”事件是一次前所未有的恐怖主义活动，它的袭击手段、影响范围和破坏力都超过了过去人们对恐怖活动的认知，对美国的应急管理水平发起了激烈的挑战。因为有着先进的危机管理经验以及长期积累的应急联动救援经验，总的说来，美国在“9·11”中的应急反应还是相当成功的。各部门在有限的信息和资源条件下，尽可能地对抗恐怖袭击并在袭击后迅速展开全方位的救援和反恐工作，反应十分迅速。布什总统在所获得的信息还非常有限的情况下，距第一次撞击仅40分钟时就公开发表了讲话，将事件定性为恐怖袭击，为后来的反恐措施奠定了基调。在这样严重的危机中，领袖人物的第一反应和判断不仅影响到政府对危机的处理，也对公众心理和舆论有着重要的影响。布什总统在第一时间快速准确的反应和后来果断采取的反恐措施，使他迅速地从“被最高法院送上总统宝座”的弱势总统变成一个强势总统，个人声望大大提升。

其他部门也在自己的职责范围内采取了多种应急措施，如军方在并没有全面收到劫机消息的情况下就迅速组织了空中巡逻，保护首都安全，纽约和华盛顿阿灵顿县的消防部等应急部门都在第一时间赶到现场，有效地控制了事态发展。对“9·11”事件的成功处置得益于其相对成熟的应急管理系统。

1. 美国的突发事件应对法律体系

美国的突发事件应对立法启动很早，1803年就制定了第一部灾难法规。目前已建立起一套相当完整和细致的法律体系，其中最有代表性的法律主要有：1974年的《斯坦福法案》及其配套的“联邦应急计划”，侧重于规定灾难发生后的救灾与减轻损失方面；1976年的《全国紧急状态法》，明确规定了在紧急状态中总统的权力。此外，《美国联邦法典》第44篇“紧急状态管理与救援”则主要规定了“联邦紧急事务管理局”及其下设机构的组成和职权。这一专业的应急管理机构在美国发生的多次突发事件中都发挥了重要的作用。

除了这些适用于所有突发事件的一般法律外，美国还制定了许多特定领域的应急法律，如《反恐怖主义法》、《国家建筑物安全协作法》、《联邦火灾预防及控制法》等。这些立法为“9·11”事件发生后的应急处理提供了明确的法律依据。

2. 美国的突发事件应对组织机构

除了作为最高决策、咨询机构的国家安全委员会和作为情报提供机构的中央情报局与联邦调查局外，就是上面已经提到的联邦紧急事务管理局。该机构成立于1979年，总部在华盛顿，在很多州都设有地区办公室。联邦紧急事务管理局整合了此前分散在各个部门的应急管理职权，负责对由各种突发事件引发的危机进行全方位管理，包括危机前的防范、预备和减灾，危机发生时的紧急应对和发生后的恢复与重建，重点在于紧急应对。

联邦紧急事务管理局的结构复杂，下设多个办公室、管理署和管理委员会等。2003 年美国成立国土安全部后，联邦紧急事务管理局成为国土安全部的四个主要机构之一。

3. 美国应对突发事件的资金保障

及时充足的资金支持在突发事件的紧急应对中对减少生命和财产的损失至关重要。美国有一套完整的资金支持系统，可以有效保障各种突发事件应对措施的开展。

（1）来自公共财政的资金。

根据《斯坦福法案》的规定，总统在应对国家紧急状态中有权动用政府各部门的各类资源，包括其掌管的资金。国土安全部或联邦紧急事务管理局可以指派合适的联邦机构向发生灾害的州提供支持，在任务指派中明确具体的任务、完成的时间、资金的使用和限制以及所在的州政府财政承担支出的份额。此外，联邦各有关机构都可以使用应急资金。不仅如此，“9·11”恐怖袭击发生后，国会很快通过了《紧急补充拨款法》，使总统获得了额外的财政拨款用于应对恐怖袭击。

不过，资金充足并不等于可以随意挥霍，为避免浪费，确保资金使用效率，在突发事件后还要对资金的使用情况进行审计。

（2）来自民间的资金。

美国民间基金会数量众多，在应对突发事件时可以补充政府财政拨款的不足。“9·11”恐怖袭击后，美国红十字会在短短十几天里募集了两亿多美元的捐款，向每个遇难者家庭提供了最多达 3 万美元的救助资金，以帮助他们渡过生活上的难关。类似的大小基金会不计其数，它们提供了民间的资金渠道，使很多热心的企业和个人能够为应对突发事件提供资金支持。

（3）来自保险业的资金。

美国有非常成熟的商业保险制度，其规模居世界第一。美国政府对保险业给予很大的支持，对于重大突发事件导致单个商业保险公司面对巨大损失而无力承担时，政府通常采取额外补偿的方式对商业保险进行援助。“9·11”后，在袭击事件中遇难或受伤的受害者从政府、保险公司和慈善机构共获得 87 亿美元赔偿，平均每人 310 万美元。遇难或受伤的救援人员共获得 19 亿美元赔偿，平均每人比受害平民获得的赔偿多 110 万美元。但大部分的赔偿支付给了受袭击事件影响的纽约商家，它们共获得 233 亿美元赔偿金，占全部赔偿金额的 62%。此外，因袭击事件失去住所的居民、失去工作的工人以及精神受影响或暴露在危险环境中的人也获得了赔偿。[①] 在赔付中，政府承担其最终赔付人的角色，通过拨款直接对保险公司进行援助，并承担一定限额以上的差额部分。

4. 美国应对突发事件的公众支持系统

美国的民间力量非常强大，因此，美国的应急管理不是单纯的政府管理，还包括了企业、社区、受灾群众和非政府组织等民间力量的参与。特别是大量的民间非营利组织的存在，有效整合了数量众多的志愿者，在紧急救助、资金募集、心理支持、治安维持等方面都发挥了重要的作用，极大地减轻了美国政府的负担。之后，美国政府决定在全国范围内发起“市民团队”（citizen corps）计划，力图通过政府的引导将民间的志愿者更好地组织起来，将执法部门、教育机构、医疗机构、宗教团体、志愿者团体等和突发事件的最初应对者联系起来，发挥志愿者组织的危机救援和服务功能，使之在恐怖袭击、犯罪以及各种灾害的防范、应对和恢复中发挥更大的作用。该计划包括四个部分：“邻里守望组织”计划（neighborhood watch program）、“社区危机反应队”计划（community emergency response teams）、“辅助警察”计划（volunteers in police service）、“医疗预备团队”计划（medical reserve corps）。[②]

（二）美国在应对“9·11”恐怖袭击中的不足之处

面对空前严重的袭击，美国的应急管理体系也暴露了诸多问题。

1. 情报分析工作失误，缺乏有效预警

情报工作的失误是“9·11”后公众对政府指责最多的一个问题。从 2001 年开始，有关本·拉登和基地组织意图针对美国发动恐怖袭击的情报就急剧增加，到该年夏季，情报部门大多数人都认识到，威胁报告的数量和严重程度是史无前例的，但是没有有关袭击时间、地点、方式或目标的具体信息，当然也就缺乏相应的有效预警。进入 8 月后，已经有情报表明“基地”

---

① 京华时报．“9·11”受害者获巨额赔偿．2004-11-10，A21

② 王卫东，王纪侠．美国“市民团队”计划，http：//www.gzccad.gov.cn/GzrfbWebSite/Succor/ViewYantao.aspx？FID=136&ModuleID=41

可能在美国发动大规模恐怖袭击，可能发动自杀式劫机行动。但空管局没有向任何一个航空公司通报这一情况，也没有采取任何新的安全措施。

中情局和联邦调查局分别获得一些恐怖分子的个人信息和活动线索，甚至已经发现有可疑分子在学习飞机驾驶，但信息沟通上存在问题，没有人把这些零碎的线索整合起来。调查委员会称："如果我们把'9·11'阴谋比作一个复杂的拼图，那么这个拼图的其他部分在2001年春夏两季陆续到来，但是，却没有人将它们拼合在一起。"①

2. 各部门之间信息沟通不畅、协调不力

危机当前，只有各方力量通力协作，才能最大限度地实施救助，挽回损失。遗憾的是，在"9·11"当天，危机应对的多个环节都存在各自为政的混乱局面。例如，在劫机事件发生后，空管局和军方的沟通就明显存在问题。东北防区的防空人员在第一架被劫飞机撞楼前9分钟才接到通知，而在第二、第三、第四架飞机发动恐怖袭击前却根本没有接到任何通知。在美航第11次航班已经撞上世贸大楼后，东北防区接到通知，通知称美航第11次航班正向华盛顿方向飞去。甚至副总统对飞机所下的开火令也没能及时传到各战斗机处。幸运的是，这些失误没有造成严重的后果，空军在所知信息极为有限的情况下，积极搜寻，作出了最佳判断。

在随后的救援过程中，也多次出现了各部门协调不力的情况。特别是纽约消防局和警察局，他们都认为自己在行动中完全独立。原本"负责管理全市的紧急应对工作"的紧急事件管理市长办公室也没能解决两部门的协调问题。

8：50，距世贸中心北塔被撞仅4分钟，纽约警察局就派出两架直升机飞往世贸中心查看情况，准备实施楼顶救援。但直升机估测了楼顶的情况，发现因火焰和浓烟无法在楼顶降落。根据纽约消防局和警察局的章程，在高层建筑失火准备实施楼顶营救时，警察局的直升机应当搭载消防局的人员。但在"9·11"当天，纽约警察局不仅没有在直升机上搭载消防人员，事后也没有将无法实施楼顶救援的情况告知"911"接线员和消防局的调度员，导致他们无法对打进电话进行咨询的市民进行有效指导。

即使在同一应急部门内部，沟通协调也存在很大问题，许多指令没能有效发出，许多执行人员无法接收命令。撤离大楼的命令没能及时传达到位是

① 美国"9·11"独立调查委员会. 9/11委员会报告. 史禺等译. 北京：世界知识出版社，2005

导致最终救援人员伤亡惨重的一个重要原因。

3. 设施装备存在的问题

高层建筑出现紧急状况时，楼顶救援是一种有效的救援形式。但世贸中心双塔通向楼顶的门平时是锁闭的，有关方面也没有制定楼顶疏散预案。而且，北塔和南塔的楼顶均由不规则斜面组成，容易反光并造成危险。因此直升机无法降落，也无法将其作为疏散平民的中转地点。这种设计直接导致了在撞击点以上楼层的许多人失去了逃生的机会。

独立调查委员会还指出，消防部门思想保守，长期以来排斥技术更新，以致在“9・11”发生后，消防部门的指挥官们站在世贸大楼一层大厅内凭空做决定，他们手中既没有可靠的情报和新闻跟踪，也没有空中摄像系统或直升机发回的有关世贸大楼火势状况的现场报告作依据。

警察和消防人员所用的无线电对讲机功率较低，在高楼中通话能力有限，而且常常多人同时使用同一频道进行通话，结果无法听清有效信息。实际上，这个问题在1993年的世贸中心爆炸案中已经出现过，为此港务局专门在世贸中心安装了转发系统，大大加强了在高楼林立的环境下无线电的通信能力。遗憾的是，由于对设施不熟悉，消防局的一位领导误认为转发系统已经损坏，无法使用，导致这一设备没能在“9・11”恐怖袭击事件中起到应有的作用。

四、思考与讨论

1. 美国在应对“9・11”恐怖袭击中有哪些值得借鉴的应急管理措施？
2. 美国在“9・11”恐怖袭击后的救援工作存在哪些问题？
3. 如何有效地预防类似“9・11”的恐怖活动？

第二节　慕尼黑惨案

一、事件发展的经过[①]

（一）事件背景介绍

20世纪60年代末期，以约旦为据点的巴勒斯坦解放组织（PLO）因过激行动，使得约旦国王胡赛因于1970年9月下令将PLO武力驱逐，由此引发了约旦内战。在被称为“黑色九月”事件的内战中，PLO成员多被杀害，剩余成员被迫转移至黎巴嫩贝鲁特。内战对PLO造成重大打击，并因此视胡赛因国王为叛徒，对其进行强烈反抗。此后，PLO中最大的派别法塔赫因对以色列斗争的失利，结成了秘密恐怖组织，即“黑色九月”。这个激进组织是由愿意为萨达姆·侯赛因而死的人所组成的民兵组织，直接受总统府管辖，而不归军队指挥。其组织头目是阿里·哈桑·萨利迈和穆罕默德·尤素福·纳杰尔。“黑色九月”声称：任何以色列人都是绝对的仇敌，任何到以色列旅游的游客都是敌人，任何搭乘以色列和美国客机的人都可能成为打击的目标。霎时间，阴云密布，恐怖事件接连不断。举世瞩目的奥运会，也成为“黑色九月”制造事端、表达诉求、扩大影响的绝佳舞台。

1972年的第20届奥运会在联邦德国的慕尼黑举办。作为希特勒起家之地，慕尼黑为此背上了法西斯的黑锅，他们努力借助奥运会摆脱纳粹主义的阴影，有节制地放松安检就是为了重塑战后德国民主国家的新形象。这为“黑色九月”的恐怖活动大开了方便之门。

（二）恐怖袭击的策划与准备

1972年7月15日，“黑色九月”领导人阿布·达乌德、阿布·伊亚德与阿布·穆罕默德在罗马一家咖啡馆会面，看到一份阿拉伯文报纸说巴勒斯坦青年联盟两次要求组织代表团参加慕尼黑奥运会，都被国际奥委会拒之门外，

---

① 慕尼黑传奇：目击黑色九月，http：//www. infzm. com/content/11297，2009－04－12

阿布·穆罕默德说:“既然他们不让我们去,我们为什么不用自己的方式去?”

两天后,达乌德就前往慕尼黑正在建设中的奥运村勘察地形。开幕式两天前的8月24日,伊亚德带着一男一女和五个一模一样的皮箱从阿尔及尔飞抵法兰克福。海关官员只打开了女士的箱子,装在里面的只有内衣。随后在一家饭店,达乌德、伊亚德等人将皮箱内的东西组装起来,原来是6支AK－47步枪和两架冲锋枪。当天达乌德就乘火车将武器运到慕尼黑,寄存在火车站,此后又运来两支AK－47和一批手榴弹。

很快,达乌德和一个到慕尼黑探亲的叙利亚女子出现在奥运村,他们谎称是一群巴西运动员的熟人,借机了解了奥运村房屋布局。当他们到达第31栋楼时,遇到以色列代表团一位褐色皮肤的姑娘,一番攀谈之后,姑娘陪他们参观了以色列代表团所住的复式套房。

“黑色九月”还从黎巴嫩难民营挑出6名巴勒斯坦青年进行训练,重点是徒手格斗。奥运会开始不久,他们两人一组,利用假护照抵达慕尼黑。当夜,在火车站附近的旅馆房间内,达乌德把8个绘有奥运标志的行李袋装满了子弹、手榴弹、食物和急救用品,还准备了蒙面的尼龙长袜、绳索和保持清醒的药物安非他明。21点,他们在火车站一家饭馆集中。一切准备就绪。

(三)袭击过程

8名“黑色九月”武装恐怖分子在9月5日清晨4时10分闯入慕尼黑奥运村。奥运村仅用2米高的栅栏围住,没有摄像机,没有探测器,也没有路障,门口仅有几个保安,也没有配备武器。恐怖分子假装是喝酒晚归的运动员,轻松地翻越栅栏进入了奥运村。

4点25分,恐怖分子将万能钥匙插进了康若里大街31号1号房间的门锁里,房间里共住了7名以色列运动员。摔跤裁判约瑟夫·古特弗罗英德首先发现了问题,他跳下床,试图用身体顶住渐渐被推开的门,同时提醒同伴注意并前来帮助。之后的几秒钟内,恐怖分子试图将门推开,双方使出的力气扭弯了金属门框和铰链。这使同室的另一位举重教练有时间破窗逃走。但另外四名教练被恐怖分子控制住了。随后,恐怖分子又撞开了3号房间,一名轻量级摔跤运动员贾德·祖巴里逃脱,摔跤教练摩西·温伯格和举重运动员约瑟夫·鲁马努在与歹徒搏斗的过程中被枪击身亡。

凌晨5点左右,恐怖分子未能找到住在其他房间的以色列运动员,就关押着抓获的9名人质,并与赶来的警察进行谈判,他们提出了三个条件:

①要求释放200名关押在以色列监狱的巴勒斯坦囚犯；②要有架飞机，从德国出发飞往第三国；③他们需要有在埃及着陆的许可证。

15个小时以后，劫持者的要求获得准许。恐怖分子挟持人质乘直升机飞往机场，准备转乘大客机飞往第三国。

他们在机场落地后，意识到德国警察已经作好了攻击准备，形势危急，就把9名以色列人质全部杀光，并引爆手榴弹炸毁了直升机。在那次灾难中，有17个人丧生，包括人质、恐怖分子和警察。

恐怖袭击事件导致奥运中断了34个小时。9月6日上午，奥运会继续进行。主办方在第20届奥运会主体育场举行了追悼会，悼念死去的以色列人。当时的德国总理勃兰特表情肃穆出席悼念仪式。圣火在体育场燃烧，8万观众默哀3分钟。

二、联邦德国政府应对恐怖袭击的措施

在恐怖分子闯入以色列代表团驻地后双方近半个小时的搏斗中，负责奥运村安全的警察只接到了有关康诺里大街31号附近“有人打闹”这一含混不清的报告。直到两个死里逃生的以色列人分别跑到韩国和意大利代表队的住处打电话报警。

凌晨5点，慕尼黑警察局局长弗雷德·施耐伯在睡梦中被报警电话惊醒，慌忙组织人员应对危机。

5点30分，在双方对峙当中，“黑色九月”下了最后通牒。慕尼黑警方收到了恐怖分子的英文信，他们要求在9点以前释放被以色列政府关押的234名巴勒斯坦人和被西德政府囚禁的“巴德尔—迈因霍夫帮”成员，然后派三架飞机把他们送到一个安全的目的地，最后期限为5日上午9点，过时便开始杀害人质。德国政府对“最后通牒”作出了反应，表示可以同意他们的要求，但必须就细节问题进行进一步的谈判。德国警方欲争取时间，为冲进31号楼营救人质作好准备。

上午9时，时任国际奥委会主席基拉宁和第20届奥运会组委会主席道默发表联合公告，宣布从9月5日下午起暂停全部比赛。

11点，以色列政府奥运村市长Walther Trger、联邦德国国家奥委会主席Willi Daume、警察局长兼第20届奥运会安全总长Manfred Schreiber、巴伐利亚州内政部长Bruno Merk和联邦内政部长Hans-Dietrich Genscher表示愿意以

自己去交换人质，但恐怖分子拒绝了这一要求，只是把截止日期延长至12时。

德国总理维利·勃兰特在电话里与以色列总理梅厄夫人商谈了10分钟，以色列总理正式拒绝了释放政治犯的要求，但同意考虑将人质转移到埃及开罗再进行谈判的建议。随后，以色列总理立即命令以色列情报机构——摩萨德的负责人兹维·扎米尔，让他马上飞赴德国处理这一事件。但是德国政府拒绝了以色列方面派遣一个特别行动小组的请求，声称德国当局认为自己能独立解决此次人质事件。

下午警方又提出派13名警察沿暖气管道爬进楼的计划。但是，穿着运动服的警察刚开始拆屋顶通风口，就发现自己的动作正被电视台向全世界直播，屋里的恐怖分子也看到了直播节目，计划被迫终止。

下午2点，国际奥委会授权国际奥委会埃及籍委员艾哈迈德·图尼与恐怖分子谈判：在释放人质条件下，保证恐怖分子安全离境，并支付给他们巨额资金的提议遭到拒绝，但是谈判有效地延后了恐怖分子提出的最后答复期限，恐怖分子将其改为当晚10时许，用两架直升机将恐怖分子和人质运往菲尔斯滕费尔德布鲁克（Fürstenfeldbruck）空军基地，然后转机前往埃及开罗。

警方原拟乘换机之机营救人质。当时在机场布置了5名狙击手，其中3名布置在信号塔上，1名躲藏在地面一辆维护车辆后，最后1名躲在地面的水管障碍物背后。德国方面的报告称有4到5名恐怖分子，但其实恐怖分子一共有8人。

22：30，恐怖分子到达机场，在机场中停靠了一架波音727客机，警方打开探照灯照亮现场（事后被认为光线仍不足以帮助狙击手辨认目标），恐怖分子头领伊萨前往检查飞机，而人质则继续留在直升机内。警方原计划在机组人员中混入警察协助消灭1~2名恐怖分子，但没有接受任何反恐训练的机组人员最后拒绝帮助执行并在行动开始前全部撤离了客机。当恐怖分子头领发现波音客机内没有任何机组成员时，他立即折回直升机。这时躲在水管后的一名狙击手首先开火，此时约为11时。由于狙击手们没有无线电通信装置，没有夜视装置和头盔，且人数也落后于对方，狙击行动完全失控。恐怖分子中2人被打死，1人重伤，其他恐怖分子迅速躲到直升机下方和后方，并打灭了尽可能多的机场照明设备。由于之前的错误，直升机的停机方向和位置未正确按照计划执行也造成了狙击手的视觉范围被阻挡。

由于恐惧，一名恐怖分子开始向第一架直升机内的人质开火，并让其他2

名恐怖分子走出掩护。他跳出去的时候留下了一枚手榴弹。此 3 名恐怖分子均被狙击手射杀。但接下来的爆炸炸死了直升机内的所有人质。第二架直升机的 5 名人质同样在战斗中全部死亡，直升机被引爆。

直到凌晨 1 点 30 分，警方才击毙了最后一名负隅顽抗的恐怖分子穆罕默德·马萨尔哈德。

三、案例分析与评述

慕尼黑惨案是奥运史上让人难以忘怀的历史悲剧，它揭示了极端的民族宗教冲突可能带来的严重后果，为后来的奥运会举办国提供了前车之鉴。作为第 20 届奥运会的举办国，德国政府在安全保卫和危机处理方面至少存在下列问题。

（一）麻痹大意，缺乏预警

1972 年慕尼黑奥运会的安全管理相当松懈，以至于警察甚至没有在奥运会场出现，当时的奥运会场只有 2 000 名毫无武装的安全官带着特殊设计的装备履行职务。有节制地放松安检是为了重塑战后德国民主国家的新形象，然而德国为此付出了惨重的代价。

实际上，恐怖活动并不是不可预见的，当时的中东局势异常紧张，三次中东战争皆败的巴勒斯坦人，将劫持飞机、绑架人质、炸弹爆炸当作一种新的武器来使用，并流露出威胁奥运会安全的企图。然而德国安全部门对国际形势的发展变化分析不足，忽视了恐怖主义的崛起，既未制定防止恐怖主义分子袭击的预案，更未进行相应的演练。在奥运会举办前，39 岁的德国警方心理学家乔治·西伯尔博士根据对从爱尔兰共和军到巴勒斯坦解放组织等各种派别的研究，详细地设想了 26 种情况，多数以奥运村为背景，包括绑架、劫持人质、武器走私、劫机和遥控炸弹，甚至包括一架被瑞典右翼集团雇用的喷气飞机坠入一个拥挤的奥运会体育场。其中第 21 种情况就是：凌晨 5 点，十几名巴勒斯坦武装人员翻过奥运村围栏，闯入以色列代表团住所，杀死一两名人质，要求释放以色列狱中的同伴，并提供飞机送他们到阿拉伯国家。即使无法达到目的，他们也会把奥运会变成一场政治示威。这个预言惊人地准确，可是被主办方忽略了。[①]

（二）信息管理失灵

在获知恐怖分子绑架以色列队员后，德国就此与以色列政府有过沟通，希望以色列接受巴勒斯坦恐怖分子的条件。但以色列政府素来坚持不和恐怖分子和谈，要求德国方面自行处理，甚至准备在紧急情况下派遣特种部队自行营救。于是，当时的德国政府陷入了困境。

德国安保部门试图让 13 名警察假扮成运动员模样，从导热管中爬入出事大楼。可惜电视台现场直播的行为，让营救半途而废。可以说，缺乏信息管理意识，是这场营救失败的一个重要原因。即使是在政府信息公开普遍成为一项法定义务的今天，大部分国家的信息自由法都规定这类一经披露就会导致执行程序受到干扰的信息也不能公开。德国警方在采取行动前没有采取任何措施防范信息的过早公开，让德国政府的营救行动被恐怖分子了解得一清二楚，进一步刺激了恐怖分子要鱼死网破的意图。

在最后的武力解救阶段，德国的失败也与信息管理不灵有着密切的关系。此前警方认为只有 5 名恐怖分子，于是派出了 5 名狙击手。显然 5 名狙击手无法在第一时间击毙 8 名恐怖分子，却为恐怖分子杀害人质提供了机会，导致营救工作陷入被动。

（三）营救人员缺乏专业训练，营救计划粗陋，措施简单

当恐怖分子同意乘直升机离开奥运村，然后换乘民航客机飞往第三国后，德国警方准备在恐怖分子由直升机换乘民航客机时动手。他们准备了两套方案，一是用埋伏好的狙击手进行伏击，二是安排 17 名警察装扮成机组人员登上民航客机，试图做最后努力。然而这两套方案都过于粗陋，计划不周，人员不精。化装成机组人员的 17 名警察并未受过特殊训练，心理素质极差，在距直升机抵达还有最后 15 分钟时闹出内讧，因为他们认为这是一个无异于自杀的行动。警察们还抱怨说他们所穿的民航制服不齐整，毫无疑问会引起恐怖分子怀疑。负责现场指挥的警官让大家举手表决，17 名警察一致主张放弃行动，集体撤离。

就这样，最后一线希望都落在 5 名狙击手身上，可惜这 5 名阻击手中 2 名

---

① 不设防的慕尼黑，http：//news. 163. com/06/0406/16/2E1OI79N00011248. html，2009 - 04 - 21

来自巴伐利亚防暴警察队，另外3名是慕尼黑警察局的官员，都从未受过狙击训练，不过是喜欢在周末玩玩枪的“业余选手”。况且狙击手既没有精准的狙击步枪，又没有穿着防弹背心，也没有夜视仪和对讲机，因此，第一轮攻击中只有3名狙击手开枪，这使恐怖分子有时间躲藏起来，将9名人质全部射杀。

慕尼黑惨案深刻地揭示了传统的治安管理手段已经远远不能适应反击现代恐怖主义活动的需要。在事发当月的26日，德国成立了反恐特警队。此后，西方各国纷纷建立了自己的反恐特种部队，对恐怖活动的应对进入了一个新的历史时期。

四、思考与讨论

1. 慕尼黑奥运会的安全保卫措施存在哪些问题？
2. 应对恐怖袭击与普通的治安应急管理有什么不同？
3. 简述建立专业反恐队伍的必要性。

第三节　瓮安县“6·28”群体事件[①]

一、事件的由来与发展

（一）事件的起因

2008年6月21日18时许，瓮安县第三中学初二年级女学生李树芬吃完晚饭后，与同班女同学王某一起外出。大约在22时，王某给李树芬的哥哥李树勇打电话，说李树芬跟她一起住，第二天才回去。

6月22日凌晨零时30分左右，王某打电话给李树勇，说李树芬在城郊西门河大堰桥“被水淹了”！李树勇闻讯与亲友立即赶往出事地点。

---

① 刘子富．新群体事件观——贵州瓮安“6·28”事件的启示．新华网．北京：新华出版社，http：//news. xinhuanet. com/book/2009 -03/18/content_ 11030694_ 15. htm，2009 -04 -09

几乎同一时间，瓮安县公安局110指挥中心接到报警，立即指令瓮安县城所在地雍阳镇派出所民警出警。派出所两名值班民警立即驱车赶往现场，途中遇到李树勇及其表舅刘金学，将两人一同带去现场。

由于他们都没带打捞工具，便向119求助，大约20分钟后，十多名消防队员赶到现场。李树芬的叔叔李秀忠等也陆续赶到现场。消防队员打捞半个多小时没有结果，提出等天亮了再打捞。

李树芬溺水时，在场人员除了王某外，还有两名男青年，其中一人没穿上衣，不停地发抖。凌晨2时许，消防队员撤离，出警民警交代家属继续打捞，并按家属请求，将王某等3人带回派出所询问。凌晨3时40分左右，家属将李树芬尸体打捞上岸，停放在大堰桥头一块玉米地边。

6月22日7时23分，民警向110指挥中心回复，死者家属怀疑死者是他杀，请求转刑侦科处理。指挥中心指令刑侦二中队负责人唐仕平出警，并联系技术科科长一起到现场进行勘查和走访调查。

6月22日上午，李树芬的父亲李秀华等来到瓮安县雍阳镇派出所询问案情，派出所告知此案已上交瓮安县公安局刑侦队处理。他们又赶到县公安局刑侦队询问。办案人员告诉他们，李树芬是自己投水死亡，与当时在场另外三名青年无关，李树芬尸体由家属自己安埋。李秀华等人不服，提出要进行法医鉴定。

根据死者家属的要求，当天下午，县公安局法医胡仁强对死者进行尸检，鉴定是溺水死亡。李树芬父亲李秀华、母亲罗平碧等人对尸检结果表示怀疑，向黔南州公安局申诉，提出重新尸检的要求。

6月23日，袁树国代表李秀华一家出面和公安交涉。他提出的要求是：公布嫌疑人的口供，把结论让周边群众检验一下，进行第二次尸检。

6月24日，瓮安县公安局调查认定李树芬溺水死亡是自杀，于当天下午向死者家属送达《不予立案通知书》和《尸体处理通知书》。死者家属对公安机关的结论不服，拒绝领走尸体。当晚，县政法委维稳办组织有关方面调解失败。

6月25日上午，李秀忠被公安局叫去，鉴于他是李秀华的弟弟，又是知书达理的教师，公安局希望他“重大局，出面负责做家属的工作”。唐仕平等出警人员带李秀忠到现场指认了打捞地点，回到县公安局后，唐仕平安排李秀忠到刑侦队作笔录，要他先去刑侦队等候。

李秀忠在刑侦队办公楼等候期间，进入三楼一间办公室，民警张明问他：

“有什么事?”李秀忠因李树芬之死心中有气，回了句：“来玩的。”张明说：“这不是玩的地方，你要玩出去玩!”双方话不投机，发生冲突，扭打起来，被在办公室的另外两名民警拉开。李秀忠离开刑侦队时，边走边喊“警察打人了!”并向县公安局副局长周国祥反映。周国祥当即安排民警带李秀忠去医院检查，然后找张明询问情况，要求写出事件经过交局纪委。

闻讯赶来的李秀忠妻子兰明菊和妹妹李秀菊找到正在写经过的张明，双方发生摩擦，兰明菊用高跟鞋打张明，在场民警及时制止，并报告周国祥和县公安局局长申贵荣，申贵荣指示关押兰明菊和李秀菊。

当天中午，瓮安县教育局副局长严军将李秀忠从县公安局带回县教育局。18 时许，李秀忠离开县教育局，经过县保险公司门口时，五六名不明身份者突然从后面冲上去追打，致使李秀忠轻微脑震荡、头皮损伤、胸腹部软组织损伤、鼻骨骨折。

瓮安县公安局党委立即召开会议，通知张明到会，张明矢口否认李秀忠被打是其所为。公安局党委当场决定没收张明佩枪，停职 15 天，同时通知法制科、巡警大队释放兰明菊、李秀菊。

6 月 26 日，黔南州公安局指派的法医对李树芬尸体进行第二次尸检，结论仍然是溺水死亡。家属则坚持有奸杀嫌疑。瓮安县县委常委、政法委书记、公安局政委罗来平等人做死者家属工作至凌晨 4 时 40 分，调解仍然没有结果。

由于对李树芬的真实死因存在争议，李家将女儿遗体一直停放在事发地县城西门河大堰桥边。随着前往观看的人群越来越多，各种传言在小县城里广泛流传。

有传言说，女学生是被“奸杀后投入河中”；还有传闻说，元凶是县委书记的亲侄女，另外两个参与行凶的男生和派出所所长有亲戚关系，又说元凶是副县长的孩子；还有传言活灵活现地说，被害女生的“叔叔、爷爷、奶奶因上告被打住院抢救，妈妈被打得说话含糊，已失去理智，婶婶被剪去头发关押到派出所”；更悚人听闻的传闻是，女生的叔叔在与公安人员的争执中被公安人员打死…… 一时群情汹涌，全城哗然。

6 月 27 日晚上，家属和政府代表试图最后一次达成共识。那一夜的协调会开到了 12 点，进展异常顺利。那三个孩子，由于家里穷，每家最多只能拿 1 万块钱。另外，教育部门适当捐助一些；李树芬所在的学校三中捐助 5 500 元的保险费；他们家所在的玉华乡政府给予经济补助和粮食补助。另外给家里老人低保方面的照顾，还有李树芬的哥哥，如果其考上大学，则给予其贫困生资助。李秀华对于这个处理意见没有异议。

6月28日零时左右，死者的表舅刘金学打电话给分管政法工作的副县长肖松，说死者家属已同意调解方案，并约定28日9时签订协议，下午安葬。

6月28日9时30分，刘金学事到临头却又打电话给肖松说："死者家属反悔，我代表不了死者家属意见。"肖松要他继续做死者家属工作，并要求当天下午必须把尸体领走处理。当天上午，公安局再次向死者家属送达《尸体处理催办通知书》，限死者家属必须在当天17时前把尸体领走处理。

（二）矛盾激化，引发事件升级

6月28日下午，事情突然急转直下。为防止公安局强行处置尸体，死者亲属从当天下午15时30分开始，和当地群众，包括中小学生约300人，打着"为人民群众申冤呐喊"的横幅，在场的人在横幅上踊跃签名，按了手印，然后由李树芬生前所在学校瓮安三中的两个学生手举横幅，走在游行队伍前头，径直走向县政府请愿。

游行队伍的人越聚越多。尸体停放地七星村水库移民比较集中，部分移民跟随游行队伍去看究竟。游行队伍经过三中校门时，加入游行的学生明显增多。

游行请愿消息通过短信、电话等方式飞速传播，在水库移民、政府征地、城市拆迁、国企改制等改革发展过程中，一些个人利益受到不同程度损害的农民以及市民不约而同地加入游行队伍。当游行队伍抵达县政府时，那里已聚集上千人。

当天恰逢星期六，县政府没人上班，请愿队伍汇聚在县政府门前，经一番演讲，激昂表达诉求后，转移到距县政府100多米的县公安局大楼前，向公安讨说法，请愿人群与警察对峙。沿途不断有人加入，追随围观的人越聚越多。至16时许，县公安局大楼门前及周边已聚集群众上万人。游行人群与警察发生对峙推搡。其间，一些社会闲杂人员闻风而来，乘机呐喊鼓噪，乱打乱砸，使冲突进一步升级。

约16时30分，公安局干警组成的人墙被人群冲开，一些人冲进办公楼，在一楼、二楼各间办公室开始打砸和焚烧办公用品。与此同时，一些人开始打砸警车，并焚烧停靠在公安局门口的警车。个别不法分子随后又冲进附近的县政府、县财政局、县委办公楼打砸，多名公安干警被打伤。

18 时许，附近多辆警车被点燃，现场浓烟滚滚，一片喧嚣，聚集人群多达 2 万余人。由于现场警力有限，主要警力退守公安局大楼三层，死保三楼的枪械弹药库。但一楼收缴的大量管制刀具被不法分子夺走，成为他们打砸行凶的利器。

20 时至 23 时，公安局办公楼、县政府办公楼、财政局办公楼、县委办公楼相继被不法分子点燃，熊熊大火映红了瓮安县城的夜空。县委办公楼被完全烧毁，其他办公楼的部分楼层也遭到不同程度的损伤。

（三）应急处理，平息事件

6 月 28 日晚 8 点，贵州省委书记石宗源指派省委常委、政法委书记、省公安厅厅长崔亚东赶赴瓮安，指挥处置工作。

6 月 28 日 10 时以后，从外地赶赴瓮安县增援的武警部队陆续进入县城。

6 月 29 日凌晨 1 时 30 分，崔亚东抵达现场部署处置工作。3 时许，聚集的近万名群众散去，事态暂时平息。

6 月 29 日上午 6 时起，部分不明真相的群众又向瓮安县委、县政府、县公安局方向聚集围观，高峰时有 6 000 余人。少数不法分子混杂其中，进行煽动，向执勤公安和武警投掷石块、砖头并试图冲破警戒线，局势一度紧张。崔亚东和当天赶到瓮安的武警总部副参谋长薛国强、省武警总队长周爱民立即召开紧急会议，积极研究应对措施，决定 19 时开始强行清场，将围住县政府和县公安局的人群驱散。

6 月 29 日 19 时，武警官兵和公安人员开始强行清场，现场人群逐渐散去，没有发生新的冲突。

据有关部门提供的材料，事件造成瓮安县委大楼被烧毁，县政府办公大楼 104 间办公室被烧毁，县公安局办公大楼 47 间办公室、4 间门面被烧毁，刑侦大楼 14 间办公室被砸坏，县公安局户政中心档案资料全部被毁，另外还烧毁包括 22 辆警车、15 辆摩托车在内的 54 辆车辆，150 余人受伤。事件处理过程中没有人员死亡。

6 月 30 日，县城基本恢复正常秩序。

二、地方政府的应对措施

(一) 省委书记8点批示，果断指挥平息事件

2008年6月28日18时33分，瓮安县公安局致电黔南州公安局，并报告："瓮安县公安局被上千群众围堵打砸烧。"黔南州公安局110指挥中心立即将这一重要信息编发《黔南公安情况反映》向上报告。这一重要信息于20时25分送到贵州省委书记石宗源手中，他当时正在进餐，立即放下手中碗筷，仔细看完，凝神思考，当即掏出笔来，在饭桌上作出8点批示：

亚东同志：①请省厅派人赴瓮安靠前掌控；②溺水女孩是何时的事？是如何处置的？有无激化矛盾的不得当做法？③县委、县政府对此事有何认识和行动、举措？④是否有人乱中作祟，蓄意制造打砸抢烧事件？有何背景？⑤当前不得再激化、引发新的矛盾。搞清情况后，对组织、煽动、领头者必须依法处理（要硬）。⑥搞清楚情况，在第一时间通过媒体披露事实真相，争取主动，严防别有用心的人趁机蛊惑人心，误导舆论。⑦加强信息沟通和情况汇报，不得迟报、误报、瞒报，不得错失处置时机。⑧请即报公安部、中央综治委。

6月30日，事件初步平息的第二天一早，贵州省委书记石宗源即赶赴瓮安察看现场，指导事件处置工作。

在与群众交谈和后来接连召开的当地人大代表、政协委员和群众座谈会上，石宗源三次向瓮安的父老乡亲真诚道歉。

7月1日晚，贵州省政府新闻办公室、贵州省公安厅和黔南州政府在贵阳联合召开新闻发布会，通报了"6·28"事件的相关情况。

7月2日，由贵州省著名法医组成的专家组，在瓮安事件当事人——中学生李树芬的家乡对其遗体进行了第三次解剖检验。证实了前两次解剖的结论。

7月4日凌晨，黔南布依族苗族自治州州委及瓮安县委组织部门在瓮安分别宣布任命庞鸿为瓮安县公安局党委书记，周胜为政委。原瓮安县委常委、县委政法委书记、县公安局政委罗来平的党内职务已被当地组织部门先行免去。

7月4日上午，瓮安县人大常务委员会依法律程序任命庞鸿为县公安局局长，原局长申贵荣同时被免职。县委书记王勤、县长王海平被免职。

（二）第三次尸检，向公众公布事实真相

石宗源在“6·28”事件发生当天明确指示省公安机关：“搞清楚情况，在第一时间通过媒体披露事实真相，争取主动，严防别有用心的人趁机蛊惑人心，误导舆论。”“6·28”事件的导火索，主要是死者家属和一些群众怀疑死因鉴定结果，对县、州两级公安机关的鉴定结果都表示不服。根据死者家属要求确认死因并向社会公布事实真相，以便正确引导舆论，7月2日，由贵州省著名法医组成的专家组，在李树芬家乡玉华乡雷文村泥坪组对其遗体进行第三次解剖检验。

参加检验的专家有贵阳医学院法医教研室主任、法医鉴定中心主任王杰副教授，贵州省人民检察院高级工程师叶忠源、副主任医师杨永刚，贵州省公安厅主任法医师、溺水研究专家屈剑平。法医专家组负责人为屈剑平。

解剖检验从11时20分开始，持续了两个多小时。法医专家对李树芬遗体体表、胸腔、头颅、阴部等都进行了全面细致的检验，并提取了部分内脏组织进行生化和理化检验。李树芬的父亲李秀华、姨妈罗兴菊及61岁的村民代表李成华等见证了解剖检验的全过程，并在检验笔录上签了名。

按照有关法律规定，检验结果要向家属公布。7月9日11时许，第三次尸检法医专家组负责人屈剑平专程去到玉华乡乡政府，向李树芬父亲李秀华等家属公布尸检结果，再次确认李树芬是溺水死亡。

屈剑平说，经过对遗体体表、胸腔等全面细致的检验及大量生化、理化检验，专家组排除了暴力致死、毒物中毒致死及性侵害可能。病理学检验支持溺死诊断，排除病理性死亡。实验室检验支持溺死诊断，肺硅藻检验出与现场河水中同一类硅藻。同时，检验中发现的眼结膜、心包膜、心耳尖见针样出血点及双肺膨隆肿胀等，均呈明显窒息征象，为典型的溺死尸体征象。

屈剑平表示，根据尸体解剖检验所见，实验室检验结合现场勘查分析，可以确定李树芬是溺水性窒息死亡。通报完尸检鉴定结论后，屈剑平与死者家属进行了沟通，对死者家属提出的问题作了回答和解释。

按照省委领导的指示精神，有关部门当天就在瓮安举行新闻发布会，及时向省内外媒体通报第三次尸检结果，披露事实真相，正确引导舆论。

与此同时，瓮安县迅速组织县、乡、村各级干部包村入户，县、乡人大代表、政协委员和治安积极分子，充分发挥人熟地熟的优势，积极配合党委、政府开展工作，分片包干，职责明确，以事实真相说服群众，教育群众，稳

定人心，以一人一户、一村一乡的稳定，确保全县的稳定。

（三）事件处理

1. 省委处置事件的五条决定

贵州省委对处置瓮安“6·28”事件及时作出五条决定：

第一，严查彻究在此次事件中严重失职渎职的干部，特别是领导干部的责任。

第二，谣言止于真相。要向社会及时、真实、准确地公布事实真相，这是处置“6·28”事件十分关键的一项工作。社会舆论要求及时了解事实真相。

第三，进一步稳定群众情绪。贵州的各族群众是非常淳朴善良的，也是非常通情达理的，在处置事件过程中，必须始终相信群众、紧紧依靠群众。

第四，必须严厉打击各种黑恶势力。

第五，必须进一步提高处置突发事件的能力和水平。

2. 迅速启动干部问责程序

贵州省委对瓮安“6·28”事件的相关责任人，在事件发生不到一周之内便迅速启动干部问责程序，开了中国重大突发群体性事件干部问责的先河。

2008 年 7 月 4 日凌晨，黔南州委及瓮安县委组织部门在瓮安分别宣布任命庞鸿为瓮安县公安局党委书记，周胜为瓮安县公安局政委。原瓮安县委常委、县政法委书记、县公安局政委罗来平的党内职务已被当地组织部门先行免去。

7 月 4 日上午 11 时，瓮安县人大常务委员会依法律程序任命庞鸿为瓮安县公安局局长，原瓮安县公安局局长申贵荣同时被免职。

庞鸿履新前为贵州省公安厅国内安全保卫总队副总队长。当天，他同时被任命为黔南州公安局党委副书记、副局长、瓮安县委常委、县政法委书记。

周胜原在贵州省六盘水市公安局刑侦支队任重案四大队大队长，后在贵州省公安厅“打黑办”挂职。

7 月 4 日，贵州省委和黔南州委对瓮安县党政主要负责人作出调整决定，免去王勤中共瓮安县委书记、常委、委员职务；免去王海平中共瓮安县委副书记、常委、委员职务，提请瓮安县人大常委会免去其瓮安县人民政府县长职务。

同日，贵州省委和黔南州委分别作出决定，任命龙长春为中共黔南州委委员、常委，中共瓮安县委委员、常委、书记，免去其中共铜仁地委委员职务，提请贵州省人民政府免去其铜仁地区行政公署副专员职务；谢晓东为中共瓮安县委委员、常委、副书记，提请瓮安县人大常委会任命其为瓮安县人民政府县长。谢晓东履任前是贵州省旅游局综合处处长。

贵州省委决定严查在此次事件中严重失职渎职的干部，特别是领导干部的责任，同时要求纪检监察部门按照《中国共产党纪律处分条例》查究瓮安县委、县政府主要领导和有关领导的责任。

7 月 19 日，黔南自治州委召开全州领导干部会议，由贵州省委组织部宣布中共贵州省委关于黔南自治州委主要领导调整的决定。黄家培任中共黔南自治州委委员、常委、书记；吴廷述同志因工作调动，不再担任中共黔南自治州委委员、常委、书记。黄家培履新前任贵州省农业厅厅长、党组书记。

3. 依法严惩挑头闹事的骨干和不法分子

瓮安“6・28”事件发生后，贵州省公安厅立即从全省公安机关抽调精兵强将组成瓮安“6・28”事件专案组，调查事件真相，开展专案侦查，打黑除恶，全力维护社会稳定，还老百姓安宁。

大量事实表明，“6・28”事件中确有黑恶势力直接参与、直接指挥打砸抢烧的违法犯罪。在处理过程中，贵州省正确认识和严格区分两类不同性质的矛盾，一方面，对不明真相的和盲从的群众采取批评教育和团结的方法，没有激化和引发新的矛盾；另一方面，对组织指挥、参与打砸抢烧的挑头者、骨干分子和黑恶势力骨干分子，对聚众冲击国家机关、聚众扰乱社会秩序以及其他严重扰乱社会治安的不法分子，加强调查取证，依法严肃处理。

专案组联合法院、检察院、司法行政机关向社会发出通告，敦促“6・28”事件违法犯罪分子投案自首；利用电视、广播、标语、宣传车进行宣传，公布举报电话，鼓励群众检举揭发和提供线索，积极配合公安机关开展工作；组织技术力量开展现场勘查，核查“6・28”事件的损失，收集不法分子的犯罪证据；组织侦查调查，基本上查清了有关事实真相和一些别有用心的人员和黑恶势力成员组织、煽动、胁迫、教唆、实施打砸抢烧违法犯罪活动的事实，采取多种措施，对已掌握的涉案人员和涉黑人员进行追捕。

2008 年 11 月 14 日，贵州省瓮安县人民法院对“6・28”事件中犯聚众冲击国家机关罪和放火罪的张光静、莫光付，犯聚众扰乱社会秩序罪的肖春平，犯聚众冲击国家机关罪的李秀龙、李庆安、柴吉方等 6 名被告人进行了一审判决。

瓮安县人民法院判决认定：张光静、莫光付是瓮安县帮派组织“玉山帮”成员，6月28日，两人猖狂参与打砸瓮安县公安局大楼，劫取公安机关收缴的管制刀具，袭击民警和焚烧机动车，已构成聚众冲击国家机关罪、放火罪，分别被判处有期徒刑16年和15年。

肖春平、李秀龙、李庆安3人都曾因犯盗窃罪和抢夺罪被判刑，当日又对奉命前往瓮安执行维稳任务的公安车队进行阻挠，或参与打砸公安局大楼、办公设施，并毁损多台车辆，其行为已构成聚众扰乱社会秩序罪和聚众冲击国家机关罪，分别被判处有期徒刑7年、5年和5年。

当日参与冲击瓮安县公安大楼的柴吉方，因案发后投案自首被从轻处罚，判处有期徒刑2年，缓刑2年。

专案组还配合公安机关采取多种措施全力追捕涉黑恶犯罪嫌疑人，彻底查清黑恶势力组织体系及其违法犯罪事实，依法追究策划、煽动、教唆、胁迫、参与“6·28”打砸抢烧犯罪嫌疑人的刑事责任，依法从严、从重、从速打击涉黑恶犯罪，彻底铲除黑恶势力这一社会毒瘤。

为了严厉打击黑恶势力犯罪，瓮安县公安局组建了打黑除恶专业队，全力开展侦查工作。“6·28”事件涉案人员有234人，其中黑恶势力成员52人。刑事拘留117人，其中黑恶势力成员48人。同时打掉了长期盘踞在雍阳镇茅坡村、草塘镇、玉华乡的涉恶团伙3个，刑事拘留6人，摸排线索40条，掌握涉恶团伙6个。

三、案例分析与评述

（一）事件看似偶然，实属必然

石宗源在经过大量的调查研究，走访群众，掌握了事件的真实材料后指出，“6·28”事件起因简单，但被少数别有用心的人煽动利用，甚至是黑恶势力人员直接插手参与的，属于公然向党委、政府挑衅的群体性事件，情节恶劣，破坏严重，造成了极大的财产和经济损失，影响了全省稳定和贵州形象。他石破天惊地说：“‘6·28’事件看似偶然，实属必然。”

他分析说，长期以来，瓮安各级党委、政府在省委、省政府和州委、州政府的正确领导下，加快县域经济发展，取得的成绩是明显的，干部队伍的主流是好的。但从这起事件来看，从一起单纯的民事案件酿成一起严重的打砸抢烧群体性事件，其中必有深层次的因素。一些社会矛盾长期积累，多种纠纷相互交织，其中一些没有得到应有的重视，一些没有得到及时有效的解决，矿群纠纷、移民纠纷、拆迁纠纷突出，干群关系紧张，治安环境不好。一些地方、一些部门在思想意识上，干部作风上，工作方式、方法上，还存在一些这样那样的问题，群众对我们的工作还不满意。

石宗源说，这是一起不该发生的事件。起因简单，却由于当地干部处置失机，被少数别有用心的人煽动利用，黑恶势力直接参与，酿成严重突发事件，性质恶劣，影响极坏，不但造成了极大的经济财产损失，而且影响了全省稳定和贵州的形象。

石宗源说，"6·28"事件的教训是极其深刻的。我们必须对这一事件进行深刻反思，认真吸取教训。我们的权力是人民给的，权力意味着责任。"冰冻三尺，非一日之寒"。这次事件表面的、直接的导火索是李树芬的死因，但背后深层次原因是瓮安县在矿产资源开发、移民安置、建筑拆迁等工作中，侵犯群众利益的事屡有发生，而在处置这些矛盾纠纷和群体事件过程中，一些干部作风粗暴、工作方法简单，甚至随意动用警力。他们平时工作不作为、不到位，一出事，就把公安推上第一线，群众意见很大，不但导致干群关系紧张，而且促使警民关系紧张。

石宗源说，一些领导干部和公安干警长期失职渎职，对黑恶势力及严重刑事犯罪、群众反映的治安热点问题，重视不够、打击不力，刑事发案率高、破案率低，导致社会治安不好，群众对此反应十分强烈。这次事件中，黑恶势力正是利用群众的这种不满情绪，挑起事端，公然挑战国家法律的尊严和权威，借机扰乱社会、趁火打劫。因此，这起事件看似偶然，实属必然，是迟早都会发生的。对此，瓮安县委、县政府、县公安局和有关部门的领导干部负有不可推卸的责任。

（二）事发的必然性分析

"6·28"事件有其产生的必然性，其必然性主要表现在以下几个方面：

一是当地党委、政府及公安部门维稳工作在思想和行动上并未高度重视。瓮安县是一个社情民意比较复杂的地方，历史上就曾发生过一些恶性案件，但这些事件并未引起县委、县政府的反思。一些领导甚至认为，只要经济上去了，就一了百了，稳定工作有部署无落实，有安排无检查。事件发生时先是有学生游行，然后聚集上千群众围观，但事前党委、政府和公安机关都没有任何信息。信息不灵，思想准备不足，应急预案没有，以至于事件发生时束手无策。

二是对刑事犯罪活动打击不力。瓮安县有组织的帮派有五六个，公安机关虽有打击，但未从根本上铲除，活动仍很猖獗，“两抢一盗”、打架斗殴案件时常发生，群众普遍感到没有安全感，当地流传着“好人散了伙，坏人结了帮；治安搞不好，难以奔小康”的顺口溜，以示对社会治安的不满。

三是群众的一些合法利益诉求没有得到根本解决。近年来，瓮安县经济社会得到较快发展，但在移民搬迁后期扶持、违章建筑拆除、矿权纠纷处理、国企改革改制中，出现了各种矛盾，沉积的有影响的重点信访案件就有20多起，各种矛盾纠纷没有得到及时化解。大量积案和积怨的存在，是导致党群、干群、警民关系紧张，甚至产生仇官、仇警、仇富心理的重要原因，使部分群众对党委、政府的信心不足、信任不够，家属包括一部分当地民众对警方公布的李树芬死亡原因表示怀疑，以至于事态恶化，发展到不可收拾。

四是事件反映出瓮安县基层组织和少数党员干部党性丧失，政治意识不强，法律意识淡薄，整个事件中，很少有基层组织和干部主动出来劝阻。干部管理失之于宽、失之于软。一些部门和干部在遇到矛盾和问题时，不敢面对群众，不善于深入群众、耐心细致地做群众工作，对群众的冷暖关心不够，在工作中不敢碰硬，怕得罪人，甚至存在执法不严，情大于法，以情代法的现象。有的干部工作方法简单粗暴，欺上瞒下。有的干部队伍不纯洁，与黑恶势力相互勾结，充当黑恶势力的“通信兵”和“保护伞”。一些学校存在重智轻德现象，注重对学生的文化知识教育，对思想品德教育重视不够，社会黑恶势力已经在向青少年渗透。一些群众对利益诉求的期望值太高，漫天要价。以至于事件发生时，部分干部、群众和学生尾随、围观、起哄，甚至有的群众和学生直接参与打砸抢烧。基础不牢，地动山摇。

（三）应急管理失利的原因分析

1. 丢掉“现场第一原则”

一起看似孤立的女中学生溺水死亡事件，为什么会升级为2万多群众聚集的打砸抢烧瓮安县委、县政府、县公安局办公楼的严重事件？“6·28”事件酝酿时间长达7天，黔南州和瓮安县党委、政府和公安机关，事前信息渠道不畅，导致集体思想麻痹。而事到临头，州、县领导班子又茫然不知所措，现场已有学生和不法分子在冲击公安机关，冲开警戒线，掀翻警车，放火烧警车，群众起哄，拼命鼓掌，呐喊“加油”了，他们却层层坐在会议室里召开紧急会议、专题会议，研究处置对策。反思瓮安“6·28”事件，所在地的县委书记、县长、公安局长等领导人，平时没有认真研究新时期新阶段发生社会公共危机的特征、特点、规律及其处置方式、方法和成功经验，没有制定突发群体性事件应急处置预案，群体事件发生时却丢掉了当今中外处理社会突发公共危机“现场第一”的原则，没有一个主要领导出现在现场，敢于面对群众，敢于承担责任，坦诚与群众对话，讲明事件真相，说服群众，疏导情绪，引导群众，安抚民心，乃至群体性事件越闹越大，逐步升级，矛盾激化，矛头直指县公安局、县政府和县委，公然挑衅县委和县政府，打砸抢烧事件持续7个多小时，瓮安失控7个多小时。

2. 处置不及时，事态逐步升级

当地警方接到李树芬溺水的报警后，虽然迅速出警赶到现场，但出警未尽力，没有尽到打捞责任，引起死者亲属不满。且出警民警调查询问了事发时在场的三人后，未作笔录就将他们放走了。在死者亲属对死因及尸检结论产生怀疑的情况下，有关民警没有及时查清和公布死者跳河自杀的原因，也没有耐心细致地向死者亲属做好解释说服工作，致使矛盾激化。

直到6月28日事件爆发，瓮安县委、县政府、县公安局一直没有将事实真相及时向广大人民群众和媒体公布。在群众和网民的质疑没有得到有关部门的正面回应，政府没有辟谣和做通死者亲属工作的情况下，瓮安县公安局于6月28日上午再次下达《尸体处理催办通知书》，限定死者亲属在当日17时前必须把尸体抬走、处理，这就进一步激化了矛盾，导致百姓聚众上访，使死者亲属与事发现场三人的矛盾，转化为死者亲属与公安机关之间的矛盾。特别是“6·28”事件中瓮安县党委、政府和公安大楼被烧毁的照片、视频和危言耸听的文字在网上传播后，不仅瓮安当地群众，全中国乃至国外关注“6·28”事件的人们，仍然无法从官方获得权威信息，网上传言在政府没有正面回应的情况下，在人们心目中也就成了“事实”。一起非正常死亡案件，最终逐渐演变成为新中国成立以来罕见的打砸抢烧县委、县政府、县公安局的重大恶性群体性事件。

3. 缺乏政治敏锐性，事到临头无对策

在“6·28”事件发展过程中，瓮安县委、县政府的主要领导人，缺乏应有的政治敏锐性和处置重大突发群体性事件的能力，没有及时采取有效措施应对突发事件，坐等上级拿主意，眼睁睁看着事态不断扩大、不断升级。

在事件发生前，已有多人以各种方式向县委、县政府、县公安局和县信访局反映李树芬事件有正在酝酿成危险的可能，都被相关负责人搁置不问，以至事件爆发时没有任何有力处置预案。

原县委书记王勤直到6月27日在县武装部搭伙吃饭时，才听到分管领导说起这件事，但并未警觉到瓮安常见的“抗尸案”会引起什么样的严重后果，只是叮嘱分管领导“妥善处理”。

而在事件逐步升级、严重恶化的关键时刻，当地没有一个主要领导敢于承担风险，敢于出面与群众对话，敢于采取有效措施，敢于果断制止。从县到州的主要领导，层层束手无策。

在“6·28”事发现场，当地不少党员干部也表现得麻木不仁、无动于衷。肖松反思说：“‘6·28’事件现场，干部队伍中存在一种回避矛盾的心态。干事的不如站在旁边看的，站在旁边看的不如在家玩的。还有这样的说法：‘家事国事天下事，不问事平安无事。’很多干部党性原则丧失，正义感淡化。‘6·28’当天，有些干部在现场不敢挺身而出制止，从人群中走过的时候，怕被人认出来，用衣服挡着脸。还有个别领导人就在附近打麻将，看到出事了，叮嘱在场的人说：‘别开灯，千万不要声张。’”

早在2004年，瓮安县就发生过打砸政府机关的案例，由于当时县委、县政府息事宁人，对当事人教育了事，没有依法处置，成为以后群体性事件得寸进尺的诱因。

4. 权威信息“失语”，虚假信息泛滥

一时间，瓮安县没有正常的、开放的、权威的信息发布渠道来满足老百姓了解事情原委的真相，没有具备公信力的信息发布来疏导民意，老百姓伴着谣言过了一天又一天，口口相传、短信相传、电话相传、网络相传，接收的真假混杂、谣言甚至谎言等负面消息，比党委和政府掌管的新闻舆论主渠道发布的正面消息快得多、早得多、信息量大得多。新闻“先入为主”的特性，使干部群众更加怀疑李树芬的死因，激起广大人民群众对死者的同情和对政府及公安人员的强烈不满。社会不良情绪传播感染的速度快过疾病传播感染的速度，“6·28”事件一呼百应，万众聚集。

瓮安县各级干部在反思“6·28”事件教训时，普遍感到党委、政府和公安部门对社会政治状况信息收集渠道不畅，表现出迟报、不报、甚至失真，政治敏锐性不强，麻痹大意，甚至麻木不仁。对重要信息的发布，党委、政府和宣传部门、公安机关等主渠道，不仅发布慢、声音弱、信息少，甚至在相当一段时间内被动地封堵虚假信息，广大人民群众对李树芬的真正死因，一时间听不到党委、政府和相关部门发布的权威信息，只好打听小道消息，一时间谣言、谎言四起，在民间甚至在互联网上泛滥成灾，党委、政府、公安机关陷入十分被动的地位，舆论误导对“6·28”事件起到推波助澜的作用。

反思“6·28”群体性事件在信息控制与信息发布处理不当的教训，当指出群众不明真相的同时，必须指出导致群众“不明真相”的主要责任在掌握信息和掌握信息发布权的政府相关部门，而不是“少数别有用心的人”，更不可能是民众深恶痛绝的黑恶势力。否则，既低估了人民群众的政治判断力，又夸大了黑恶势力的能量，同时也掩盖了政府权威信息发布的缺位。

（四）吸取教训，确定原则，提高应急管理能力

贵州省委、省人民政府、省政法委和省公安厅认真总结吸取瓮安“6·28”事件处置全过程的经验和教训，2008年12月11日召集全省88个县（市、区）党委政法委书记和公安局长到贵阳，深入研究如何积极预防和妥善处置新时期新阶段不可避免要发生的群体性事件，树立新群体事件观，正确区分和处理两类不同性质的矛盾，提出了积极预防和处置群体性事件的六大原则：

第一，预防为主、防患于未然原则。高度关注社情民意，切实加强矛盾纠纷排查和化解，深入开展领导干部“大接访”活动，着力解决影响和制约科学发展的突出问题，以及党员干部党性党风方面群众反映强烈的突出问题，注重从源头上减少人民内部矛盾的发生。同时，建立健全党和政府主导的维护群众利益机制，建立健全完善处理社会矛盾的工作机制和预警机制，形成科学有效的利益保障机制、诉求表达机制、矛盾调处机制、权益保障机制、应急管理机制，搭建多种形式的沟通平台，拓宽社情民意表达渠道，做到早发现、早报告、早控制、早解决，及时消除诱发群体性事件的各种因素，力争把矛盾化解在萌芽状态、解决在初始阶段。坚决防止侵害群众利益的事发生，坚决防止因决策失误、工作粗糙、执法不当引发的群体性事件。

第二，属地管理、分级负责和谁主管谁负责原则。责任落实到单位、落实到人头，不得把本级应该解决的问题推给上级，不把本单位本部门应该解决的问题推向社会。坚持“现场第一原则”，哪里发生了群体性事件，哪里就有相关部门主要领导第一时间赶到现场，第一时间报告情况，第一时间决策

指挥，迅速控制局面。

第三，依法办事、按政策办事原则。要维护法律法规的权威性和政策的严肃性，严格按照国家法律法规和政策妥善解决群众反映的问题，妥善处置群体性事件。对群众的合理诉求能解决的要及时解决；一时不能解决的，要列出时间限期解决；对于按照政策法律确实不能解决的，要做好宣传、解释、说服、教育工作。

第四，教育疏导、防止激化原则。要注意工作方法和策略，综合运用政策、法律、经济、行政等手段和教育、疏导、沟通、协商、调解等方法，积极稳妥地处置群体性事件，加强对群众的说服教育、情绪疏导，引导群众以理性合法的方式表达利益诉求，妥善解决各利益主体之间的矛盾，防止矛盾激化和事态扩大。

第五，慎用警力原则。坚持慎用警力，慎用强制措施，慎用警械和武器。

第六，及时、果断处置原则。对发生暴力行为或者严重损害社会治安秩序、危害公共安全的群体性事件，要及时、果断采取措施，坚决制止违法行为，尽快平息事态，维护社会稳定。

四、思考与讨论

1. 你认为瓮安“6·28”群体性事件发生的直接原因是什么？

2. 一宗普通的民事纠纷发展为震惊全国的群体性事件背后的深层次原因是什么？

3. 瓮安县政府在应对这次突发事件的过程中有哪些不足之处？

4. 你怎样评价贵州省委书记石宗源在这次应急管理中的作用？

本章学习要点

以群体性事件和恐怖活动为主要代表的社会安全突发事件对社会秩序和人民的生命财产安全的破坏性尤其严重。本章收集了具有典型意义的三个不同案例，通过案例的分析和学习，我们更深入了解对于社会安全的应急管理基本理论和原理，总结经验教训，认真做到事前加强预警防范、注重超前疏导，事中严格监控、力保社会安全。本章学习要点如下：

1. 民族宗教事务对社会安全的影响；

2. 社会安全危机产生的原因及预警与防范措施；

3．恐怖主义活动的新特点和反恐措施的发展；

4．对群体性突发事件的疏导措施。

关键术语

社会安全　恐怖主义　“9·11”事件

补充读物

1．相关法律知识：《中华人民共和国突发事件应对法》、《中华人民共和国政府信息公开条例》、《国家突发公共事件总体应急预案》、《中华人民共和国宪法》、《中华人民共和国刑法》、《中华人民共和国集会游行示威法》、《中华人民共和国集会游行示威法实施条例》、《中华人民共和国治安管理处罚条例》、《信访条例》。

2．群体性突发事件的处理与应对、群体性事件应急预案。

3．刘子富．新群体事件观——贵州瓮安“6·28”事件的启示．北京：新华出版社，2009

参考案例

1．俄罗斯武力解决劫持人质危机

2．拉萨“3·14”事件

第五章　应急综合管理

本章概述

本章主要收集有关危机处理中的公关沟通案例，媒体管理是应急管理中的一项重要的综合性管理。通过学习本章，可以了解危机公关的重要性，以及其在危机处理过程中的重要作用；熟悉危机公关的基本原则和原理；掌握危机公关的背景分析、项目策划、过程管理、效果评估等基本策略和方法。

第一节　百事可乐“针头事件”危机公关

一、百事可乐“针头事件”应急管理

（一）“针头事件”回放

1993 年 6 月 10 日，久闻百事可乐清新爽口的威廉斯太太从超级市场买了两罐百事可乐给孩子。回家后，喝完一罐，觉得味道不错，无意中将罐筒倒扣于桌上，竟然有枚针头被倒了出来。威廉斯太太大惊失色，立即提出指控，将有关物证交给了自己的律师，并且上报了当地卫生部门。同时，他们也向新闻界曝光此事，这对夫妇第二天就上了当地的电视新闻。就在电视台播出该新闻后的第二天，邻近地区的一位妇女也报告说自己也发现了一个针头！很快，这两起百事可乐“针头事件”经美联社在全美广泛报道，引起公众的

恐慌。其他饮料公司也趁机大肆宣传自己的产品，一时间，百事可乐难得有人问津。

6 月 13 日，美国食品和药物管理局（FDA）发布了一则地区性声明，提醒消费者在饮用百事可乐前“仔细检查罐体是否有破坏痕迹，并将饮料倒入杯子后再饮用”。这条警告随后引起了公众的注意。至 14 日，全美已经有 8 人报告说自己在百事可乐罐中发现了注射针头。随后，“百事可乐有污染”的报道占据了所有的全国性媒体，并连续三天成为早晚新闻的头条。地方新闻则将新闻镜头对准了当地的百事可乐罐装厂。

随着各方批评的加剧以及同类案件的增加，百事可乐公司依然坚持自己的立场。尽管有评论家不断催促该公司召回所有产品，公司仍然坚持他们的灌装技术绝对安全可靠。公司向消费者保证：“我们有 99% 的把握，确信任何人都不可能打开饮料罐，然后再完好无损地重新封装好。”此外，因为“那两起事件并没有对当事人和大众的健康造成任何损害”，公司促请其灌装厂商和总经理不要将饮料从商店货架上撤掉。

6 月 14 日，百事可乐公司对灌装厂商和总经理发布了一份“消费者咨询内部说明书”，介绍了对之前几起指控事件的初步调查结果：①之前发现的针头是糖尿病注射胰岛素专用的，我们的生产车间从来没有这些东西。②所有百事可乐罐都采用了新包装，从来没有重复利用或重新加灌。生产过程中有两道外观检查程序，第一道是在加注饮料之前，第二道是在加注瓶罐生产线过程中。然后这些瓶罐才会被封盖。

百事可乐的有力推断基于以下两点：首先，以灌装生产线的速度和安全程度，基本上不可能有任何外来物体进入未开启过的饮料罐；第二，之前消费者发现的物体不是在工厂内被放进罐里的。

6 月 14 日，从路易斯安那州到纽约，从密苏苏里州到俄亥俄州，从费城到南加利福尼亚，美国很多地方都出现了同类百事可乐饮料污染情况的报道。雪上加霜的是，百事可乐还陷入了一场从未经历过的媒体风暴：“一个陷于惊恐的公司正在为自己的名誉而战”——《纽约邮报》、“FDA 告诫无糖百事饮料消费者”——美联社、“无糖百事饮料消费者被警告小心垃圾”——《今日美国》、“无糖百事没有任何召回计划”——《纽约时报》。一时间，百事饮料污染事件的报道占据了所有全国性媒体，并连续三天成为晚间新闻和网络早间节目的主角。美国各地的地方新闻则将它们的镜头对准了当地的百事灌装厂。百事公司总裁和 6 名公关小组成员一天要回答处理近百个质询请求。

公司陷入一场“针头污染”的噩梦之中。

直至6月15日晚，百事可乐公司取得了第一个突破。一位宾夕法尼亚州的男子因为谎报自己在百事饮料中发现了一个针头而被捕。

借第一次拘捕行动的发生，百事可乐开始反击。

（二）危机应对

1. 安抚受害者

百事可乐公司一得到“针头事件”消息，立即采取了措施，一方面通过新闻界向威廉斯太太道歉，并请她讲述事件经过，感谢她对百事可乐的信任，感谢她给百事可乐把了质量关，给予威廉斯太太一笔可观的奖金以示安慰。还通过媒介向广大消费者宣布：谁若在百事可乐中再发现类似问题，必有重奖。另一方面，在公司百事可乐生产线上更加严格地进行质量检验，并邀请威廉斯太太参观，使威廉斯太太确信百事可乐质量可靠，并赢得了这位女士的赞扬。

2. 应急反应与应急行动

（1）事发之后，百事可乐公司积极与FDA合作，并与之达成应急共识。

当晚，公司总裁即与FDA局长通了电话，表明百事可乐公司愿和FDA紧密合作，调查出现“针头事件”的真正原因。并分析认为，这次事件与1982年发生的强生泰力诺药片中毒事件有着本质上的不同，百事可乐“针头事件”没有消费者受到人身伤害，生产线上也未找到针头混入罐内的可能性。FDA同意百事可乐的分析，认为无须从市场上“召回”百事可乐饮料。

正是FDA犯罪调查办公室（OCI）对宾夕法尼亚州男子的谎报事件进行了通报，令案件取得突破。FDA除了对西北太平洋地区的消费者发出警告之外，Kessler局长也表示，这起污染事件存在恶意破坏的可能。后来，Kessler先生还与百事可乐公司总裁Weatherup一道亮相Nightline节目，并前所未有地宣布“市场已经恢复平静……产品没有召回的必要”。

6月17日，Kessler局长在华盛顿特区举行发布会，明确将这起事件定性为“骗局”，是“具有误导作用的个人行为，媒体为吸引注意力而夸大报道，并引发大量恶意模仿行为”的结果。

6月21日，百事可乐公司总裁Weatherup致信时任美国总统克林顿，感谢Kessler局长的“出色工作”，以及FDA“在揭穿这场污染产品骗局中的出色表现”。

虽然FDA宣布无须“召回”百事可乐产品，但一些新闻媒体仍持续报道“受害者”的申诉并坚持向公司寻求答复。公司必须让公众相信：百事可乐生产线是安全的，是无法被人为破坏的。但如何做才能让公众相信呢？

（2）启动应急预案。

百事可乐公司拥有已被研究和测试达10年之久的危机反应计划。当FDA的各级官员全力投入调查“针头事件”的工作之际，百事可乐的危机反应行动同时展开。

针对已经出现的例行调查、公众对针头已被感染的可能性的恐惧、危机对在7月4日美国国庆日达到预期最高销售额目标的负面影响，百事可乐公司迅速作出反应。6月14日上午即成立了由总裁、主管公共关系的副总裁、法律顾问及有关高级主管组成的危机处理小组。小组收集和分析了有关“针头事件”各方面的报道，决定以传媒的方式来处理这场危机，保护百事可乐商标及公司声誉。“当你被媒体审判的时候，你必须同样使用媒体作为武器。”

（3）以媒体方式应对危机的策略与实施。

首先，危机处理小组在公司的电视演播室里设立了危机处理总部，确定了“应对媒体报道、配合FDA调查、及时向内部员工和罐装厂商披露最新信息”等三方面工作。

其次，认真周密分析内外环境和各种因素，并作出正确判断。危机处理小组分析认为：如果声称生产线是百分之百的安全，媒体可能会来寻找缝隙差错，试图打破“百分之百安全”的宣言。一旦找到哪怕一点点差错，百事可乐的信誉就会遭受打击。如果声称生产线是99.99%的安全，那么意味着百事可乐在全美几十个罐装厂每天出厂8 000万罐的饮料中，每天就会产生8万罐的问题饮料。经过如此分析，小组决定避开数字分析，从直观的图像入手。

公司认为，平面媒体上的照片与文字作用有限，决定将化解舆论压力的媒体渠道集中在电视上。于是请公关顾问公司拍摄了百事可乐罐装生产线和生产流程录像，让公众看到：饮料注入之前，空罐个个口朝下，从高温蒸汽和热水冲击消毒到立即注入饮料，再到封口，整个过程只有数秒时间。

最后，公司在认真分析各种情况的基础上实施了利用媒体化解危机的具体措施：

1）公司不惜代价买下美国所有电视、广播公司的黄金时段反复播放生产流程录像。使消费者认识到：任何人要在几秒钟之内将注射器针头放入罐中都是不可能的。

2）百事可乐各罐装生产厂还邀请当地记者进厂参观生产线，见证生产线的高速与安全，说明同时在不同地点出现这么多投诉是非常不合情理的。

对内部员工和罐装厂商，危机小组采取了公开坦诚的态度，在第一时间向大家披露事件的最新进展，以稳定员工心理，稳固客户阵脚。公司的消费者顾问每天都要分头赶赴400家罐装可乐售卖点，介绍事件的最新进展、媒体报道、政府举措以及公司反应，提供如何根据《产品污染处理指南》与消费者沟通的咨询。6位媒介关系经理共处理了2 000多个来自报纸、广播和电视记者的电话；24位消费者专家在40位志愿者的协助下，回答了成千上万的消费者的电话提问。

当FDA掌握了初步调查结果后，公司举办了一个盛大的新闻发布会，通过卫星向全美媒体连续提供了3组电视图像。第一组介绍公司正在运作中的高速罐装生产线，说明发生产品污染的可能性微乎其微；第二组以谎报污染的第一次拘捕行动为要点，说明①不同城市间对无糖百事可乐罐中发现针头的指控，相互间没有任何关联；②污染行为有在饮料罐被打开后发生的可能；③软饮罐是食品类产品中最安全的包装形式之一；④没有召回产品的必要。第三组播放了一家便利店的监视摄像头拍下来的画面：一名妇女正往一瓶打开了的无糖百事可乐罐中塞针头。公司总裁在电视中对消费者的支持表示感谢，披露了几宗新的拘捕谎报行动，再次明确表示百事可乐公司不会召回产品。这幅便利店的监视画面在全美159个地区的325家电视台播出，有9 500万人观看，真正扭转了百事可乐公司的“惊恐”形象。

3. *尾声*

6月17日，FDA在华盛顿特区举行新闻发布会，宣布调查结果如下：有一些人想通过制造所谓的“针头丑闻”来向百事可乐公司索取赔偿，FDA的犯罪调查办公室已逮捕了55名犯罪嫌疑人。所谓“针头丑闻”完全是一场人为的骗局，是“媒体为吸引注意力，夸大事实，引发了大量恶意模仿行为”的结果。

6月18日，百事可乐公司通过电视广告宣布：“美国人民知道，那些关于百事可乐的故事都是编造的。”美国众多媒体也从这一事件中反省了自己的错误：正是媒体的捕风捉影，使事件不断升级，并误导消费者与客户对毫无事实根据的投诉产生连锁性恐慌。

不过最让百事可乐公司高兴的是，在FDA/OCI逮捕了55名与这起事件相关的犯罪嫌疑人之后，公司不仅毫发无损地走过了媒体风暴，维护了自己的声誉，公司的销售额更是令人惊喜。根据总裁 Weatherup 的报告，虽然在危机最高峰时公司销售额下降了 3%，损失约 3 000 万美元，但百事可乐七八月份的销售额提高了 7%，创造了五年来的最佳销售记录。

二、百事可乐公司

（一）百事公司发展历程

1894 年，在美国北卡罗来纳州伯恩市，药剂师科尔贝·布莱德汉姆（Caleb Bradham）在配制有助于消化的药剂时，意外地发现其中一种口味的药剂深受顾客喜爱。他由此得到启发，进而试制了一种碳酸饮料，取名为“布莱德（Brad）饮料”。1898 年，布莱德汉姆将其易名为“百事可乐”（Pepsi－Cola）。在当时众多同类公司中，这家小公司毫不起眼。但沧桑百年之后，当初绝大多数的公司已不见踪影，由百事可乐发展而来的百事公司却发展为当今世界上屈指可数的跨国公司之一。

百事可乐公司最初以生产碳酸饮料为主。1965 年，与休闲食品巨头菲多利（Frito－lay）合并，正式更名为百事公司，从此将休闲食品业务纳入公司核心业务。从 1977 年开始，百事公司进军快餐业，先后将必胜客（Pizza Hut）、Taco Bell 和肯德基（KFC）收归麾下，进入多元化经营阶段。

为了更好地发挥产品结构优势，将市场经营重点重新回到饮料和休闲食品，百事公司于 1997 年 10 月作出重大战略调整，将拥有必胜客、Taco Bell 和肯德基的餐厅业务从公司分离出去，使之成为一家独立的上市公司，即百胜全球公司（Tricon Global，现公司名为 Yum!）。1999 年，百事公司将百事可乐灌装集团（PBG）分离上市，以便集中精力进行品牌建设和品牌营销。

在将非战略性业务剥离的同时，百事公司也陆续收购或并购了多项核心业务，在专业化的道路上不断深入。1998 年，百事公司全盘收购了世界著名的 Tropicana 果汁饮料公司。2000 年，百事公司收购 SoBe 饮料公司，推出一系列自然口味的健康饮品。2001 年 8 月，经欧盟委员会和美国联邦贸易委员会批准，正式与世界著名的食品公司 Quaker 公司合并。通过此次收购，将占有美国运动饮料市场绝对份额、被称为“美国生活的一部分”的佳得乐（Gatorade）品牌归入百事旗下，百事公司一跃成为非碳酸饮料行业冠军。合并后的百事公司，重点发展需求巨大的休闲食品和饮料业务。

百事公司还通过与一些全球知名品牌建立伙伴关系，不断扩大自己的业务能力。1992 年，百事公司与 Thomas J. Lipton 结成战略伙伴关系，在北美市场生产即饮茶饮料品牌——立顿（Lipton），并于 2003 年将这一北美市场最大最成功的即饮茶合作关系推向全球。百事公司同星巴克咖啡公司合作推出的包装咖啡饮料也深受广大消费者的欢迎。

百事公司于 2007 年宣布对其组织结构进行战略调整，将此前由百事北美公司和百事国际集团组成的两个部门划分为三个主要运营部门，即百事美洲食品公司（PAF）、百事美洲饮料公司（PAB）和百事国际集团（PI），以使公司能够继续保持强劲增长势头，并更加充分地发挥高级领导人员的才能。

历经一个多世纪激烈的市场竞争，百事公司经历了从扩张到收缩，从专业化到多元化再到专业化，以及多次业务重组的发展过程，由小而大，从优秀走向卓越。如今，公司在碳酸饮料、非碳酸饮料、休闲食品等领域发展均衡，呈现出长期可持续发展的潜力。2005 年 12 月初，百事公司股价攀升，市值达到创纪录的 984 亿美元，历史上首次超过主要竞争对手，表现出了强劲的增长势头。

（三）百事可乐企业文化

1. 百事可乐标志的演变

百事饮料国际集团是美国的一家享誉全球的跨国公司，其在全球的年销售额已达 270 亿美元，在美国《财富》杂志公布的 2001 年“美国最受敬慕的公司”及“全球最受敬慕的公司”调查评选结果和各行业的排行榜中，百事公司蝉联“全球及美国最受敬慕的公司”并被排在饮料行业第一位；在该杂志公布的全球 500 强企业中，百事公司排名第 63 位。百事公司 1982 年进入中国建厂，已有 30 多家合资合作企业，总投资接近 5 亿美元。其旗下的“百事可乐”、“七喜”、“美年达”、“激浪”，还有“亚洲”、“北冰洋”、“天府”和“佳得乐”系列、“都乐”系列饮料都已成为中国家喻户晓的品牌。百事作为一家成功的大企业，它从 1898 年诞生至今已有 100 多年历史，期间也曾濒临破产，经营惨淡，但终归还是能化险为夷，大步前行，迎来今日的辉煌。百事的成功和所有的成功企业一样，得益于有远见卓识的领导层、它的经营战略、严格的管理和不断推出适应市场并有新意的产品。百事独特的成功经验中最重要的是它赋予企业和产品的文化。百事品牌的理念是“渴望无限”，倡导年轻人积极进取的生活态度，寓意是对年轻人来说，机会和理想有着无限大的空间，他们可以尽情地遐想和追求。为了推广这一理念，百事选择足球和音乐作为品牌基础和企业文化载体，在广告和社会公益活动中借助迈克尔·杰克逊、“小甜甜”布兰妮、王菲、周杰伦、赵晨浩、热力兄弟 、郭富城、陈慧琳、郑秀文、贝克汉姆、里瓦尔多、卡洛斯、范志毅、李玮峰、祁宏等一大批明星作为品牌代言人，极力倡导企业文化所提倡的精神，使百事的“新一代的选择”和推崇“快乐自由”的风格广泛地被消费者，尤其是年轻人理解和接受。这样，很多人就明白了，为什么“百事”的产品从简单的包装到向运动系列、功能系列拓展都意在体现一种动感和欢快的格调，从而使许多青年人成为“百事”忠实和热心的消费者。百事文化不仅是企业的，也是社会的，它深刻地通过其产品的营销影响着一大批人，反过来又推动企业按照这种文化的定位不断创新，才得以经历了100多年还保持着旺盛的朝气。

2. 企业文化

中国有句俗语，“冰冻三尺，非一日之寒”。光靠明确高难目标及强硬制度作手段还是远远不够的。作为企业的软件，培育和强化企业独特的价值和文化才是得以长期发展的保证。在公司价值和文化方面，百事集团同样强调的是重视结果，以及人员如何能够信守诺言而达到事先制定的目标。人的信用和诚实度在公司的文化和价值观中是最受重视的。公司的文化和价值观适用于那些热爱挑战、喜爱竞争、喜欢与那些有能力的人在一起工作的人们。

当然，百事集团的管理也有缺陷，如公司过分地强调“重视结果”，那会使人们目光短浅，做事只看到短期的结果而忽视长远的目标。又如公司吸引了一批有雄心壮志的人，这些人自然有其强烈的危机感和压力，也即间接地鼓励了这些人修建自己的防御墙，如组织自己在公司内部的关系网，拉帮结派，耍手段等。①

三、案例评估与分析

1. 及时、迅速、果断采取应急措施

可乐中居然会有针头，并且发生得如此突然，这是百事可乐公司从未遇到过的，是几乎不可能的事件，这次事件直接影响到公司的信誉、市场占有率和竞争力。百事可乐公司获取“针头事件”信息后，及时、迅速、果断地

① 百度百科．百事可乐公司，http：//baike. baidu. com/view/26755. htm，2009－03－03

推出一系列措施，显示出优越的创新精神，灵活机动地把决策权最大限度地放到事件现场，根据现场情况变化进行随时决策，缓解了矛盾，打消了消费者的顾虑，刺激了消费者的好奇心，不仅没有使销量下降，反而使购买百事可乐的消费者增多。由此可见，突发事件的紧迫性与破坏性要求公司高层管理者必须采取积极果断的措施，运用领导艺术有创造性地处理突发事件，避免组织危机。

2. 借鉴、运用公共沟通原理，结合实际处理危机

对百事可乐应对危机事件的措施，有人称赞其“是一本如何走出公关危机的教科书”。当然，企业管理不是一门坐而论道的学科，而是一个行而知之的实践过程。我们可以学习借鉴那些成功渡过危机的案例，但不能东施效颦、邯郸学步。正如哈佛商学院教授理查德·S. 特德罗所说：“危机就其本质而言是不可准备的，而如何处理危机则根植于企业的价值体系中。”处理突发事件，应根据危机的具体情况，找出处理危机的突破口。

3. 正确认识危机，勇敢面对、积极预警，转“危”为“机”

市场经济，企业之间要竞争，企业与政府、客户要博弈，前行的道路上充满了不确定性和不可预知性，危机会降临到某个企业的头上。个体企业几乎不可能预知自己的前方将会是“暴风雪”还是“地雷阵”。美国《危机管理》一书的作者菲克普曾对世界500强企业的领导人做过一个专项调查，80%的企业领导人认为：现代企业面对危机如同必然面对死亡一样，已经成为不可避免的事情。其中14%的领导人承认曾经受到严重危机的挑战。由于危机爆发后往往会给企业带来重大的经济损失和形象伤害，而且处理不当甚至会导致企业倒闭，因此，许多企业把关注的目光投向“危机管理”，在危机尚未来临时，准备好应对危机的规划决策、动态调整方案、化解途径、员工训练安排等活动，未雨绸缪地作出应对预案，掌握化解危机的时间和时机的主动权。阅读《哈佛危机管理决策分析及经典案例》，读者可知：危机虽然不受人欢迎，但如果危机处理得好，坏事也可以变好事，“危”也可以演变为“机”。

4. 结果评估

“针头事件”发生7天后就终止了。虽然这次危机花费了百事可乐公司2 500万美元，但在夏季中旬，其销售额迅速反弹，创下了五年来同季度的最高销售纪录，比上个夏季增加了7%的销售额。不管是在收银台前还是在危机事件期间和结束后的态度和意识调查中，消费者都表现出了对百事及其产品

的信任。在危机高峰期时，94%的消费者认为百事可乐公司对危机事件的处理很负责任；75%的人说由于公司处理危机事件所表现出来的态度和方式，他们对百事产品多了一份好感。媒体链接（百事公司的VNR卫星传送服务）的跟踪报道表明，自百事在危机后发送了第一个VNR以来，媒体链接转送的VNR使用率达到了最高。百事公司的4个VNR共覆盖了5亿受众。从效果上讲，百事公司的危机反应被认为是一次前所未有的成功。在给百事公司的上千个电话和几百封信里，消费者都表示了他们的支持。美国的社论也不再疯狂炒作这次危机。美国众议院把百事公司列入了国会记录，称赞其在结束全国恐惧风潮中采取的迅速有效的措施。

四、思考与讨论

1. 你认为在“针头事件”的应急管理中，危机公关起到了怎样的作用？它是如何帮助化解危机的？

2. 百事可乐公司在“针头事件”的危机公关过程中运用了哪些应急管理的基本原理、策略和方法？为什么他们能够成功？

3. 从案例中，我们可以吸取哪些经验？这些经验对将来处理危机有哪些帮助？

第二节 中美史克PPA事件

一、中美史克PPA事件

（一）PPA事件的由来

2000年10月19日，美国食品与药品管理局的一个顾问委员会紧急建议，应把PPA（苯丙醇胺）列为“不安全类药物”，严禁使用。原因是美国耶鲁大学医学院的一项研究报告表明，服用含有PPA的制剂容易引起过敏，心律失常、高血压、急性肾衰和失眠等严重的不良反应，甚至可能引发心脏病和脑出血。2000年11月6日，美国食品与药品管理局发出公共健康公告，要求美国生产商主动停止生产和销售含 PPA 的产品。

仅隔 10 天，即 2000 年 11 月 16 日，中国国家医药监督管理局发布了《关于暂停使用和销售含苯丙醇胺药品制剂的通知》，要求立即暂停使用和销售所有含 PPA 的药品制剂，同时暂停对国内含 PPA 的新药、仿制药、进口药的审批工作，并进一步研究处理意见。在 15 种被暂停使用和销售的含 PPA 的药品当中，包含了中美史克生产的康泰克和康德两种产品，并且该消息是以中国红头文件的形式发至全国各大媒体。

康泰克进入中国市场已有 11 年历史，由于其独特的缓释技术和显著的疗效，在国内抗感冒药市场具有极高的知名度，可谓家喻户晓。中国国家医药监督管理局的通告一公布，顿时引起社会的极大关注，媒体争相报道，经销商纷纷来电询问，康泰克多年来在消费者心目中的优秀品牌地位陷入危机之中。

（二）中美史克天津制药有限公司

中美天津史克制药有限公司是葛兰素史克（中国）投资有限公司（GSK）与天津中新药业集团股份有限公司、天津市医药公司合资建立的一家现代化制药企业，其经营范围包括生产、加工、分装和销售供人用的制剂产品、保健产品及相关产品。总投资额为 2 994 万美元，占地面积 67 600 平方米，建筑面积 33 000 平方米，由生产大楼、综合办公楼、新品试制中心、产品分析中心、立体成品库等构成。生产区是按照美国 FDA 规定和 GMP 的标准要求设计并兴建的。1987 年 10 月 19 日正式投产，主要生产胶囊、片剂、软膏三种剂型，年产能力 23 亿片（粒/支），主要产品有新康泰克（复方盐酸伪麻黄碱缓释胶囊）、康德（美扑伪麻片）、芬必得（布洛芬缓释胶囊）、布洛芬乳膏、兰美抒（盐酸特比萘芬乳膏）、史克肠虫清（阿苯达唑片）、百多邦（莫匹罗星软膏）、泰为美（西咪替丁注射液）、瑞力芬（萘丁美酮片），代表产品有肠虫清、新康泰克、芬必得、兰美抒、百多邦、泰胃美等。其中康泰克为支柱性产品，年销售额在 6 亿元人民币左右。这些产品充分体现了中美史克公司的品牌和企业形象。中美史克引进国际先进的制药设备，同时拥有世界先进的缓释胶囊技术，为中美史克赢得中国市场的主导地位奠定了基础。先进的电脑管理、生产管理、GMP 管理、市场开发、销售网络和通信设施，使中美史克成为中国合资企业中规模大、产品新、发展速度快的企业之一。

二、应急管理项目策划、实施与评估

2000年11月16日，中美史克接到《关于暂停使用和销售含苯丙醇胺药品制剂的通知》的正式文件后，立即成立了危机管理团队，并根据职责、职能不同，分为几个小组：领导小组制定应对危机的立场基调，统一口径，并协调各小组工作；沟通小组负责信息发布和内外部的信息沟通；市场小组负责加快新产品研制开发；生产小组负责组织调整生产并处理正在生产线上的中间产品。

同时，中美史克天津制药有限公司委托中国环球公关公司迅速启动危机管理工作系统，制定和实施一整套危机期间的媒体关系管理方案，通过媒体成功实现与公众的沟通，有效控制并处理了由PPA事件引发的重大危机，有效保护了品牌，更为中美史克重返感冒药市场奠定了良好的舆论基础。PPA事件289天之后，即2001年9月3日，中国环球公共关系公司又鼎立协助中美史克公司牢牢把握市场商机，充分利用康泰克原有品牌效应，成功地将新康泰克推向市场。让我们对这一成功的公共危机沟通案例进行回顾，从中学习和吸取有益的经验。

（一）项目调查与背景分析

中国环球公共关系公司在接受中美史克公司的委托之后，迅速对中美史克公司面临的状况进行了全面而周密的调查研究。

1. 调研目的

（1）全面了解事件的性质与中美史克公司的关系。

（2）评估危机事件的后果。

（3）为制定危机处理策略提供依据。

2. 调查对象

（1）资深新闻记者（通讯社、电视台、中国医药专业媒体等）。

（2）药品行业业内人士。

（3）国家药品监督管理局。

（4）消费者、经销商。

3. 调查方式

（1）访谈。

（2）资料收集。

（3）热线电话反馈。

4. 调研分析的结果

中美史克公司生产的康泰克一直是中国感冒药市场的第一品牌，康泰克在国内上市11年以来，累计销售已超过50亿粒，其品牌形象深入人心。这样一个有着高知名度和美誉度的药品品牌被中国政府禁止无疑会引起轩然大波，媒体报道势不可当。

第一，美国FDA发出公共健康公告仅10天，中国政府就发布了《关于暂停使用和销售含苯丙醇胺药品制剂的通知》，行动迅速，态度坚决。

第二，中国政府医药监管部门SDA以红头文件发文发至中国各大政府性媒体，依中国政治体制要求，中国各大媒体必将之推至风口浪尖无疑，而由于康泰克的品牌知名度，定会引起媒体全方位的关注。

第三，红头文件中使用的“苯丙醇胺”这种专业术语一般老百姓看不懂，但提到康泰克则人尽皆知，康泰克将成为PPA的代名词，因此，中国媒体在报道PPA事件时必然提及康泰克。

第四，中国政府实行非处方药管理的时间不长，而康泰克作为非处方药又有着极高的品牌知名度，因为副作用被中国政府所禁，会产生一系列的棘手的问题。例如，作为非处方药含PPA药品在被暂停使用和销售后是否要进行回收，怎样处理回收非处方药等。如果不能及时与媒体进行有效沟通，必将成为被炒作的重大题材。

第五，《通告》发布正值11月感冒高发期，暂停使用和销售康泰克对中美史克公司可以说是致命的打击，因此，中美史克公司对中国药监局这一决定的态度无疑将会引起新闻媒介的密切关注，把握不好，便会引发更深层的危机。

第六，虽然中国药监局以红头文件通知暂停使用和销售康泰克，但作为企业，中美史克公司不会因一次危机就退出市场，中美史克公司下一步将做如何打算更是媒体的兴趣所在。

第七，中国已经成为全球十大医药市场之一，其中，非处方药市场正在迅速膨胀，而城镇居民在非处方药的消费上，感冒药占到85%，属当然的第一。康泰克如果被逐出市场，会留下近6个亿的市场份额，这无疑将是感冒药市场重新洗牌的大好时机，这是康泰克面临的又一险情。

5. 对调研结果的认识

经过全面周密的调研分析，中国环球公共关系公司与中美史克公司达成两点共识：

第一，中国政府主管部门和中国各大媒体均已直接或间接介入此次 PPA 事件，危机管理是否有效取决于对舆论的引导，社会舆论只能引导，不能控制，更不能使其产生抵触情绪，而做到这一点的关键是对中国媒体关系的把握。

第二，进行有效的舆论引导，避免媒体的进一步炒作，全力协调中国媒体关系的最终目的是保护品牌，更是为康泰克重返市场奠定基础。

（二）与媒体沟通项目策划

1. 目标

迅速让公众了解中美史克公司为了人民的健康，坚决支持中国 SDA 的决定，立即停止销售和生产康泰克的信息。

以积极、负责的态度面对中国媒体，在与中国媒体的合作中有效传播企业信息，保护品牌，以确保不再引发新的危机。

2. 主要媒介和沟通对象

主要媒介和沟通对象有：通讯社、中央级媒介、全国及重点城市重点媒介、各地大众类媒介、医药类专业媒介、中国医药主管部门、中国 SDA、消费者、经销商、企业内部员工等

3. 通过中国媒体有效传播并强化中美史克公司在 PPA 事件处理过程中的坚定态度

（1）坚决支持中国政府主管部门的决定。

（2）中美史克公司视消费者利益为上，视中国人民健康为上。

（3）SDA 作为中国政府的医药主管部门，对保护人民的健康有着责无旁贷的使命，这种责任和作为医药企业的中美史克公司以及康泰克多年来在中国市场的品牌追求一致。

（4）中国媒体作为政府的耳目喉舌，对政府的决定和人民的健康有着必然的责任，这种责任也是中美史克公司和康泰克品牌的责任所在。

（5）消费者是康泰克的上帝，品牌属于消费者，对消费者的责任和对人民健康的态度是保护品牌和品牌重生之关键。

（三）项目实施管理

1. 迅速反应，争取主动

迅速成立危机处理小组，在第一时间开通热线电话，记录并回答记者来电，管理信息进出渠道。

适时进行新闻发布（媒介恳谈会），迅速主动阐述事实真相，表明中美史克公司从消费者健康利益出发，坚决支持中国国家药监局的决定。

2. 周密策划，认真实施

（1）选择新闻发布的适当时间：定在2000年11月20日（星期一）下午，即药监局发布通告后第四天，从而能对媒体态度有较深入的分析，为恳谈会做充分准备。

（2）选择新闻发布的最恰当地点：国际俱乐部饭店。虽然中美史克天津制药公司的总部在天津，但北京的媒体相对集中，又是许多国内外主流媒介所在地，新闻发布地点选在北京，有利于更全面、更直接地与记者进行沟通。

（3）选择新闻发布的最有效名称：经过反复推敲与分析，中国环球公共关系公司凭借良好的背景优势和对中国国情、特别是对中国媒体的了解和理解，确定了新闻发布会的名称为媒介恳谈会。与媒体恳谈，一方面可以传播企业的亲和力；另一方面能更有效地表达中美史克实事求是地面对事件的勇气以及及时并真诚地与媒体沟通的态度，以赢得记者的理解与支持，并为以后进一步的沟通打好基础；再者，恳谈会可以帮助中美史克公司把握主动权，更有效地管理危机期间的信息传递，确保对社会舆论的引导。

3. 密切监测，防患未然

全面监控国内的各类媒体、网站及中美史克竞争对手的信息，及时获取相关的最新动态，收集有关报道的剪报，及时汇总有关媒介报道的情况，以便准确评估事态发展程度，为下一步的行动提供依据。

由中国环球公关公司统一接听和处理媒体来电，对每一敏感问题都准备准确的答案，同时，确定统一的对外信息发布渠道、发言口径及发言人。

4. 以诚相待，积极沟通

在恳谈会前后，尽可能充分地与媒体沟通，对媒体的提问和要求给予及时解答和说明，态度要诚恳，以增加媒体对中美史克的理解与信任。

对重点媒介进行重点沟通工作，提供充足的资料并尽量满足采访要求，广交媒体朋友，以此为中美史克公司进一步争夺市场作一个良好的铺垫。

（四）媒介恳谈会管理过程

1. 会前准备

（1）媒介遴选。

细分中国媒体与记者。在媒体恳谈会记者的选择上，他们主要从以下几方面进行了管理：

第一，优先选择积极要求采访中美史克的记者，这批记者对 PPA 事件与康泰克和中美史克公司均抱着极大的兴趣，准备就此大写特写，这一部分记者是中美史克要迅速沟通的重点。

第二，积极邀请与中美史克公司有着长期、良好合作关系的记者。

第三，对于外地媒体，要妥善接待、安排邮寄和传真各种资料。

（2）确定新闻发言人。

中国环球公共关系公司特别建议新闻发言人由中美史克天津制药有限公司总经理杨伟强先生担任，杨伟强先生在中国工作了近 20 年，非常了解中国国情，具有出色的沟通能力，并能讲一口流利的普通话。

（3）提供敏感问题的标准问与答（Q&A）。

在危机期间对于敏感问题的回答至关重要。统一标准答案不仅可以使中美史克对来自媒体的提问有一个充分的准备，而且可以保证对外界传递的信息准确无误，以达成信息管理的有效性。

（4）迅速开通热线电话。

国家药监局发布了《关于暂停使用和销售含苯丙醇胺药品制剂的通知》后的第二天，即 11 月 17 日（星期五）中国环球即开通了媒体咨询热线，解答所有来自全国各地的媒体咨询电话。

（5）准备文件夹资料。

慎重起见，确保媒介恳谈会的顺利进行，环球公关工作人员专程几次赴天津，与中美史克共同研究，确定了恳谈会的内容以回答记者提问为主的规划，并最终决定提供少而精的资料作为本次恳谈会新闻夹内装配的内容：①中美天津史克制药有限公司关于 PPA 问题的声明；②康泰克简介。

（6）严格的会前演练。

由于处在危机的敏感时期，PPA 事件媒介恳谈会的成功召开尤为关键，稍有差错，将会给中美史克公司带来更大的不利影响。为此中国环球公共关系公司对恳谈会的每一个细节都进行了反复推敲，并在恳谈会召开前夕进行了特别演练。旨在保证此次媒介恳谈会的万无一失。

2. 媒介恳谈会现场管理

媒介恳谈会于2001年11月20日在北京国际俱乐部饭店召开，来自中国56家媒体参加了会议，其中文字媒介共47家（中央级媒介29家、地方媒介18家）、电子媒介共7家（包括CCTV《东方时空》等8个栏目）。

在现场执行期间特别注意的问题：

（1）外地记者由专人接待，无论其所属媒体规模大小或记者自身资深与否，皆一视同仁。

（2）对未被邀请的到场记者单独登记，并做到及时沟通，态度热情诚恳。

（3）与会记者纷纷就康泰克是否已经停产、中美史克如何看待这次PPA事件、对消费者与各级经销商回以怎样的说法等问题进行了提问。由于会前做了充分准备，中美史克对外发言人的回答给与会媒体留下深刻印象。

例如，当《生活时报》的记者问到“如果消费者目前有康泰克，是否可以退货”时，杨伟强先生的回答是这样的：“这个问题是很多消费者都关心的问题。首先，现在政府的要求是暂停销售和使用，因此消费者应该停止使用。其次，在政府组织专家对有关的问题进行论证，得出结果之后，中美史克会跟进这方面的工作，目前消费者可以暂不考虑这方面的问题，因为国家目前还没有这方面进一步的结论，但应该暂停使用。”杨伟强先生的回答在当时中国政府后续政策尚不明朗的情况下，既安抚了广大消费者，解除了他们的疑虑，同时又为中美史克今后的措施留有余地。

在恳谈会开始前一个小时，CCTV《东方时空》栏目组突然来电，表示希望采访中美史克公司。中国环球公共关系公司认为这对中美史克公司是极好的机会，应该充分利用。电视媒体具有传播受众广，时效好，且图文并茂等特点。特别是《东方时空》栏目，其作为中央电视台的名牌栏目，更应有效地发挥其作用。中国环球公共关系公司迅速行动，协调沟通中美史克公司，成功地安排了CCTV《东方时空》栏目组对杨伟强先生的专访。会后，《东方时空》对PPA及康泰克均做了客观公正的报道。

3. 会后管理

（1）CCTV新闻：经中国环球公共关系公司特别协调，CCTV晚间新闻栏目组播放了客观公正的电视新闻节目。

（2）座谈会：为把问题讲透彻，中国环球公共关系公司特别安排了由天津晚报、天津日报、北京晚报、北京晨报、科技日报、羊城晚报、新快报等记者参加的PPA事件座谈会。中美史克公司对外发言人杨伟强先生一一解答了记者的提问，并在解答中有效加入了中美史克公司对中国人民健康负责的企业形象的宣传。

（3）专访：恳谈会结束后，为满足天津电视台、天津有线电视台及广州日报、羊城晚报、新快报记者强烈的采访要求，恳谈会当日中国环球公共关系公司又专门安排这些媒体对杨伟强先生及中美天津史克制药有限公司进行了特别专访。

（4）协调未出席记者：为满足那些因故未出席此次恳谈会的记者，更为保持日后的联系，中国环球公共关系公司在恳谈会当日将中美史克的声明及康泰克的简介通过传真等方式发给各大媒体。

（5）会后媒体监控与沟通：继续开通咨询热线，集中处理与此次危机事件有关的后续新闻采访，持续不断地向媒体通报事件动态，并在与媒体积极的沟通过程中，向其显示积极合作的态度，广交朋友。

（五）危机后的恢复与重建：从康泰克到新康泰克

1. 评估分析，策划新产品上市

有危机也会有机会，危机中蕴藏着机会。康泰克因PPA事件而遭受重大挫折，但从市场调查了解到，由于前一阶段的有效处理，消费者对康泰克品牌仍怀有情结，因此，“新药”重返市场时仍取名康泰克，只是加上了一个“新”字。PPA事件289天后，中美史克公司将新康泰克产品推向市场。中国环球公共关系公司再一次接受中美史克公司的委托，鼎立协助康泰克重返市场。

新康泰克的上市犹如一把“双刃剑”，由于先前有PPA事件的重大影响，新康泰克上市期间的媒体关系更为关键，稍有闪失，必然会引起媒体的负面报道，因此上市推介活动前与媒体的沟通就显得重之又重。

中国环球公共关系公司对媒体及版面、记者的选择都进行了仔细研究与推敲，通过记者电话访谈等方式与媒体进行了细致的会前沟通工作，再次通过中国媒体传递有效信息，从而有力地保障了媒体对新康泰克上市进行积极正面的报道。

充分利用PPA事件危机处理期间赢得的良好媒体关系，在中国媒体间进一步表明中美史克公司为消费者利益和为中国人民健康着想的态度。

康泰克有以往的辉煌，而新康泰克的上市既是康泰克重返市场，又是一个新品牌进入市场。把不含 PPA 的新康泰克向消费者讲清楚，与中国媒体沟通当然是第一步，而充分利用康泰克以往的影响力亦是有效推出新康泰克的关键。

例如，《文汇报》2001 年 9 月 3 日报道：无 PPA 新康泰克将面市，报道内容如下：

“康泰克在改换成分后即将面市。商品名成了‘新康泰克’。新康泰克采用的是不含 PPA 的新配方，替代成分为盐酸伪麻黄碱，即用 PSA 取代了 PPA。PSA 是一种在世界范围广泛使用的鼻黏膜减充血剂，能有效抑制感冒引起的鼻部症状，同时，新康泰克还保留了原有的扑尔敏成分。另外，新康泰克采用了全新缓释技术，保留了药效平缓释放、持续 12 小时的特点。”

新康泰克广告语改为：“中美史克全新奉献”，“新康泰克抗感冒，再出击，更出色。”“国家药监局验证通过新康泰克，新配方，不含 PPA。OK！确认无误！”“新康泰克还是早一粒，晚一粒。远离感冒困扰。”

2. 利用媒介，力推新康泰克

（1）新闻发布会。2001 年 9 月 3 日（PPA 事件发生 289 天后），同样在北京国际俱乐部饭店，中美史克召开了“新康泰克上市北京新闻发布会”。会议共邀请了包括 CCTV、CETV、BTV 等媒体在内的 69 家媒体、共计 73 名记者，其中三分之二的记者均参与过 PPA 危机事件的报道。

（2）记者招待会。新闻发布会后，中国环球公共关系公司又鼎力协助中美史克公司在上海、广州和成都召开了记者招待会。招待会的目的不仅仅在于为新康泰克的上市发一则消息，更是为了与媒体集中进行面对面的交流与沟通。中美史克天津制药有限公司总经理兼对外发言人杨伟强先生每次与媒体见面时，特别是面对那些参与过危机事件报道的记者朋友们的时候，都牢牢把握向媒体传递中美史克公司有效信息的机会。

（五）项目评估

有效的媒体关系管理帮助中美史克渡过危机，有效的媒体关系管理使康泰克这一品牌在经历挫折后重生。

1. 迅速而有效的信息披露

“中美史克天津制药有限公司媒介恳谈会”共邀请了 56 家媒体的 60 多位记者，大多数媒体对恳谈会进行了如实公正的报道，使消费者及公众对中美史克的立场和态度有了一个比较清楚的了解。

例如，《工人日报》2001 年 10 月 21 日报道：

“康泰克进入停产程序。中美史克天津制药有限公司愿意全力配合国家药政部门做好有关后续工作，以切实保障人民群众的安全用药。”

经调查，中国媒体和中国 SDA，包括许多消费者均认为此次恳谈会的召开及时有效，中美史克在会上所表示的立场以及对消费者负责的明确态度更是值得称赞。

2. 有效的媒体关系管理达到预期效果

（1）通过恳谈会及一系列的媒介沟通与协调工作，中美史克公司有效控制了局面，从而避免了危机的进一步发展。中国 SDA《通告》发出之后的那种铺天盖地的报道基本得到平息。恳谈会及时地与媒体进行了有效沟通，赢得了媒体的支持和同情，在第一时间内将中美史克的声音传达给公众，有效引导了舆论，使其向着有利于中美史克的方向发展，避免了危机连着危机的失控局面。

（2）中美史克公司对媒体的真诚态度极大地感染了记者。媒体在发布中国药监局通知的同时，也向公众传达了中美史克公司视消费者为上帝的坚定态度，中美史克公司积极按照中国药监局管理部门的要求，宁肯损失自己，也要对公众健康负责。中美史克天津制药有限公司在中国 SDA 发布通知后，立即停止销售和生产康泰克，转为改进康泰克配方，中美史克公司又投资了几个亿购置新的设备。

（3）中美史克天津制药有限公司在危难中与中国媒体建立了良好的合作关系，调查表明：中国媒体认为中美史克公司在此次 PPA 事件中所采取的应对策略准确、行动迅速、态度真诚。通过恳谈会，中美史克公司帮助媒体对其有个更全面的了解，有效的媒体关系为保护康泰克品牌，更为中美史克重返感冒药市场打下了坚实的基础。

（4）恳谈会的召开给危机中的中美史克公司带来了喘息的机会，利用这一机会中美史克公司与内部员工和股东进行了有效的沟通，为团结一致、共同渡过难关做了充分的思想和行动上的准备。

3. 新康泰克成功上市

自 2001 年 9 月 3 日，新康泰克已陆续出现在全国各大药店，并取得了前所未有的销售业绩（SDA 发出通告后至新康泰克上市前中美史克公司康泰克销售业绩降至零）。

后来，仅在广东市场，中美史克公司新药上市头两天即拿到总额几十万元的订单，这些订单表明分销商对中美史克公司和新康泰克的信心；这些订单也证明：有效的媒体关系管理帮助中美史克公司走出了“PPA 阴影”，更为康泰克的品牌保护，以及新康泰克重新赢得昔日的“老大”地位奠定了坚实的基础。

由于危机中建立了良好的媒体关系，截至新康泰克上市、北京新闻发布会结束的一个月后，共收到相关报道的文字剪报 314 篇；CCTV、BTV、中央人民广播电台、北京人民广播电台、北京交通台等媒体也对新康泰克的上市进行了积极的报道①。

三、案例评估与分析

中美史克 PPA 事件的危机管理是一个成功的危机管理案例。危机一旦发生，势必要引发一系列的危机，如形象危机、信誉危机。其典型的表现形态是舆论危机，即社会传媒和社会公众对组织的负面态度和负面意见的公开报道、流传和表达。当舆论危机发生的时候，组织的形象和信誉面临巨大的压力或损害，需要动员所有的传播资源去应对和处理，以帮助自身渡过难关。其中最重要的环节就是危机中的媒体关系管理。

中国国家医药监督管理局（SDA）对美国政府关于暂停使用和销售含有 PPA 的药品制剂的政策跟进之快、中国媒体的反应速度之快、市场上的竞争对手反应之快，对中美史克造成了巨大的公共关系压力。铺天盖地的、毁灭性的负面舆论令中美史克天津制药有限公司及其康泰克品牌处于深刻的公共关系危机之中。

中国环球公关公司受中美史克天津制药有限公司的委托，迅速启动危机管理工作系统，通过实施危机期间的媒体关系管理方案，有效控制并处理了由 PPA 事件引发的重大危机，有效保护了品牌，为中美史克重返感冒药市场奠定了良好的舆论基础。这次 PPA 危机事件管理的主要经验是：

第一，建立危机管理小组，统筹危机管理。危机是对组织公共关系管理能力的最大考验。危机刚发生，中美史克便组建了一个跨部门的危机管理小

① 和讯传媒．中美史克 PPA 事件危机管理案例，http：//media. news. hexun. com/detail. aspx？id =1410523，2009 -03 -03

组，由总经理领导，十位公司经理等主要部门主管参与，十余名工作人员负责跟进。危机管理小组明确工作职责，下设沟通小组，是所有信息的发布者，负责信息发布和内外部的信息沟通；市场小组负责加快新产品开发；生产小组组织调整生产并处理正在生产线上的中间产品。危机管理小组有权调动人、财、物等资源，有利于在整个危机处理过程中的总体统筹，同时具有发布危机信息的权力。

第二，迅速反应，表明立场，化被动为主动。危机发生后，首先应该将公众的利益置于首位，这是公关危机处理的第一原则。在危机产生之后，中美史克天津制药有限公司的危机管理小组便迅速发布了危机公关纲领：向政府部门表态，坚决执行政府暂停令，暂停生产和销售含有 PPA 成分的药物；通知经销商和客户立即停止康泰克和康德的销售，取消相关合同，停止向销售渠道提供含有 PPA 成分的药物；停止广告宣传和市场推广活动。将公众的利益置于首位，与政府的立场保持一致，使中美史克由被动转为主动。这种正确对待危机、坦诚解决问题的良好态度，避免了危机的扩大化。

第三，采取有效的媒体关系管理措施，强化危机信息的传播管理。大众传媒是组织和公众沟通的桥梁，对危机的解决起着重要的作用。发生危机之后，公众和传媒迫切需要相关的信息，在对外发布之前，组织内部必须首先统一传播的口径与传播的内容，并且尽快成为第一消息来源，掌握对外发布信息的主动权。中国环球公关公司统一接听和处理媒体来电，对每一个敏感问题准备答案；同时确定统一的对外信息发布渠道、发言口径及发言人；提供敏感问题的标准 Q&A，并在恳谈会召开前夕进行了特别演练，使中美史克能够从容面对巨大的舆论压力。

中国环球公共关系公司凭借良好的背景优势和对中国国情、特别是对中国媒体的了解，适时地组织了一场媒介恳谈会，传播了企业的亲和力，并有效表达了中美史克实事求是面对危机并真诚与媒体沟通的态度，赢得了记者的信任与支持，有效地管理了危机期间的信息传递，取得了理想的传播效果，成功实现了对社会舆论的引导。

值得一提的是，面对一些新闻媒体的不公正宣传，中美史克并没有作过多追究，只是尽力争取媒体的正面宣传以维持企业形象，总经理频频接受国内知名媒体的专访，争取为中美史克公司说话的机会。对于暂停令后同行的大肆炒作和攻击行为，中美史克公司保持应有的冷静，既未反驳也没有说一句竞争对手的坏话。在面对对手的攻击时，中美史克表现出一副成熟企业对待竞争对手的最起码的态度与风度。一番努力终于取得了不凡的效果，用《天津日报》记者的话说，是“面对危机，管理正常，生产正常，销售正常，一切都正常”。

中美史克的危机公关尽管比较成功，但并非完美无瑕。其中一点是对可能引发危机的信息缺乏足够的预测和分析，在议题管理方面显得被动。2000年3月，关于PPA危害的研究报告就已问世，可以说禁止PPA的苗头早已展露。在这种情况下，中美史克未能采取更新配方等预防措施，仍继续生产含有PPA的感冒药，到政府禁令发布时还有一亿粒的库存，不能不说是中美史克的失算。这说明公司在危机预测和防范方面存在着缺陷。

四、思考与讨论

1. 分析中美史克对“PPA事件”应急管理公共沟通项目的策划、实施与评估过程，总结其成功的经验，并运用应急管理原理进行解释。

2. 在中美史克“PPA事件”的案例中，有哪些成功的经验值得我们借鉴和学习？为什么？

3. 在中美史克“PPA事件”的案例中，还存在哪些不足和改进的地方？你认为应该如何改进？

第三节　哈尔滨“停水”事件

一、哈尔滨“停水”事件

2005年11月27日晚6时，哈尔滨市恢复供水。在缺水危机中苦等了4天的近400万哈尔滨市民终于松了一口气。

如此严重的水危机，在世界城市发展史上也十分罕见。最初引发的恐慌和抢购现象，然而仅仅经过一天时间，全城便恢复了秩序，数百万市民以令人叹服的勇气和毅力挺过了难关，这堪称奇迹。地方政府应对这场公共危机的经验教训，给人很多启示。

(一)“停水”事件的由来

11月13日下午，吉林石化公司双苯厂一车间发生爆炸。事发后，吉林石化公司相关负责人表示，经环保部门连续监察，整个现场及周边空气质量合格，没有有毒气体，水体也未发生变化，松花江水质未受影响。但这一说法并没有被黑龙江省有关部门接受。就在爆炸后的第二天，黑龙江省水利厅向黑龙江省水文局发出“密切检测松花江上游污水团推移过程”的指令。

11月19日，吉林省环保局等有关部门知会黑龙江省：被污染的松花江江水正向黑龙江省流去。在此之前，黑龙江省的有关部门也检测到流入境内的江水已含有苯、无机苯等有毒物质。其中，潜在危机最为严重的要数哈尔滨市了，因为该市80%的自来水取自松花江。

“应该立即断水!”此时相关部门知情人士都紧张起来，但一旦断水，哈尔滨市近400多万人的用水怎么办？而且要不要公布真正原因呢？这在哈尔滨市政府内部引发了争论。在终于确定断水的前一天，哈尔滨市政府还专门就是否公开停水的真实原因开了一个长会进行讨论。黑龙江省水利厅的有关人士透露：“我们一直主张应该告诉老百姓真相。”但是哈尔滨市政府内有部分人极力主张不能公开，担心一旦公开真相，会引起社会恐慌。于是第一个公告就将断水原因说成是“供水管网检修”。

(二)“供水管网检修”的通告引发恐慌

11月21日早上，哈尔滨市人民政府发布了《关于对市区市政供水管网设施进行全面检修临时停水的公告》，公告称，自2005年11月22日中午12时起，市人民政府决定对市区市政供水管网设施进行全面检修并临时停止供水，时间约为4天，恢复供水时间另行公告。

谁也没有想到，这个意在避免引起恐慌的通知却恰恰引起了市民的大恐慌。“21日那天，可以说整个哈尔滨市的人都出动了，大家像疯了一样，班都不上了，要抢水、抢食物啊！甚至很多人都开始往外地跑!”出租车司机蒋玉涛回忆起21日那天的情形，还觉得有些后怕。

原来，从20日中午开始，社会上一直有哈尔滨近期将发生大地震的传言，虽然当地地震局进行了公开辟谣，但并未完全消除市民对地震的恐慌。而21日早上，第一个停水公告的出台，反而让市民猜测为地震前的征兆。“如果仅仅是维修供水管道，为什么要全市断水？市政府完全可以分区或分片断水啊！全市都断水，水利部门能修得过来吗？说没有地震谁会相信啊？”一些市民如此猜测。

这显然无法让民众信服，没人会相信检修管道不分区进行，而是一下子停掉全市的供水。结果，公告发布后，反而更加助长了公众的疑虑：地震消息始终未经政府证实，为何要突然停水 4 天。供水管网检修都是一片一片进行，怎会突然全市同时大检。在政府公告的“帮助”下，有关地震、投毒、污染等传言很快不胫而走，在冰城的大街小巷成几何倍数传播。一时间，哈尔滨满城人心惶惶，仿佛全城都处在巨大的、不知名的威胁之中，极大地威胁到社会稳定。市民开始了大规模的抢购。越来越多的市民觉得这则公告可能与地震有关。21 日下午，超市、批发部等处的交通也出现严重拥堵。有的市民开始贮存水和粮食；有人不顾夜间的严寒，在街上搭起了帐篷；部分市民及外地民工开始离开哈尔滨，导致公路、民航、铁路客流大增。

（三）公布真实原因平息恐慌

面对市民出逃、抢水、抢食物的恐慌状态，第一个停水公告公布后的当天下午，哈尔滨市市政府不得不紧急召集有关部门召开紧急会议，最终拟定了新的通知——第二个停水公告。

在这份哈政法字［2005］26 号文件及 22 日的第 3 份通知中，明确地宣告了停水的原因为：11 月 13 日中石油吉化公司双苯厂胺苯车间发生爆炸事故……预测近期有可能会受到上游来水的污染。

当晚，哈尔滨市政府就通过媒体公告了停水的真正原因，各机关、单位也先后接到了重新发放的停水通知。同时，黑龙江省地震局再次公开辟谣：地震之说纯粹是谣言。随着停水真相的公布和外地桶装饮用水源源不断地进入哈尔滨，恐慌的气氛渐渐在市民中平息下来。

（四）通告实情，稳定社会

了解真相后，市民心态趋于平稳，心里有了底，慌乱局面很快缓和下来。大家赶紧囤水备荒，一场社会危机逐渐平静下来。市委、市政府决定从 24 日起，每天召开新闻发布会，通报停水后的重要信息，让百姓在第一时间了解实情。省环保局也以每天两次的频率，通过媒体通报污染变化情况。

通报和说明尽可能做到了通俗易懂。停水前，很多群众拿不准家里仍在出水的自来水是不是已经受了污染。市供排水集团负责人在电视上解释时，不用复杂的科技术语，而是这样说："自来水管里只要能流出水来，就可以饮用，就是安全的。"

不久，曾在一夜之间涨到全价的离哈机票重新恢复了折扣价，许多原本打算离哈的市民前来退票。其中，市民王亮说："这几天我亲身感受到了政府处理水污染事件的力度，而且有关部门也公告说哈尔滨市不会发生地震，心里不慌了，决定退票不走了。"

正如省委常委、哈尔滨市委书记杜宇新说，这样一个范围之大、时间之长、哈尔滨市历史上前所未有的"水危机"，是一次严峻的考验。只有向群众说实话，相信群众，依靠群众，才能万众一心，共渡难关。

二、应对"停水"的基本对策和措施

（一）控制和调配水源，稳定市场、稳定人心

21 日下午，很多市民在哈尔滨一些商店、超市争相抢购饮用水。道里区麦德龙超市摆放瓶装矿泉水的货架已是空空荡荡。服务员说，有的顾客甚至一次买了 5 000 元的矿泉水。在香坊区一家社区食杂店里，市民袁女士非常气愤："刚才还 12 元一箱的矿泉水，转眼就涨到了 20 元，最后竟然给多少钱也不卖了，这不是发国难财嘛?"

群众抢购商品、商贩哄抬物价，是危机时期常见的现象，也是对社会恐慌最具煽动力和破坏力的因素之一。数月前，遭受飓风袭击的美国南部几个城市就曾饱尝其害。

为稳定市场，此次遭遇水危机的哈尔滨市政府采取了多种手段。哈尔滨市副市长史文清说："百姓亲眼看到水源充足，心里自然会不发慌。所以政府必须保证市场饮用水供给充足，才能占据主动。"

稳定市场先要控制水资源。21 日市政府发布的第一份公告就要求市内洗浴、洗车等高耗水行业从 21 日起停止用水。

稳定市场必须保障供给。21 日晚，市政府紧急通知附近的"冰露"、"娃哈哈"、哈药总厂等大型矿泉水、纯净水生产企业把所有货物控制起来，连夜组织车辆运往哈尔滨。这些企业的饮用水产能共计每天 2 500 吨，全部满负荷运转。同时，向沈阳市政府紧急求援。第二天，沈阳的 10 车箱、1 300 吨矿泉水运抵哈尔滨。当天下午，全市多数超市和商场就结束了饮用水断货现象。

稳定市场，规范市场不能少。市政府给6个受停水影响较大的区各拨出100万元价调资金用于购进矿泉水，再以平价卖给市民，以引导市场价格。每个区开设了3～5个平价饮用水供应点，并在当地报纸上公布其具体位置和服务电话。由物价局、工商局等部门组织多个联合检查组，对囤积居奇、哄抬物价、扰乱市场秩序的不法商贩进行集中打击。同时广泛印发通知，向市民公布举报电话。

这些措施立竿见影，哈尔滨市饮用水等商品价格很快就回落到停水公告发布前的水平。各大超市、批发市场和大街小巷的杂货店中，最抢眼的地方都是各种品牌的瓶装饮用水，24瓶装的“娃哈哈”价格已降到23元每箱。

（二）抓住关键问题，突出重点，保住全局

公共危机来临时，社会生产生活各个环节都会受影响。要想稳定社会，首先要确保关键部位不出问题——这是哈尔滨市政府应对此次危机最大的收获。

在这个夜间最低气温已达零下10摄氏度的北方城市，供热在一定程度上讲就相当于“保命”。哈尔滨市供热面积有1.2亿平方米，如果停了水，如何保证供热不断档、不冻伤人，是一个十分严峻的考验。

自来水一断，有人就会从暖气管里放水去冲洗厕所。21日一个晚上，全市的锅炉比平时多流失了3万吨水。必须设法补充水源。停水前，市政府要求各供热单位做好停水期间需要补水量的统计，将居民小区生活水箱、供热补水箱、软化水箱、消防水池等容器注满水，作为应急备水。停水后，各家国有大型供热企业利用自有水源解决供热补水，供热面积较小的社会供热单位在所在区政府帮助下解决水源。

为开辟新水源，全市918眼地下水井全部启动，并加速开凿新井。为防止部分锅炉房临时供水不足，由市政府指定水源，调剂车辆运水解决，并打井81眼用于补充锅炉用水，从外地和市内调配了140多台补水车辆。同时要求各大企业降低车间生产线耗水量，先保居民，后保生产。在这些努力之下，4天内，尽管室内暖气温度略低于往常，哈尔滨仍不失为一个温暖的城市。

这么大的城市已经断了水，如果再断了燃气，居民生活将无法维持。位于哈尔滨依兰县的达连河气化厂，担负着供应整个市区和周边县居民生活燃气的任务。省、市政府给这个企业定下的原则与其他企业相反：先保生产，再保居民，关闭向当地居民供水的管道，企业工业用水不能停，使用活性炭过滤江水，确保正常的生产经营。

学校和医院人流集中，市政府果断决定市属中小学全部放假，以减轻供水压力。要求各大院校多打自备水井，不够的用消防车、洒水车调水。对于医院，省消防支队调了30台消防车，由市里统一调度，专门保证全市200所医院用水不断档。

停水期间，全市没有发生一起饮水和食物中毒事件，肠道传染病发病率与松花江水污染发生前持平。媒体评价这是一个了不起的成绩。事实上，停水前，市政府对卫生防疫工作已经进行了充分准备，专门就苯、硝基苯中毒救治问题请教了中国疾病预防控制中心的专家，组织15家医院建立起救助网络，并公布电话，随时接受群众咨询。全市救护车随时待命。所幸这些都没有派上用场。

在这场危机中，困难群体得到了特殊照顾。市政府专门拨出近千万元资金，用于给低保户、残疾人、老退伍军人等免费供应饮用水，另外，政府还为其中家里缺少储水设备的提供了储水用具。68岁的丁玉兰老人说："停水后，我们喝上了瓶装水，有了政府的帮助，我们踏实多了。"她身旁躺着偏瘫在床的儿子，这对母子每月只有280元低保金收入，根本买不起干净的瓶装水喝。

对于像丁玉兰这样的低保户，政府制定的免费供水标准是第一天每人3瓶，第二天4瓶，第三天5瓶，拿着低保证就可领到水。停水期间，哈尔滨市免费领水的困难群众多达31万人。

值得一提的是，哈尔滨在应对水危机过程中得到了各方的大力支持。国务院成立工作组和专家组分赴哈尔滨，协调组织、指导做好有关善后工作。来自清华大学、哈尔滨工业大学、中国东北市政设计院等22位专家经过昼夜试验论证，制定出了《关于恢复哈尔滨市政供水的实施方案》；国家发改委为哈尔滨市恢复供水，连夜组织货源调运活性炭；交通部、铁道部大力支持，建立公路、铁路绿色通道，确保将瓶装饮用水以最快速度运抵哈尔滨。铁道部安排单机单列，人歇车不歇……

为争取时间，武警黑龙江总队和空军某部接到指示，迅速调集了1 000多名官兵，火速赶往制水三厂、绍和净水厂，在零下10摄氏度的夜晚连夜清掏并运出上千吨无烟煤滤料。哈尔滨锅炉厂连夜部署任务、组织人员施工，在

仅仅12个小时内生产出10台粉末活性炭投加机送到安装现场……①

三、案例评估与分析

1. 政府的公信力和公众的知情权

此次“断水事件”中，哈尔滨市政府起初的表现有欠缺之处，也有值得褒奖之处。欠缺之处在于危机发生时，其忽视了公众的知情权，初期处置失准。无论出于怎样的考虑，也许市政府这样做的用意是好的，即怕引起社会的混乱，但实际的效果却与用意相反，同时也违背了危机管理的基本原则。在20日甚至早些时候，哈尔滨市就已经有传言说将会发生大地震或松花江水有严重的污染等。这时，政府尚未意识到这是一种公众危机，对于影响社会的地震谣传并没有采取得力措施予以彻底澄清。而且，对于吉林石化的爆炸可能造成的松花江污染避而不谈。雪上加霜的是，为保障哈尔滨市供水安全而决定停水时，政府没有及时将停水的真正原因告之公众，造成了群众对于停水原因的无端猜测。从现代管理学来看，公众对于政府信息、社会信息享有的知情权。漠视公众的知情权，一方面会导致公众对社会信息产生不当理解；另一方面，严重时会导致公众对公共管理者的严重不信任。哈尔滨市政府初期行为由于忽视公众的知情权，造成了群众对政府的信任危机，使社会整体心理产生了相当程度的混乱，进而引发了更大的社会危机。

值得褒奖之处在于，哈尔滨市政府闻过则改，卓有效率，正所谓“亡羊补牢，为时未晚”。21日上午，哈尔滨市政府公告产生误导，数小时后，哈尔滨市政府就纠正了先前的“不透明”行为，将停水的真实原因告之于众。其实，哈尔滨市政府初期行为也是出于稳定人心，也是为了保障公众生命健康。可是为什么群众却不买账呢？就是因为公众知情权与政府公信力密切相关，伤害公众知情权必然有损于政府公信力。现代政府的管理经验是：政府决策和行为越是透明，越是值得信赖。政府的行为如果遮遮掩掩的话，公众必然会产生合理的怀疑，导致社会心理危机，进而将引发社会秩序的混乱。而政府行为公开透明则会给社会心理以安抚，公众对于政府行为及措施也会比较理解与配合。诚如哈尔滨市政府纠正行为后，社会公众很快稳定了原本

---

① 中央政府门户网．哈尔滨市政府应对水危机的经验和教训给人启示，http：//www.gov.cn/yjgl/2005－11/28/content_ 111595.htm，2009－03－09

慌乱的情绪，主要精力集中在“囤水备荒”上，社会秩序得以基本稳定。

“断水危机”启示我们，政府遭遇危机时，必须采取有效的化解策略，或者采取得当的公关活动。政府危机公关必须要坚持以下原则：

一是直面现实，不能回避。危机面临时采取回避政策是非常不明智的，必须勇于正视面临的困难。政府在管理公共事务中，无论对于何种公众危机都应当直面而上，为维护广大人民群众的利益积极出谋划策，以切实解决问题作为所有工作的核心。

二是勇于认错，承担责任。如果先前政府行为有不当之处，切记不能否认，也不可回避。任何投机取巧的、逃避责任的方法都是不明智的，也会被公众认为是极不负责任的。因此，政府如若想维护自身的权威，必须勇于承担自己的责任。像“非典”肆虐时期，国家撤换了一些防治“非典”工作不力的政府官员，很快扭转了部分地区“非典”防治的被动局面，就是一个很好的例证。

三是行为透明，公众知情。危机时期，最紧要的就是信任，尤其是公众对于政府的信任。公众的恐慌往往是因为对即将到来的“不明威胁”的恐惧。如果政府行为不能端正视听，反而遮遮掩掩，只能使群众对政府行为充满疑虑，加剧公众的恐慌，又何谈政府的公信力？所以消除危机，唯有行为透明，保障公众的知情权，才能打破笼罩在公众心头的重重迷雾，树立起政府的威望，共同克服面临的危机。

2. 公共行政管理理念的转变

“断水事件”中哈尔滨市政府的反应，更深刻地反映出许多地方政府还没有完全建立起现代市场经济环境下的公共行政管理理念。在以往的计划经济条件下，政府包打天下，包办一切事务。与其说政府是公共事务的管理者，不如说政府更像一位操心的家长，事无巨细，掌控着经济、社会领域的角角落落，为公众打点一切。然而市场经济的发展要求政府转变职能，找准自己的职能定位，更多地为社会发展、经济发展提供保障。政府不能再以单纯的管理者的角度去考虑问题，而是要更多地从人民的视角出发，从市场因素考虑，尊重个体权利、提供社会服务，告别传统的指挥式、命令式的管理。如何从家长政府转变为服务政府，恐怕才是“断水事件”中最值得我们学习的宝贵经验。

3. 收获

哈尔滨市政府经过处理此次水危机事件，积累了宝贵的经验，通过反思所带来的教训，也更加理解和认识到政府在处理公共危机事件中的角色和作用。正如黑龙江省省委常委、哈尔滨市市委书记杜宇新所说，应对水危机，我们也收获了宝贵的精神财富，作为一个城市，经历了这样的过程，我们应该聪明起来。同时，在应对危机过程中涌现出的很多典范，其精神都值得继续发扬，并成为城市精神的一部分。

四、思考与讨论

1．根据案例，分析政府公共应急管理的基本要点和关键原则，你认为政府在处理公共危机过程中如何实施信息管理与公共沟通？

2．你如何理解政府在处理危机信息过程中的两难境地？根据应急管理基本原理，如何解决其两难问题？

3．从案例中，我们应该吸取哪些经验教训？假设在将来再遇上类似事件，你认为政府应该怎样实施应急管理？能否策划出一个比较完整的公共沟通方案？

本章学习要点

本章的主题是危机的综合管理，选编了三篇有关公共危机管理的公众沟通及媒体沟通的案例。前面两篇为我们提供了在应急管理中如何实施公众沟通，如何与媒体沟通，并与媒体合作成功化解危机，转“危”为“机”的借鉴和指导性经验。最后一篇是我国政府在应对危机时如何实施公众沟通、转被动为主动的典型案例，为我们带来许多的思考空间和反思余地，尽管前期工作存在一些不足，但是政府能积极应变，认真分析形势，果断采取积极措施，扭转被动局面，重新赢得公众的理解和信任。领导指挥应对危机，最终取得良好的效果，这一点也是值得赞赏的。本章学习要点如下：

1．充分认识危机公关的重要性，以及其在危机处理中的重要作用；

2．危机公关的基本原则和原理，沟通策略理论与基本方法；

3．危机背景分析、沟通对象分析的基本方法和步骤；

4．危机公关沟通的策划与实施。

关键术语

危机公关　危机管理沟通　危机综合管理

补充读物

针对应急管理的公共沟通相关知识：

1．相关法律知识：《中华人民共和国突发事件应对法》、《中华人民共和国政府信息公开条例》、《国家突发公共事件总体应急预案》。

2．相关理论与原理知识：危机沟通准备与计划、沟通对象分析与策略、媒体管理与沟通、公共危机管理与沟通。

参考案例

1．光明牛奶事件的对外沟通

2．“秦池标王”事件的媒体沟通

3．“三株”官司的媒体应对

附录

中华人民共和国突发事件应对法

（2007年8月30日第十届全国人民代表大会常务委员会第二十九次会议通过，2007年8月30日中华人民共和国主席令第69号公布，自2007年11月1日施行。）

第一章　总　则

第一条　为了预防和减少突发事件的发生，控制、减轻和消除突发事件引起的严重社会危害，规范突发事件应对活动，保护人民生命财产安全，维护国家安全、公共安全、环境安全和社会秩序，制定本法。

第二条　突发事件的预防与应急准备、监测与预警、应急处置与救援、事后恢复与重建等应对活动，适用本法。

第三条　本法所称突发事件，是指突然发生，造成或者可能造成严重社会危害，需要采取应急处置措施予以应对的自然灾害、事故灾难、公共卫生事件和社会安全事件。

按照社会危害程度、影响范围等因素，自然灾害、事故灾难、公共卫生事件分为特别重大、重大、较大和一般四级。法律、行政法规或者国务院另有规定的，从其规定。

突发事件的分级标准由国务院或者国务院确定的部门制定。

第四条　国家建立统一领导、综合协调、分类管理、分级负责、属地管理为主的应急管理体制。

第五条　突发事件应对工作实行预防为主、预防与应急相结合的原则。国家建立重大突发事件风险评估体系，对可能发生的突发事件进行综合性评估，减少重大突发事件的发生，最大限度地减轻重大突发事件的影响。

第六条　国家建立有效的社会动员机制，增强全民的公共安全和防范风险的意识，提高全社会的避险救助能力。

第七条　县级人民政府对本行政区域内突发事件的应对工作负责；涉及两个以上行政区域的，由有关行政区域共同的上一级人民政府负责，或者由各有关行政区域的上一级人民政府共同负责。

突发事件发生后，发生地县级人民政府应当立即采取措施控制事态发展，组织开展应急救援和处置工作，并立即向上一级人民政府报告，必要时可以越级上报。

突发事件发生地县级人民政府不能消除或者不能有效控制突发事件引起的严重社会危害的，应当及时向上级人民政府报告。上级人民政府应当及时采取措施，统一领导应急处置工作。

法律、行政法规规定由国务院有关部门对突发事件的应对工作负责的，从其规定；地方人民政府应当积极配合并提供必要的支持。

第八条　国务院在总理领导下研究、决定和部署特别重大突发事件的应对工作；根据实际需要，设立国家突发事件应急指挥机构，负责突发事件应对工作；必要时，国务院可以派出工作组指导有关工作。

县级以上地方各级人民政府设立由本级人民政府主要负责人、相关部门负责人、驻当地中国人民解放军和中国人民武装警察部队有关负责人组成的突发事件应急指挥机构，统一领导、协调本级人民政府各有关部门和下级人民政府开展突发事件应对工作；根据实际需要，设立相关类别突发事件应急指挥机构，组织、协调、指挥突发事件应对工作。

上级人民政府主管部门应当在各自职责范围内，指导、协助下级人民政府及其相应部门做好有关突发事件的应对工作。

第九条　国务院和县级以上地方各级人民政府是突发事件应对工作的行政领导机关，其办事机构及具体职责由国务院规定。

第十条　有关人民政府及其部门作出的应对突发事件的决定、命令，应当及时公布。

第十一条　有关人民政府及其部门采取的应对突发事件的措施，应当与突发事件可能造成的社会危害的性质、程度和范围相适应；有多种措施可供选择的，应当选择有利于最大程度地保护公民、法人和其他组织权益的措施。

公民、法人和其他组织有义务参与突发事件应对工作。

第十二条　有关人民政府及其部门为应对突发事件，可以征用单位和个人的财产。被征用的财产在使用完毕或者突发事件应急处置工作结束后，应当及时返还。财产被征用或者征用后毁损、灭失的，应当给予补偿。

第十三条 因采取突发事件应对措施，诉讼、行政复议、仲裁活动不能正常进行的，适用有关时效中止和程序中止的规定，但法律另有规定的除外。

第十四条 中国人民解放军、中国人民武装警察部队和民兵组织依照本法和其他有关法律、行政法规、军事法规的规定以及国务院、中央军事委员会的命令，参加突发事件的应急救援和处置工作。

第十五条 中华人民共和国政府在突发事件的预防、监测与预警、应急处置与救援、事后恢复与重建等方面，同外国政府和有关国际组织开展合作与交流。

第十六条 县级以上人民政府作出应对突发事件的决定、命令，应当报本级人民代表大会常务委员会备案；突发事件应急处置工作结束后，应当向本级人民代表大会常务委员会作出专项工作报告。

第二章 预防与应急准备

第十七条 国家建立健全突发事件应急预案体系。

国务院制定国家突发事件总体应急预案，组织制定国家突发事件专项应急预案；国务院有关部门根据各自的职责和国务院相关应急预案，制定国家突发事件部门应急预案。

地方各级人民政府和县级以上地方各级人民政府有关部门根据有关法律、法规、规章、上级人民政府及其有关部门的应急预案以及本地区的实际情况，制定相应的突发事件应急预案。

应急预案制定机关应当根据实际需要和情势变化，适时修订应急预案。应急预案的制定、修订程序由国务院规定。

第十八条 应急预案应当根据本法和其他有关法律、法规的规定，针对突发事件的性质、特点和可能造成的社会危害，具体规定突发事件应急管理工作的组织指挥体系与职责和突发事件的预防与预警机制、处置程序、应急保障措施以及事后恢复与重建措施等内容。

第十九条 城乡规划应当符合预防、处置突发事件的需要，统筹安排应对突发事件所必需的设备和基础设施建设，合理确定应急避难场所。

第二十条 县级人民政府应当对本行政区域内容易引发自然灾害、事故灾难和公共卫生事件的危险源、危险区域进行调查、登记、风险评估，定期进行检查、监控，并责令有关单位采取安全防范措施。

省级和设区的市级人民政府应当对本行政区域内容易引发特别重大、重大突发事件的危险源、危险区域进行调查、登记、风险评估，组织进行检查、监控，并责令有关单位采取安全防范措施。

县级以上地方各级人民政府按照本法规定登记的危险源、危险区域，应当按照国家规定及时向社会公布。

第二十一条 县级人民政府及其有关部门、乡级人民政府、街道办事处、居民委员会、村民委员会应当及时调解处理可能引发社会安全事件的矛盾纠纷。

第二十二条 所有单位应当建立健全安全管理制度，定期检查本单位各项安全防范措施的落实情况，及时消除事故隐患；掌握并及时处理本单位存在的可能引发社会安全事件的问题，防止矛盾激化和事态扩大；对本单位可能发生的突发事件和采取安全防范措施的情况，应当按照规定及时向所在地人民政府或者人民政府有关部门报告。

第二十三条 矿山、建筑施工单位和易燃易爆物品、危险化学品、放射性物品等危险物品的生产、经营、储运、使用单位，应当制定具体应急预案，并对生产经营场所、有危险物品的建筑物、构筑物及周边环境开展隐患排查，及时采取措施消除隐患，防止发生突发事件。

第二十四条 公共交通工具、公共场所和其他人员密集场所的经营单位或者管理单位应当制定具体应急预案，为交通工具和有关场所配备报警装置和必要的应急救援设备、设施，注明其使用方法，并显著标明安全撤离的通道、路线，保证安全通道、出口的畅通。

有关单位应当定期检测、维护其报警装置和应急救援设备、设施，使其处于良好状态，确保正常使用。

第二十五条 县级以上人民政府应当建立健全突发事件应急管理培训制度，对人民政府及其有关部门负有处置突发事件职责的工作人员定期进行培训。

第二十六条 县级以上人民政府应当整合应急资源，建立或者确定综合性应急救援队伍。人民政府有关部门可以根据实际需要设立专业应急救援队伍。

县级以上人民政府及其有关部门可以建立由成年志愿者组成的应急救援队伍。单位应当建立由本单位职工组成的专职或者兼职应急救援队伍。

县级以上人民政府应当加强专业应急救援队伍与非专业应急救援队伍的合作，联合培训、联合演练，提高合成应急、协同应急的能力。

第二十七条 国务院有关部门、县级以上地方各级人民政府及其有关部门、有关单位应当为专业应急救援人员购买人身意外伤害保险，配备必要的防护装备和器材，减少应急救援人员的人身风险。

第二十八条 中国人民解放军、中国人民武装警察部队和民兵组织应当有计划地组织开展应急救援的专门训练。

第二十九条 县级人民政府及其有关部门、乡级人民政府、街道办事处应当组织开展应急知识的宣传普及活动和必要的应急演练。

居民委员会、村民委员会、企业事业单位应当根据所在地人民政府的要求，结合各自的实际情况，开展有关突发事件应急知识的宣传普及活动和必要的应急演练。

新闻媒体应当无偿开展突发事件预防与应急、自救与互救知识的公益宣传。

第三十条 各级各类学校应当把应急知识教育纳入教学内容，对学生进行应急知识教育，培养学生的安全意识和自救与互救能力。

教育主管部门应当对学校开展应急知识教育进行指导和监督。

第三十一条 国务院和县级以上地方各级人民政府应当采取财政措施，保障突发事件应对工作所需经费。

第三十二条 国家建立健全应急物资储备保障制度，完善重要应急物资的监管、生产、储备、调拨和紧急配送体系。

设区的市级以上人民政府和突发事件易发、多发地区的县级人民政府应当建立应急救援物资、生活必需品和应急处置装备的储备制度。

县级以上地方各级人民政府应当根据本地区的实际情况，与有关企业签订协议，保障应急救援物资、生活必需品和应急处置装备的生产、供给。

第三十三条 国家建立健全应急通信保障体系，完善公用通信网，建立有线与无线相结合、基础电信网络与机动通信系统相配套的应急通信系统，确保突发事件应对工作的通信畅通。

第三十四条 国家鼓励公民、法人和其他组织为人民政府应对突发事件工作提供物资、资金、技术支持和捐赠。

第三十五条 国家发展保险事业，建立国家财政支持的巨灾风险保险体系，并鼓励单位和公民参加保险。

第三十六条　国家鼓励、扶持具备相应条件的教学科研机构培养应急管理专门人才，鼓励、扶持教学科研机构和有关企业研究开发用于突发事件预防、监测、预警、应急处置与救援的新技术、新设备和新工具。

第三章　监测与预警

第三十七条　国务院建立全国统一的突发事件信息系统。

县级以上地方各级人民政府应当建立或者确定本地区统一的突发事件信息系统，汇集、储存、分析、传输有关突发事件的信息，并与上级人民政府及其有关部门、下级人民政府及其有关部门、专业机构和监测网点的突发事件信息系统实现互联互通，加强跨部门、跨地区的信息交流与情报合作。

第三十八条　县级以上人民政府及其有关部门、专业机构应当通过多种途径收集突发事件信息。

县级人民政府应当在居民委员会、村民委员会和有关单位建立专职或者兼职信息报告员制度。

获悉突发事件信息的公民、法人或者其他组织，应当立即向所在地人民政府、有关主管部门或者指定的专业机构报告。

第三十九条　地方各级人民政府应当按照国家有关规定向上级人民政府报送突发事件信息。县级以上人民政府有关主管部门应当向本级人民政府相关部门通报突发事件信息。专业机构、监测网点和信息报告员应当及时向所在地人民政府及其有关主管部门报告突发事件信息。

有关单位和人员报送、报告突发事件信息，应当做到及时、客观、真实，不得迟报、谎报、瞒报、漏报。

第四十条　县级以上地方各级人民政府应当及时汇总分析突发事件隐患和预警信息，必要时组织相关部门、专业技术人员、专家学者进行会商，对发生突发事件的可能性及其可能造成的影响进行评估；认为可能发生重大或者特别重大突发事件的，应当立即向上级人民政府报告，并向上级人民政府有关部门、当地驻军和可能受到危害的毗邻或者相关地区的人民政府通报。

第四十一条　国家建立健全突发事件监测制度。

县级以上人民政府及其有关部门应当根据自然灾害、事故灾难和公共卫生事件的种类和特点，建立健全基础信息数据库，完善监测网络，划分监测区域，确定监测点，明确监测项目，提供必要的设备、设施，配备专职或者兼职人员，对可能发生的突发事件进行监测。

第四十二条 国家建立健全突发事件预警制度。

可以预警的自然灾害、事故灾难和公共卫生事件的预警级别，按照突发事件发生的紧急程度、发展势态和可能造成的危害程度分为一级、二级、三级和四级，分别用红色、橙色、黄色和蓝色标示，一级为最高级别。

预警级别的划分标准由国务院或者国务院确定的部门制定。

第四十三条 可以预警的自然灾害、事故灾难或者公共卫生事件即将发生或者发生的可能性增大时，县级以上地方各级人民政府应当根据有关法律、行政法规和国务院规定的权限和程序，发布相应级别的警报，决定并宣布有关地区进入预警期，同时向上一级人民政府报告，必要时可以越级上报，并向当地驻军和可能受到危害的毗邻或者相关地区的人民政府通报。

第四十四条 发布三级、四级警报，宣布进入预警期后，县级以上地方各级人民政府应当根据即将发生的突发事件的特点和可能造成的危害，采取下列措施：

（一）启动应急预案；

（二）责令有关部门、专业机构、监测网点和负有特定职责的人员及时收集、报告有关信息，向社会公布反映突发事件信息的渠道，加强对突发事件发生、发展情况的监测、预报和预警工作；

（三）组织有关部门和机构、专业技术人员、有关专家学者，随时对突发事件信息进行分析评估，预测发生突发事件可能性的大小、影响范围和强度以及可能发生的突发事件的级别；

（四）定时向社会发布与公众有关的突发事件预测信息和分析评估结果，并对相关信息的报道工作进行管理；

（五）及时按照有关规定向社会发布可能受到突发事件危害的警告，宣传避免、减轻危害的常识，公布咨询电话。

第四十五条 发布一级、二级警报，宣布进入预警期后，县级以上地方各级人民政府除采取本法第四十四条规定的措施外，还应当针对即将发生的突发事件的特点和可能造成的危害，采取下列一项或者多项措施：

（一）责令应急救援队伍、负有特定职责的人员进入待命状态，并动员后备人员做好参加应急救援和处置工作的准备；

（二）调集应急救援所需物资、设备、工具，准备应急设施和避难场所，并确保其处于良好状态、随时可以投入正常使用；

（三）加强对重点单位、重要部位和重要基础设施的安全保卫，维护社会治安秩序；

（四）采取必要措施，确保交通、通信、供水、排水、供电、供气、供热等公共设施的安全和正常运行；

（五）及时向社会发布有关采取特定措施避免或者减轻危害的建议、劝告；

（六）转移、疏散或者撤离易受突发事件危害的人员并予以妥善安置，转移重要财产；

（七）关闭或者限制使用易受突发事件危害的场所，控制或者限制容易导致危害扩大的公共场所的活动；

（八）法律、法规、规章规定的其他必要的防范性、保护性措施。

第四十六条　对即将发生或者已经发生的社会安全事件，县级以上地方各级人民政府及其有关主管部门应当按照规定向上一级人民政府及其有关主管部门报告，必要时可以越级上报。

第四十七条　发布突发事件警报的人民政府应当根据事态的发展，按照有关规定适时调整预警级别并重新发布。

有事实证明不可能发生突发事件或者危险已经解除的，发布警报的人民政府应当立即宣布解除警报，终止预警期，并解除已经采取的有关措施。

第四章　应急处置与救援

第四十八条　突发事件发生后，履行统一领导职责或者组织处置突发事件的人民政府应当针对其性质、特点和危害程度，立即组织有关部门，调动应急救援队伍和社会力量，依照本章的规定和有关法律、法规、规章的规定采取应急处置措施。

第四十九条　自然灾害、事故灾难或者公共卫生事件发生后，履行统一领导职责的人民政府可以采取下列一项或者多项应急处置措施：

（一）组织营救和救治受害人员，疏散、撤离并妥善安置受到威胁的人员以及采取其他救助措施；

（二）迅速控制危险源，标明危险区域，封锁危险场所，划定警戒区，实行交通管制以及其他控制措施；

（三）立即抢修被损坏的交通、通信、供水、排水、供电、供气、供热等公共设施，向受到危害的人员提供避难场所和生活必需品，实施医疗救护和卫生防疫以及其他保障措施；

（四）禁止或者限制使用有关设备、设施，关闭或者限制使用有关场所，中止人员密集的活动或者可能导致危害扩大的生产经营活动以及采取其他保护措施；

（五）启用本级人民政府设置的财政预备费和储备的应急救援物资，必要时调用其他急需物资、设备、设施、工具；

（六）组织公民参加应急救援和处置工作，要求具有特定专长的人员提供服务；

（七）保障食品、饮用水、燃料等基本生活必需品的供应；

（八）依法从严惩处囤积居奇、哄抬物价、制假售假等扰乱市场秩序的行为，稳定市场价格，维护市场秩序；

（九）依法从严惩处哄抢财物、干扰破坏应急处置工作等扰乱社会秩序的行为，维护社会治安；

（十）采取防止发生次生、衍生事件的必要措施。

第五十条 社会安全事件发生后，组织处置工作的人民政府应当立即组织有关部门并由公安机关针对事件的性质和特点，依照有关法律、行政法规和国家其他有关规定，采取下列一项或者多项应急处置措施：

（一）强制隔离使用器械相互对抗或者以暴力行为参与冲突的当事人，妥善解决现场纠纷和争端，控制事态发展；

（二）对特定区域内的建筑物、交通工具、设备、设施以及燃料、燃气、电力、水的供应进行控制；

（三）封锁有关场所、道路，查验现场人员的身份证件，限制有关公共场所内的活动；

（四）加强对易受冲击的核心机关和单位的警卫，在国家机关、军事机关、国家通讯社、广播电台、电视台、外国驻华使领馆等单位附近设置临时警戒线；

（五）法律、行政法规和国务院规定的其他必要措施。

严重危害社会治安秩序的事件发生时，公安机关应当立即依法出动警力，根据现场情况依法采取相应的强制性措施，尽快使社会秩序恢复正常。

第五十一条 发生突发事件，严重影响国民经济正常运行时，国务院或者国务院授权的有关主管部门可以采取保障、控制等必要的应急措施，保障人民群众的基本生活需要，最大限度地减轻突发事件的影响。

第五十二条　履行统一领导职责或者组织处置突发事件的人民政府，必要时可以向单位和个人征用应急救援所需设备、设施、场地、交通工具和其他物资，请求其他地方人民政府提供人力、物力、财力或者技术支援，要求生产、供应生活必需品和应急救援物资的企业组织生产、保证供给，要求提供医疗、交通等公共服务的组织提供相应的服务。

履行统一领导职责或者组织处置突发事件的人民政府，应当组织协调运输经营单位，优先运送处置突发事件所需物资、设备、工具、应急救援人员和受到突发事件危害的人员。

第五十三条　履行统一领导职责或者组织处置突发事件的人民政府，应当按照有关规定统一、准确、及时发布有关突发事件事态发展和应急处置工作的信息。

第五十四条　任何单位和个人不得编造、传播有关突发事件事态发展或者应急处置工作的虚假信息。

第五十五条　突发事件发生地的居民委员会、村民委员会和其他组织应当按照当地人民政府的决定、命令，进行宣传动员，组织群众开展自救和互救，协助维护社会秩序。

第五十六条　受到自然灾害危害或者发生事故灾难、公共卫生事件的单位，应当立即组织本单位应急救援队伍和工作人员营救受害人员，疏散、撤离、安置受到威胁的人员，控制危险源，标明危险区域，封锁危险场所，并采取其他防止危害扩大的必要措施，同时向所在地县级人民政府报告；对因本单位的问题引发的或者主体是本单位人员的社会安全事件，有关单位应当按照规定上报情况，并迅速派出负责人赶赴现场开展劝解、疏导工作。

突发事件发生地的其他单位应当服从人民政府发布的决定、命令，配合人民政府采取的应急处置措施，做好本单位的应急救援工作，并积极组织人员参加所在地的应急救援和处置工作。

第五十七条　突发事件发生地的公民应当服从人民政府、居民委员会、村民委员会或者所属单位的指挥和安排，配合人民政府采取的应急处置措施，积极参加应急救援工作，协助维护社会秩序。

第五章　事后恢复与重建

第五十八条　突发事件的威胁和危害得到控制或者消除后，履行统一领导职责或者组织处置突发事件的人民政府应当停止执行依照本法规定采取的应急处置措施，同时采取或者继续实施必要措施，防止发生自然灾害、事故灾难、公共卫生事件的次生、衍生事件或者重新引发社会安全事件。

第五十九条　突发事件应急处置工作结束后，履行统一领导职责的人民政府应当立即组织对突发事件造成的损失进行评估，组织受影响地区尽快恢复生产、生活、工作和社会秩序，制定恢复重建计划，并向上一级人民政府报告。

受突发事件影响地区的人民政府应当及时组织和协调公安、交通、铁路、民航、邮电、建设等有关部门恢复社会治安秩序，尽快修复被损坏的交通、通信、供水、排水、供电、供气、供热等公共设施。

第六十条　受突发事件影响地区的人民政府开展恢复重建工作需要上一级人民政府支持的，可以向上一级人民政府提出请求。上一级人民政府应当根据受影响地区遭受的损失和实际情况，提供资金、物资支持和技术指导，组织其他地区提供资金、物资和人力支援。

第六十一条　国务院根据受突发事件影响地区遭受损失的情况，制定扶持该地区有关行业发展的优惠政策。

受突发事件影响地区的人民政府应当根据本地区遭受损失的情况，制定救助、补偿、抚慰、抚恤、安置等善后工作计划并组织实施，妥善解决因处置突发事件引发的矛盾和纠纷。

公民参加应急救援工作或者协助维护社会秩序期间，其在本单位的工资待遇和福利不变；表现突出、成绩显著的，由县级以上人民政府给予表彰或者奖励。

县级以上人民政府对在应急救援工作中伤亡的人员依法给予抚恤。

第六十二条　履行统一领导职责的人民政府应当及时查明突发事件的发生经过和原因，总结突发事件应急处置工作的经验教训，制定改进措施，并向上一级人民政府提出报告。

第六章　法律责任

第六十三条　地方各级人民政府和县级以上各级人民政府有关部门违反本法规定，不履行法定职责的，由其上级行政机关或者监察机关责令改正；有下列情形之一的，根据情节对直接负责的主管人员和其他直接责任人员依法给予处分：

（一）未按规定采取预防措施，导致发生突发事件，或者未采取必要的防范措施，导致发生次生、衍生事件的；

（二）迟报、谎报、瞒报、漏报有关突发事件的信息，或者通报、报送、公布虚假信息，造成后果的；

（三）未按规定及时发布突发事件警报、采取预警期的措施，导致损害发生的；

（四）未按规定及时采取措施处置突发事件或者处置不当，造成后果的；

（五）不服从上级人民政府对突发事件应急处置工作的统一领导、指挥和协调的；

（六）未及时组织开展生产自救、恢复重建等善后工作的；

（七）截留、挪用、私分或者变相私分应急救援资金、物资的；

（八）不及时归还征用的单位和个人的财产，或者对被征用财产的单位和个人不按规定给予补偿的。

第六十四条　有关单位有下列情形之一的，由所在地履行统一领导职责的人民政府责令停产停业，暂扣或者吊销许可证或者营业执照，并处五万元以上二十万元以下的罚款；构成违反治安管理行为的，由公安机关依法给予处罚：

（一）未按规定采取预防措施，导致发生严重突发事件的；

（二）未及时消除已发现的可能引发突发事件的隐患，导致发生严重突发事件的；

（三）未做好应急设备、设施日常维护、检测工作，导致发生严重突发事件或者突发事件危害扩大的；

（四）突发事件发生后，不及时组织开展应急救援工作，造成严重后果的。

前款规定的行为，其他法律、行政法规规定由人民政府有关部门依法决定处罚的，从其规定。

第六十五条 违反本法规定，编造并传播有关突发事件事态发展或者应急处置工作的虚假信息，或者明知是有关突发事件事态发展或者应急处置工作的虚假信息而进行传播的，责令改正，给予警告；造成严重后果的，依法暂停其业务活动或者吊销其执业许可证；负有直接责任的人员是国家工作人员的，还应当对其依法给予处分；构成违反治安管理行为的，由公安机关依法给予处罚。

第六十六条 单位或者个人违反本法规定，不服从所在地人民政府及其有关部门发布的决定、命令或者不配合其依法采取的措施，构成违反治安管理行为的，由公安机关依法给予处罚。

第六十七条 单位或者个人违反本法规定，导致突发事件发生或者危害扩大，给他人人身、财产造成损害的，应当依法承担民事责任。

第六十八条 违反本法规定，构成犯罪的，依法追究刑事责任。

第七章 附 则

第六十九条 发生特别重大突发事件，对人民生命财产安全、国家安全、公共安全、环境安全或者社会秩序构成重大威胁，采取本法和其他有关法律、法规、规章规定的应急处置措施不能消除或者有效控制、减轻其严重社会危害，需要进入紧急状态的，由全国人民代表大会常务委员会或者国务院依照宪法和其他有关法律规定的权限和程序决定。

紧急状态期间采取的非常措施，依照有关法律规定执行或者由全国人民代表大会常务委员会另行规定。

第七十条 本法自 2007 年 11 月 1 日起施行。

参考文献

［1］杨明杰. 国际危机管理概论. 北京：时事出版社，2003

［2］［美］诺曼·R. 奥古斯丁. 危机管理. 北京：中国人民大学出版社，2001

［3］薛澜，张强，钟开斌. 危机管理. 北京：清华大学出版社，2003

［4］桂维民. 应急管理100例. 北京：中共中央党校出版社，2007

［5］夏保成. 中国的灾害与危险. 长春：长春出版社，2008

［6］中新网. 台风“圣帕”已致5省811.7万人受灾 39人死亡，http：//news. sina. com. cn /c/ 2007 –08 –23/022012432658s. shtml

［7］邵芳卿. 福建因台风“圣帕”死亡人数升至18人，http：//news. sina. com. cn/c/2007 –08 –22/022113714143. shtml

［8］东南快报. 福建因台风直接经济损失19.8亿 9人死亡，http：//news. fjii. com/2007/08/21/638920. htm

［9］刘双双. “圣帕”来袭 湖南大范围强降雨 240多万人受灾，http：//news. sohu. com/20070822/n251727918. shtml

［10］郭远明. 台风“圣帕”造成江西逾50万人受灾，http：//news. sina. com. cn/c/2007 –08 –21/223413713061. shtml

［11］肖林. 四川宜宾连日遭暴雨泥石流袭击 造成17人死亡，http：//news. sohu. com/20070827/n251810185. shtml

［12］艾启平. 台风“圣帕”影响湖北30县市 3万余人受灾，http：//news. sohu. com/20070824/n251766395. shtml

［13］保旭. “圣帕”波及云南 5天因灾死亡16人失踪9人，http：//news. sohu. com/20070828/n251823334. shtml

［14］中国新华网. 台风“圣帕”逼近 交通部部署防抗台风降低损失，http：//www. ccaj. net/html1/2007/8/17/f404736. shtml

［15］新快报. 九省气象局启动高空加密观察，http：//news. sina.

com. cn/c/2007 -08 -18/012812404102s. shtml

[16] 新华网. 热带风暴“圣帕”路径预报图，http://news. xinhuanet. com/photo/2007 -08/20/content_ 6567547. htm

[17] 新华网、东南新闻网. 手机短信正成为灾害天气预警信息救援重要角色，浙江应对台风“圣帕”发出短信1万多条，福建共发布防台风公益短信1 651.15万条，江西免费为600多万用户发送“圣帕”预警短线，http://news. sina. com. cn/c/2007 -08 -25/182713743280. shtml，http://news. sina. com. cn/c/2007 -08 -17/001413679959. shtml，http://news. sina. com. cn/c/2007 -08 -18/193913692884. shtml，http://news. sohu. com/20070821/n251707232. shtm

[18] 中国新闻网. 温家宝就台风“圣帕”防御作批示，http://www. chinanews. com. cn/gn/news/2007/08 -17/1004922. shtml

[19] 黄翔. 胡锦涛致电福建省委书记询问灾情，http://www. china. com. cn/news/txt/2007 -08/20/content_ 8710160. htm

[20] 兰锋. 贾庆林致电关心福建灾情慰问军民，http://cpc. people. com. cn/GB/64093/64094/6143959. html

[21] 李飞云. 回良玉要求浙江严防次生灾害妥善安排受灾群众，http://news. sina. com. cn/c/2007 -08 -19/220212411701s. shtml

[22] 王宏婷，姜雄. 回良玉对湖南防汛工作作重要批示，http://news. sina. com. cn/c/2007 -08 -22/210813721441. shtml

[23] 中国网. 台风“圣帕”即将登陆 国家防总启动Ⅲ级应急响应，http://www. china. com. cn/news/txt/2007 -08/17/content_ 8704441. htm

[24] 潘跃. 减灾委民政部针对湘赣灾情启动三级和四级响应，http://news. sina. com. cn/c/2007 -08 -23/023313722868. shtml

[25] 陈洪亮. 超强台风“圣帕”来势超过桑美　今明两天将横穿台湾，http://news. sina. com. cn/c/2007 -08 -17/004012397589s. shtml

[26] 福建省防汛办. 卢展工书记、黄小晶省长检查部署防御第9号超强台风工作，http://www. smsl. gov. cn/ndisplay. asp? nid =2564

[27] 福建省海洋与渔业局. 福建省海洋与渔业局积极部署防御第9号超强台风工作，http://www. cnfm. gov. cn/info/display. asp? id =24560

[28] 福建机关党建. 福建省卫生厅紧急部署今年第9号超强台风“圣帕”防御工作，http://www. fjjgdj. gov. cn/news/shengzhi/2007/8/20070821080510833O4. htm

［29］福建旅游信息中心．王美香副省长检查福建省旅游系统防御第 9 号超强台风工作，http：//www. cnta. gov. cn/html/2008 - 6/2008 - 6 - 26 - 16 - 54 - 53 - 3193. html

［30］王增云，李清良．福建公司：未雨绸缪　全力奋战超强台风“圣帕”，http：//www. sgcc. com. cn/xwzx/gsxw/70773. shtml

［31］温云荣，胡婷婷．福建交通厅和电力部门部署防御台风工作，福建建设厅加大工作力度　确保人民群众生命安全，福建假日办做好第 9 号强台风防御工作，http：//news. sina. com. cn/c/2007 - 08 - 18/204113692991. shtml，http：//news. sina. com. cn/c/2007 - 08 - 18/215313693091. shtml，http：//news. sina. com. cn/c/2007 - 08 - 18/215213693090. shtml

［32］福建东南新闻网．全省教育系统全力做好第 9 号超强台风防御工作，省保监局紧急通知 两核人员 24 小时待命，省安办、省重点办分别发出紧急通知 要求全力防御超强台风“圣帕”，http：//www. fjsen. com/misc/2007 - 08/19/content_ 305332. htm，http：//www. fjsen. com/misc/2007 - 08/18/content_ 305304. htm，http：//www. fjsen. com/misc/2007 - 08/19/content_ 305331. htm

［33］中国警察网．福建警方全力战“圣帕”，http：//www. yzjs. com. cn/html/gaxw/165400193. html

［34］涂洪长，来建强．福建发出防御强台风“圣帕”第 1 号指令，http://news. sina. com. cn/c/2007 - 08 - 18/130613692070. shtml

［35］江宝章，赵永平．“圣帕”逼近　福建军民严阵以待，http：//news. sina. com. cn/c/2007 - 08 - 19/043313694082. shtml

［36］涂洪长．福建四项措施严防“圣帕”带来暴雨洪水泥石流，http：//news. sina. com. cn/c/2007 - 08 - 19/162613697036. shtml

［37］余荣华．福建具备百万人次转移安置能力，http：//news. qq. com/a/20070822/000105. htm

［38］中国新闻网．台风“圣帕”受灾省份农房保险预计赔 4 500 万，http://news. sina. com. cn/c/2007 - 08 - 31/221513789923. shtml

［39］杨文．福建因台风受灾倒房户最多可获 5 000 元，http：//news. sina. com. cn/c/2007 - 08 - 23/072812434348s. shtml

［40］岳德亮．浙江启动Ⅱ级应急响应 全力迎战超强台风“圣帕”，http：//news. sina. com. cn/c/2007 - 08 - 17/232913687932. shtml

[41] 章苒．浙江启动今年首次二级防台预警，http：//news. sina. com. cn/c/2007 – 08 – 17/185913687418. shtml

[42] 章苒．浙江应对台风“圣帕”发出预警信息 1 万多条，http：//news. sina. com. cn/c/2007 – 08 – 17/001413679959. shtml

[43] 岳德亮．浙江发布台风橙色预警信号和紧急警报，http：//news. sina. com. cn/c/2007 – 08 – 18/154413692410. shtml

[44] 李飞云．温州启动预案应对超强台风“圣帕”，http：//news. sina. com. cn/c/2007 – 08 – 16/223913679838. shtml

[45] 沈锡权，傅丕毅．浙江温州发布海浪 II 级警报风暴潮 III 级警报，http：//www. wzsl. gov. cn/wzsl/html/shengpadongtai/2007 – 8/18/16 _ 07 _ 52 _ 148. html

[46] 陈瑜艳等．浙江温州地区各部门紧急进入实战状态，http：//tieba. baidu. com/f？ kz = 250230993

[47] 徐海文．浙江温州市转移 13 万余人　7 268 艘船只回港避风，http://news. sina. com. cn/c/2007 – 08 – 18/193512407997s. shtml

[48] 杨蓥晖．浙江省卫生系统派遣专家开展灾后防疫，http：//news. sina. com. cn/c/2007 – 08 – 21/003713704900. shtml

[49] 童燕．浙江将对台风中受灾家庭给予财政补助，http：//www. chinanews. com. cn/sh/news/2007/08 – 21/1006344. shtml

[50] 湖南省防汛办．张春贤书记、周强省长对当前防汛救灾工作作重要指示，http：//www. hnsw. com. cn/view _ hnswnews _ 2004 _ dl. asp？ recno = 7775

[51] 湖南水利网．湖南上下紧急行动奋力迎战台风“圣帕”，http：//www. mwr. gov. cn/xwpd/dfss/20070823171046478fee. aspx

[52] 刘双双．强降雨造成湖南 240 万人受灾 2 人死亡，http：//news. sina. com. cn/c/2007 – 08 – 22/221813721549. shtml

[53] 邓文辉．“圣帕”携暴雨袭击衡阳　20 万民众安全转移无人伤亡，http：//news. sina. com. cn/c/2007 – 08 – 23/160912437792s. shtml

[54] 湖南水文局．湖南水文局紧急部署“圣帕”台风的防御工作，http://www. mwr. gov. cn/shuiwen/20070821/86330. asp

[55] 李柯夫等．湖南下拨 600 万元资助三地市救灾，http：//news. sina. com. cn/c/2007 – 08 – 23/141213728101. shtml

［56］CCTV 经济半小时．福建把防台风预案推行到最基层，http：//news. sina. com. cn/c/2007－09－06/230413833821. shtml

［57］新华网．四川汶川地震抗震救灾进展情况，http：//finance. baidu. com/guonei/2008－09－22/180830194772. html

［58］百度知道．汶川大地震资料，http：//zhidao. baidu. com/question/66880731. html？si＝1

［59］新华网．汶川地震后胡锦涛作出重要指示　温家宝抵达现场指挥救灾，http：//news. xinhuanet. com/newscenter/2008－05/13/content_ 8155467. htm

［60］中国新闻网．温家宝高效果断的 72 小时：为中国赢得拯危宝贵时间，http：//news. xinhuanet. com/politics/2008－05/15/content_ 8179273. htm

［61］长江日报．温总理抗震救灾一线 28 小时全记录，http：//news. xinhuanet. com/politics/2008－05/14/content_ 8168211. htm

［62］广东省应急办网．广东省支援地震灾区抗震救灾工作大事记（2008 年 5—7 月），http：//www. gdemo. gov. cn/

［63］民政部救灾救济司，关于对口支援四川汶川特大地震灾区的紧急通知，http：//www. mca. gov. cn/article/zwgk/tzl/200805/20080500015221. shtml

［64］新华网．汶川地震灾后恢复重建　对口支援省市已承诺援建资金 277 亿元，http：//news. xinhuanet. com/newscenter/2008－10/05/content_ 10150312. htm

［65］新华网．雪灾已造成直接经济损失 1 111 亿元，http：//news. 163. com/08/0213/19/44JSUSII000120GU. html，2009－2－15

［66］杨学祥. 2008 年初中国冰雪冻灾预警纪实及后续灾害预警，http：//tieba. baidu. com/f？kz＝326929877

［67］新华社．融化冰雪铺坦途——交通系统迎战冰雪灾害纪实，http：//www. moc. gov. cn/zhuzhan/jiaotongxinwen/xinwenredian/200802xinwen/200802/t20080210_ 465873. html

［68］新华网．应急指挥中心通报 13 日抢险抗灾最新进展，http：//news. 163. com/08/0213/22/44K91KRV000120GU. html

［69］戚建刚．从灾难中学习：突发事件应对案例评析．北京：中国法制出版社，2007

［70］［美］诺曼·R. 奥古斯丁．对力求规避的危机的管理．哈佛商业评论，1995（11/12）

［71］李经中．政府危机管理. 北京：中国城市出版社，2003

［72］寇丽平．突发事件的处置和应对．北京：中国社会出版社，2008

［73］秦启文等．突发事件的预防与应对．北京：新华出版社，2008

［74］傅思明．突发事件应对法与政府危机管理．北京：知识产权出版社，2008

［75］段华明．突发事件应对能力提升．广州：广东人民出版社，2007

［76］苗兴壮．超越无常：突发事件应急静态系统建构．北京：人民出版社，2006

［77］中新网．重庆开县“12·23”井喷事故中6名嫌犯主要责任，http://www. managers. org. cn/mag/doc/ucman200502/ucman20050201

［78］胡舒立．问责中石油——12·23特大事故的反思，http://www. managers. org. cn/mag/doc/ucman200502/ucman20050201

［79］新华网．面对243位逝者无声的拷问，http://www. managers. org. cn/mag/doc/ucman200502/ucman20050201

［80］天津北方网．中石油川东北气矿井喷事故：突发灾难再检讨，http://www. managers. org. cn/mag/doc/ucman200502/ucman20050201

［81］铭万网．深圳舞王俱乐部“9·20”火灾事故调查报告，http://news. mainone. com/wangluoxueyuan/2008-09/161517. shtml

［82］中央政府门户网站．文化部紧急通知：全面加强文化市场安全生产工作，http://www. gdemo. gov. cn/zt/shenzhen/wenjian/200809/t20080924_ 68273. htm

［83］新华社．深圳龙岗特大火灾事故初步分析是一起责任事故，http://society. people. com. cn/GB/41158/8082993. html

［84］广东省应急网．省政府召开深圳“9·20”特别重大火灾事故分析会，http://www. gdemo. gov. cn/gzyw/200809/t20080925_ 68331. htm

［85］中国新闻网．深圳龙岗区长就“9·20”特大火灾事故向市民公开道歉，http://news. ifeng. com/mainland/200809/0921_ 17_ 795683. shtml

［86］新华网．国务院安委会初步调查情况，http://www. gdemo. gov. cn/zt/shenzhen/shigudiaocha/200809/t20080924_ 68269. htm

［87］南方日报网络版．深圳通报“9·20”特大火灾涉嫌职务犯罪人员调查情况，http://www. gdemo. gov. cn/zt/shenzhen/shiguchuzhi/200811/t20081127_ 74233. htm

［88］深圳新闻网．深圳市委市政府严惩“9·20”特大火灾责任人，http://bbs. anquan. com. cn/viewthread. php? tid=122589

［89］新华网．深圳龙岗特大火灾死难者善后工作处理完毕，http：//www. gdemo. gov. cn/zt/shenzhen/shiguchuzhi/200809/t20080928_ 69500. htm

［90］深圳新闻网．深圳“9·20”火灾27名疑犯落网　10名公职人员被查处，http：//www. gdemo. gov. cn/zt/shenzhen/shiguchuzhi/200810/t20081027_ 71415. htm

［91］百度百科．石家庄三鹿集团有限公司，http：//baike. baidu. com/view/2154221. htm

［92］新华网．解读三鹿奶粉案：掺含三聚氰胺蛋白粉成潜规则，http://news. sina. com. cn/c/2009 - 01 - 04/084916973100. shtml

［93］人民日报．三鹿奶粉事件为何迟报，2008 - 10 - 01

［94］三鹿集团董事长：事件发生前已检测出相关问题，http：//news. ifeng. com/mainland/special/sanlu/news/200809/0913_ 4646_ 782625. shtml

［95］房宁．突发事件中的公共管理："非典"之后的反思．北京：中国社会科学出版社，2005

［96］戚建刚．从灾难中学习：突发事件应对案例评析．北京：中国法制出版社，2007

［97］郑力．SARS与突发公共卫生事件应对策略．北京：科学出版社，2003

［98］佛山弼唐乡：迄今发现的广东第一例的医学调查．21世纪经济报道，2003 - 05 - 21

［99］李经中．政府危机管理．北京：中国城市出版社，2003

［100］世卫解除赴香港和广东旅行警告，http：//www. people. com. cn/GB/paper39/9250/858593. html

［101］广东连续20日无新病例　已达“传播区”除名标准，http：//news. xinhuanet. com/newscenter/2003 - 06/07/content_ 907944. htm

［102］广东最后3名“非典”患者出院，http：//news. xinhuanet. com/zhengfu/2003 - 07/02/content_ 950682. htm

［103］抗“非典”记事，http：//www. tsinghua. edu. cn/docsn/shxx/site/chinac/liudb/sars/lanmu/jishi/

［104］南方日报．中流砥柱抗“非典”　广东省委省政府指挥抗非斗争纪实，http：// www. southcn. com /news/ gdnews/ hotspot/zb/ zl/ 200306171147. htm，2003 - 06 - 17

[105] 国务院台办有关 SARS 新闻发布会实录，http：//www. tsinghua. edu. cn/docsn/shxx/site/chinac/liudb/sars/lanmu/qingkuang/fabuhui/taibanxin

[106] 廖怀凌．诚实的胜利——“非典”病原体确认为冠状病毒始末，http：//news. sina. com. cn/c/2003 –05 –16/14011065902. shtml

[107] 粤“非典”病死率全球最低　20 境外媒体联合采访广东，http：//www. southcn. com/news/gdnews/hotspot/gdfk/tt/200306130221. html

[108] 南方网．揭开抗非背后的“秘密”　2003 广东纪事之抗非篇，http：//news. 21cn. com/domestic/guoshi/2003/12/10/1373840. shtml，2003 –12 –10

[109] 中国青年报．华北第一例输入性“非典”患者首次公开个人经历，http：//news. sina. com. cn/c/2003 –05 –22/0229143126s. shtml，2003 –05 –22

[110] 北京“非典”疫情回头看，http：//www. bjtcm. gov. cn/front/wsxw/wsxwDetail. jsp？jump =344

[111] 抗击“非典”大事记，http：//news. xinhuanet. com/ziliao/2003 –04/15/content_ 833229. htm

[112] 健康报网．中国 2005 年禽流感疫情呈现五个特点，http：//hk. jrj. com. cn/2006/01/26000053358. shtml，2005 –12 –01

[113] 国家斥资 1 亿元进行高致病性禽流感科研攻关，http：//business. sohu. com/2004/02/12/18/article219051863. shtml

[114] 农业部介绍内地亚洲 I 型口蹄疫和青海候鸟禽流感疫情，http：//www. china. com. cn/zhibo/2005 –05/27/content_ 8784711. htm？show =t

[115] 布防禽流感，中国在行动，http：//news. sohu. com/20051025/n227294660. shtml

[116] 中国政府网．农业部兽医局副局长李金祥做客中国政府网谈防禽流感事件，http：//www. jbzyw. com/cms/plus/view. php？aid =973

[117] 美国“9·11”独立委员会. 9/11 委员会报告. 史禺译. 北京：世界知识出版社，2005

[118] 京华时报．“9·11”受害者获巨额赔偿 . 2004 –11 –10A，21

[119] 王卫东，王纪侠．美国“市民团队”计划 . http：//www. gzccad. gov. cn/GzrfbWebSite/Succor/ViewYantao. aspx？FID = 136&ModuleID =41

［120］慕尼黑传奇：目击黑色九月，http：//www.infzm.com/content/11297
［121］不设防的慕尼黑，http：//news.163.com/06/0406/16/2E1OI79N00011248.html
［122］刘子富．新群体事件观——贵州瓮安“6·28”事件的启示．北京：新华出版社，2009
［123］百度百科．百事可乐公司，http：//baike.baidu.com/view/26755.htm
［124］和讯传媒．中美史克 PPA 事件危机管理案例，http：//media.news.hexun.com/detail.aspx？id=1410523
［125］中央政府门户网．哈尔滨市政府应对水危机的经验和教训给人启示，http：//www.gov.cn/yjgl/2005-11/28/content_111595.htm